D1877223

Einheit
in Vielfalt

Mit freundlicher Unterstützung
des Europäischen Parlaments
und vor allem der EVP-ED-Fraktion EVP-ED

M I C H L   E B N E R

Einheit in Vielfalt

15 Jahre Minderheitenpolitik in Europa

Wissenschaftlich betreut von Markus Warasin
Beamter des Europäischen Parlaments,
Lehrbeauftragter der Universität Innsbruck und ehemaliger
EBLUL-Generalsekretär

VERLAGSANSTALT ATHESIA | BOZEN

April 2009
Alle Rechte vorbehalten
© by Verlagsanstalt Athesia AG, Bozen
Satz: Athesiagrafik
Umschlaggestaltung: Marion Prossliner, Athesiaverlag
Gesamtherstellung: Athesiadruck, Bozen

ISBN 978-88-8266-376-6

www.athesiabuch.it
buchverlag@athesia.it

Inhaltsübersicht

Prefazione

«L'Europa è un'unione di minoranze»: questa è la più bella definizione che io ho sentito nei confronti dell'Unione Europea. L'ho adottata io stesso per spiegare il più profondo significato di questa grande innovativa istituzione politica.

L'ho adottata dopo averla ascoltata da un parlamentare rappresentante di una delle minoranze presenti nel Parlamento rumeno, durante un dibattito in vista dell'entrata di quel paese nell'Unione Europea.

Colui che aveva immaginato questa bella definizione dell'Europa era un parlamentare la cui famiglia era stata per generazioni perseguitata proprio perché faceva parte di una minoranza.

Le riflessioni di Michl Ebner toccano proprio il cuore di questa nuova concezione della convivenza civile nella quale tutti hanno gli stessi diritti e tutti hanno gli stessi doveri.

Un obiettivo apparentemente semplice e formalmente da tutti condiviso, ma che fatica ad essere messo in pratica nella realtà concreta.

In un continente in cui guerre e tensioni si sono succedute incessantemente nei secoli non è infatti facile dimenticare quanto è accaduto nel passato soprattutto nei numerosi casi in cui si sono ripetute a turno persecuzioni e sopraffazioni nei confronti di coloro che, per le vicende della storia, si trovavano ad essere in posizione di minoranza.

Alla necessità di questo nuovo e paritario concetto di convivenza civile si ispira Michl Ebner. Le sue analisi, le sue riflessioni e le sue raccomandazioni si concentrano sul problema della lingua, ma da esso si espandono a tutte le componenti della vita democratica, fino a toccare il quadro generale dei diritti fondamentali dei cittadini europei.

Il diritto ad usare la propria lingua e di vederla insegnata e diffusa è solo l'esempio di un diritto più ampio: il diritto di esprimersi ed affermarsi alla pari di tutti gli altri europei.

Ancora si ritorna al punto da cui eravamo partiti che è quello di costruire l'Europa come una vera unione di minoranze.

Romano Prodi

- Presidente del Consiglio della Repubblica Italiana 1996–1998 e dal 2006–2008
- Presidente della Commissione Europea 1999–2004

Vorwort

»Europa ist eine Union der Minderheiten«: das ist die schönste Definition der Europäischen Union, die ich je gehört habe. Ich selber habe sie übernommen, um die tiefere Bedeutung dieser großen und innovativen politischen Institution zu erklären.

Diese Definition entlehnte ich, nachdem ich einen Abgeordneten einer der im rumänischen Parlament vertretenen Minderheiten sie verwenden hörte – und zwar während einer Debatte über den geplanten Beitritt Rumäniens zu der Europäischen Union.

Derjenige, der sich diese schöne Definition Europas ausgedacht hatte, war ein Abgeordneter, dessen Familie seit Generationen aus dem einzigen Grunde verfolgt worden war, dass sie einer Minderheit angehörte.

Michl Ebners Betrachtungen berühren genau den Kernpunkt einer neuen Vorstellung vom zivilen Zusammenleben, im Rahmen dessen alle dieselben Rechte und dieselben Pflichten haben.

Die praktische Umsetzung dieses scheinbar einfachen, von allen formell geteilten Ziels in konkrete Tatsachen schreitet aber nur mühsam voran.

Auf einem Kontinent, auf dem Kriege und Spannungen jahrhundertelang ununterbrochen aufeinander gefolgt sind, ist es eben nicht leicht, zu vergessen, was in der Vergangenheit geschah – besonders in den zahlreichen Fällen, wo sich Verfolgungen und Unterdrückungen derjenigen abgewechselt haben, die sich in einer Minderheitenstellung befinden.

Michl Ebner hat sich von der Notwendigkeit zu dieser neuen und paritätischen Vorstellung vom zivilen Zusammenleben inspirieren lassen. Seine Analysen, Überlegungen und Empfehlungen konzentrieren sich zwar auf das Problem Sprache, erstrecken sich aber davon ausgehend auf alle Bestandteile des demokratischen Lebens und berühren schließlich auch den Bereich der Grundrechte der europäischen Bürger.

Das Recht, sowohl die eigene Sprache zu verwenden als auch zu erleben, wie diese unterrichtet und verbreitet wird, ist nur ein Beispiel eines umfassenderen Rechts, nämlich des Rechts, sich genauso wie alle anderen Europäer auszudrücken und durchzusetzen.

Und damit sind wir zu unserem Ausgangspunkt zurückgekehrt, bei dem es darum ging, Europa als eine echte Union der Minderheiten zu errichten.

Romano Prodi

- Ministerpräsident der Italienischen Republik 1996–1998 und 2006–2008
- Vorsitzender der Europäischen Kommission 1999–2004

1 Einheit in Vielfalt – Europa und seine Minderheiten

Europa hat viele Seiten. Unser Kontinent ist augenscheinlich in Bewegung: Die Europäische Union hat sich als das erfolgreichste wirtschaftliche, politische, kulturelle und zivile Projekt unseres Kontinents erwiesen. Ehemals verfeindete Staaten sind durch supranationale Organisationen und durch gemeinsame Politiken miteinander verbunden. Sie verfolgen eine gemeinsame Währungspolitik, bilden gemeinsam einen Binnenmarkt und dehnen ihren Aktionsradius mehr und mehr aus. Zugleich bereitete sich die Union in den vergangenen Jahren auf ihre größte Erweiterung vor und verhandelte mit zwölf Ländern Mittel- und Osteuropas sowie des Mittelmeerraumes, während die Türkei – trotz vielerorts vorgebrachter großer Bedenken – leider den Status eines offiziellen Beitrittskandidaten erhalten hat. Darüber hinaus haben der Präsident des Europäischen Parlament, Hans-Gert Pöttering, der Präsident der Europäischen Kommission, José Manuel Barroso, und der portugiesische Ministerpräsident und Ratspräsident José Sócrates am 12. Dezember 2007, im Europäischen Parlament in Straßburg im Rahmen einer feierlichen Zeremonie die Charta der Grundrechte der Europäischen Union proklamiert und unterzeichnet.. Sie fasst zivile, politische, ökonomische und soziale Rechte aus verschiedenen internationalen, europäischen und nationalen Rechtsquellen zusammen und wird fortan als Fundament und kritischer Maßstab zugleich eines demokratischen Europas dienen.

Nachdem der Europäische Rat sich auf dem EU-Gipfel am 21./22. Juni 2007 über die Eckpunkte der Reform der Grundlagen der EU geeinigt hat, werden aufgrund dieses Mandates, in einer Regierungskonferenz die Details dieser Reform beraten. Sie fand im zweiten Halbjahr 2007 unter portugiesischer Ratspräsidentschaft statt.

Mit dem Vertrag von Lissabon – während der Verhandlungsphase auch Reformvertrag genannt – sollen die bestehenden EU-Verträge geändert werden, anstatt sie durch eine Europäische Verfassung zu ersetzen.

Schließlich wurde am 13. Dezember 2007 von den EU-Staats- und Regierungschefs sowie den Außenministern feierlich der Vertrag von Lissabon unterzeichnet, der auf der Grundlage der Arbeiten des Europäischen Konvents von Februar 2002 bis Juni 2004 und der anschließenden Regierungskonferenzen von 2003 bis 2004 und 2007 ausgearbeitet wurde. Auch im Vertrag von Lissabon wird die Grundrechte-Charta durch einen verweisenden Artikel in den Mitgliedsländern rechtsverbindlich. Die Entwicklungen zeigen eindeutig, dass wir uns auf dem Weg zu einer immer engeren Union der europäischen Völker befinden: Eine ehemals wirtschaftliche Interessensgemeinschaft entwickelt sich zu einem europäischen Raum der Freiheit, der Sicherheit und des Rechts.

Grundvoraussetzung des europäischen Integrations- und Erweiterungsprozesses war und ist, dass alle Mitgliedstaaten und alle Beitrittskandidaten existierendes EU-Recht übernehmen und respektieren müssen, während die Europäische Union ihrerseits einen Beitrag zur Entfaltung der Kulturen der Mitgliedstaaten unter Wahrung ihrer nationalen und regionalen Vielfalt sowie gleichzeitiger Hervorhebung des gemeinsamen kulturellen Erbes leistet. Somit ist europäische Integration ohne einen gegenseitigen Respekt für Einheit in Vielfalt undenkbar.

Europa ist allemal eine Diskussion wert, vor allem dann, wenn es sich um so wichtige Thematiken handelt wie eine genauere, dem Subsidiaritätsprinzip entsprechende Abgrenzung der Zuständigkeiten zwischen der Europäischen Union, den Mitgliedstaaten und den Regionen, den Status der Charta der Grundrechte der Europäischen Union, der Vereinfachung der Verträge oder der Rolle der nationalen Parlamente in der Architektur Europas.

Wie auch immer unsere Sichtweisen zur Zukunft Europas sein mögen, so sollten wir dabei jedoch nicht die Voraussetzungen für den europäischen Integrationsprozess außer Acht lassen, wie sie von Robert Schuman vorgeschlagen und von Jean Monnet auf beeindruckende Weise wie folgt erklärt wurden:

> Die Vorschläge Robert Schumans sind entweder revolutionär oder überhaupt nichts. Ihr Grundprinzip ist die Abtretung von Souveränität in einem begrenzten, aber entscheidenden Bereich. Ein Plan, der nicht von diesem Prinzip ausgeht, kann keinerlei nützlichen Beitrag zur Lösung der großen Probleme leisten, die uns schwächen. So wichtig die Zusammenarbeit zwischen den Nationen auch ist, sie allein löst nichts. Was wir brauchen ist eine Vereinigung der Interessen der europäischen Völker, und nicht einfach die Aufrechterhaltung des Gleichgewichts dieser Interessen.[1]

Heute ist die europäische Dimension in der internationalen Debatte nicht mehr wegzudenken. Europa ist längst kein Traum mehr, sondern es ist eine politische, wirtschaftliche und soziale Realität geworden. Nichtsdestotrotz sind noch zahlreiche Fragen unbeantwortet. Der europäische Kontinent ist einem schnellen Wandel unterworfen. Wenn wir den europäischen Integrationsprozess nüchtern betrachten, kann nicht geleugnet werden, dass sich in den vergangenen Jahren unglaublich viel ereignet hat. Denken wir nur an die Stärkung der Regionen, den Aufbau einer Gemeinsamen

Außen- und Sicherheitspolitik und an die Zusammenarbeit in den Bereichen Justiz und Inneres, oder an das Schengen-Abkommen und nicht zuletzt an die Einführung des Euro.

Doch der europäische Integrationsprozess ist längst nicht abgeschlossen; vielmehr ist das bisher erreichte durch eine fehlende Diskussion über die Grenzen Europas gefährdet. Soll die Erweiterung der Union erfolgreich sein, so bedarf es der breiten Zustimmung der europäischen Bürger, von den Bürgern alter ebenso wie neuer Mitgliedstaaten. Diese Zustimmung ist eine unerlässliche Voraussetzung für die Legitimität der Europäischen Union.

Ungeachtet gemeinsamer Strukturen und Institutionen ist Europa auch charakterisiert von einer Vielzahl an Organisationen und Staaten sowie von regionalen und lokalen Unterschieden. Diese Vielfalt ist vor allem dann offensichtlich, wenn es um die Sprache geht. Innerhalb der Europäischen Union gibt es mehr als 50 autochthone, traditionell gesprochene Sprachen. Von diesen sind allein 23 offizielle Amtssprachen der EU. Von den 500 Millionen europäischen Bürgern sprechen nahezu 40 Millionen eine andere Sprache als die offizielle Sprache des Landes, in dem sie leben. In diesem Kontext wird klar: Staatsgrenzen sind keine Sprachgrenzen!

Auf globaler Ebene existieren nahezu sechstausend verschiedene Sprachen. Sie alle sind einer ständigen Veränderung unterworfen, die durch Akkulturation, neue Formen der Kommunikation, durch technologische Neuerungen und wissenschaftliche Entdeckungen ebenso wie durch den Zeitgeist, die Globalisierung und ähnliche Phänomene hervorgerufen wird. Lebende Sprachen – das zeigt sich hier unmissverständlich – verändern sich zu jedem Zeitpunkt ihrer Geschichte. Nichtsdestotrotz läuft eine große Zahl dieser Sprachen Gefahr, auszusterben. Experten der

UNESCO haben nachgewiesen, dass eine Sprache, die weniger als 100.000 Sprecher aufweist, kaum Überlebens-Chancen besitzt. Nahezu die Hälfte der 6.000 weltweit gesprochenen Sprachen werden von weniger als 10.000 Sprechern benützt; ein Viertel von weniger als 1.000 Sprechern. Auch das Ladinische ist von diesen Prognosen betroffen! Dem Schutz der sprachlichen Vielfalt und dem Erlernen von Sprachen sollten daher nicht nur auf europäischer Ebene sondern weltweit eine bedeutendere Rolle zukommen.

Nur auf den ersten Blick gleicht die sprachliche Situation auf unserem Kontinent einem babylonischen Gewirr und unübersehbaren Chaos. Bei genauerer Betrachtung entpuppt sich die Sprachenvielfalt als bedeutendes historisches Erbe Europas und als Chance. Das Europäische Jahr der Sprachen 2001 stellte in diesem Zusammenhang eine einzigartige Initiative dar. Es wurde von der Europäische Union in Zusammenarbeit mit dem Europarat organisiert und würdigte die sprachliche Vielfalt Europas und unterstrich die Bedeutung des Erlernens von Fremdsprachen und von sprachbezogenen Fähigkeiten.

Selbstverständlich dürfen die Aktivitäten auf diesem Gebiet nicht allein auf das Jahr 2001 beschränkt bleiben. Die Herausforderungen liegen vielmehr darin, auch weiterhin Initiativen zu ergreifen, um die sprachliche Vielfalt auf unserem Kontinent als historisches Erbe zu erhalten. Dabei müssen einerseits die verschiedenen Sprachgruppen sowie lokale und regionale Entscheidungsträger verstärkt miteinander kooperieren und in ihren Anliegen, das sprachlich-kulturelle Erbe zu wahren, unterstützt werden; andererseits wird es nötig sein, die Sprachgruppen besser und schneller als bisher über die diversen europäischen Programme zu informieren.

Überall in Europa wird der Europäisierungsprozess von einer Regionalisierung begleitet, die neben der europäischen Dimension auch eine Rückbesinnung auf den unmittelbaren Lebensraum befürwortet. Um auf unsere Ausgangsfrage über die Zukunft unseres Kontinents zurückzukehren, bleibt abschließend zu betonen, dass Europa zweifelsohne Zukunft hat, wenn die EU-Politiken auf die Entfaltung eines demokratischen Europa ohne interne Grenzen abzielen, in dem regionale Eigenheiten berücksichtigt werden und die eigenständige Entwicklung durch einen entsprechenden Volksgruppenschutz gesichert ist. Einheit in Vielfalt, das ist es schließlich, was einen Europäer kennzeichnet.

2 Die Vorgeschichte zum Ebner-Bericht

Die Thematik der Minderheitensprachen ist, das hat sich im Laufe der vergangenen Jahre klar gezeigt, ein heißes Eisen. Ich erinnere mich an eine Resolution zu europäischen Regional- und Minderheitensprachen, die das Europäische Parlament im Dezember 2001 verabschiedet hatte. Darin wurde die Europäische Kommission aufgefordert, geeignete Maßnahmen zur Förderung der Sprachenvielfalt mit besonderer Berücksichtigung der weniger verbreiteten europäischen Sprachen vorzuschlagen. Konkret forderte das EU-Parlament von der EU-Kommission ein, innerhalb der kommenden zwei Jahre ein umfassendes Sprachenprogramm für die Union mit besonderer Berücksichtigung der europäischen Regional- und Minderheitensprachen auszuarbeiten. Einen Tag vor der Annahme der Resolution im Plenum wurde die Thematik in der Intergruppe für Regional- und Minderheitensprachen des Europäischen Parlaments besprochen. Der Resolutionsentwurf ging auf eine Initiative der damaligen Präsidentin der Intergruppe, Frau Eluned Morgan (PES, Labour Party, Vereinigtes Königreich) aus Wales zurück. Sie forderte ihre Kollegen anderer Fraktionen auf, die Resolution zu unterstützen.

Während der Debatte zeigte sich jedoch, dass zahlreiche Europaparlamentarier nicht mit dem Vorgehen von Frau Morgan einverstanden waren, obwohl sie im Prinzip für die Förderung der Minderheitensprachen waren. In der Tat war der Resolutionsentwurf unter einiger Hektik entstanden und die übrigen Fraktionen im Europäischen

Eluned Morgan

Parlament waren nicht rechtzeitig in Kenntnis gesetzt worden. Dieser Umstand bekräftigte den Eindruck, als wolle die Fraktion der Europäischen Sozialdemokraten das Thema monopolisieren. Vor allem auf der Seite der Europäischen Volkspartei wurden daher Stimmen laut, die eine Ablehnung der Resolution befürworteten. Hätte sich die Fraktion der Europäischen Volkspartei – als stärkste Gruppierung im Europäischen Parlament – entschlossen gegen die Resolution zu stimmen, wäre die Initiative gescheitert.

Doris Pack

In intensiven Kontakten mit Freunden aus meiner Fraktion gelang es mir durch mehrfache Gespräche meine Parteikollegen davon zu überzeugen, nicht gegen die Resolution zu stimmen. Dabei war die Koordinatorin der EVP-ED Fraktion im Kulturausschuss, die Saarländerin Doris Pack (EVP-ED, CDU, Deutschland), sehr hilfreich. Das Vorgehen von Frau Morgan war etwas ungeschickt, doch war die Resolution in der Sache zu wichtig, als dass man riskieren hätte können, sie aufgrund parteipolitischer oder persönlicher Animositäten abzulehnen.

Wichtig an der Initiative war vor allem, dass das Europäische Parlament die EU-Kommission dazu aufforderte, der sprachlichen und kulturellen Vielfalt Europas Rechnung zu tragen und insbesondere europäische Regional- und Minderheitensprachen zu schützen. Da die EU bislang leider noch kein eigenes Minderheitenschutzsystem entwickelt hat, stellte diese Resolution zweifelsohne einen wichtigen Beitrag zum Schutz unserer Sprachminderheiten dar. Auch war der Zeitpunkt gut gewählt: Das sich zu Ende neigende Europäische Jahr der Sprachen stand bekanntlich im Zeichen der Sprachenvielfalt. Zahlreiche Veranstaltungen und Initiativen während des europäischen Jahres der Sprachen

2001 verfolgten das Ziel, die Öffentlichkeit für die kulturelle und sprachliche Vielfalt Europas zu sensibilisieren. Im Lichte der damals noch bevorstehenden Osterweiterung erhielt die Sprachenvielfalt eine neue Dimension und mit ihr auch die Frage der europäischen Regional- und Minderheitensprachen. Es war daher wichtig, dass die EVP als größte Fraktion nicht gegen die Resolution stimmte. Kollege Bernd Posselt (EVP-ED, CSU, Deutschland) und ich stimmten letzten Endes für die Resolution; die übrigen Mitglieder der EVP enthielten sich der Stimme. Wichtig aber war, dass der Text letzten Endes angenommen wurde und das EP weiterhin seine Unterstützung für Minderheitensprachen unter Beweis stellte.

Bernd Posselt

Die EU-Kommission bewegte sich anschließend in die vom EU-Parlament vorgegebene Richtung und begann die Ausarbeitung eines Aktionsplanes für Sprachenvielfalt, in dem der Wert jeder Sprache, offizieller Amtssprachen ebenso wie Regional- oder Minderheitensprachen, anerkannt wurde. Allerdings ging der Aktionsplan dem EU-Parlament insofern zu wenig weit, als in ihm weder klare Finanzierungsinstrumente noch eine klare Koordinierung der EU-Programme zu finden waren. Darüber hinaus kam es unmittelbar nach der Annahme der Morgan-Resolution zu einer faktischen Verschlechterung der Situation der Minderheitensprachen auf europäischer Ebene, denn mit dem Ende des Europäischen Jahres der Sprachen endete auch zeitgleich die Finanzierung von Seiten der EU von Projekten zur Förderung der Sprachen der Minderheiten. Zugleich hatte auch der EU-Verfassungskonvent seine Arbeiten aufgenommen und begann einen Vertragstext mit weit reichenden Bestimmungen für die Zukunft der EU auszuarbeiten. Es bestand also erheblicher Handlungsbedarf.

Ein Meilenstein für die Förderung von Minderheitensprachen auf EU-Ebene

In dieser Phase der Reflexion, während die EU-Kommission ihre zukünftige Sprachenpolitik ausarbeitete und der EU-Konvent an einer Verfassung für Europa arbeitete, musste auch das Europäische Parlament die Initiative ergreifen und seine Vorschläge zur Thematik »Minderheitensprachen« vorstellen. Umso mehr empfand ich es als Ehre und als wichtigen Auftrag, dass der damalige Präsident des Europäischen Parlaments, der Ire Pat Cox (ALDE, Unabhängiger, Irland), in der Sitzung vom 15. Mai 2003 bekannt gab, dass der Ausschuss für Kultur, Jugend, Bildung, Medien und Sport des Europäischen Parlaments die Genehmigung zur Ausarbeitung eines Initiativberichts zu den regionalen und weniger verbreiteten europäischen Sprachen – den Sprachen der Minderheiten in der EU – unter Berücksichtigung der Erweiterung und der kulturellen Vielfalt erhalten hatte. Anschließend hatte der oben erwähnte Ausschuss in seiner Sitzung vom 28. November 2002 mich als Berichterstatter für diesen Bericht benannt. Die Besonderheit des Initiativberichts zur Sprachenvielfalt war vor allem eine juristische: Die EU-Verträge (Artikel 192 Absatz 2 des EG-Vertrags) sehen vor, dass die Gesetzgebungsinitiative (Initiativrecht) bei der Europäischen Kommission liegt. Im Regelfall befassen sich das Europäische Parlament als »Bürger-Kammer« und der Rat der Europäischen Union als »Staaten-Kammer« mit dem der Gesetzgebungsinitiative der EU-Kommission und bilden gemeinsam die Legislative der EU. Durch den Vertrag von Maastricht wurde jedoch dem Europäischen Parlament 1992 ein Initiativrecht für den Legislativbereich übertragen,

Pat Cox

das ihm die Möglichkeit gibt, die Kommission aufzufordern, ihm einen Vorschlag zu unterbreiten. Es handelt sich also nicht um einen Gesetzesvorschlag als solchen, sondern um die Aufforderung einen Gesetzesvorschlag auszuarbeiten. Diese Formel erlaubt es dem Europäischen Parlament auf den Gesetzgebungsprozess einzuwirken, noch bevor die EU-Kommission die Initiative ergriffen hat. Dennoch bleibt aber weiterhin das Initiativrecht bei der EU-Kommission.

> Artikel 192 Absatz 2 des EG-Vertrags
> Das Europäische Parlament kann mit der Mehrheit seiner Mitglieder die Kommission auffordern, geeignete Vorschläge zu Fragen zu unterbreiten, die nach seiner Auffassung die Ausarbeitung eines Gemeinschaftsakts zur Durchführung dieses Vertrags erfordern.

Folglich kann das EP gemäß Artikel 192 Absatz 2 des EG-Vertrags mit der Mehrheit seiner Mitglieder auf der Grundlage eines Berichts seines zuständigen Ausschusses die Kommission auffordern, ihm geeignete Legislativvorschläge zu unterbreiten. Der zuständige Ausschuss des Parlaments muss zunächst die Genehmigung der Konferenz der Präsidenten beantragen. Die Kommission kann die Ausarbeitung eines vom Europäischen Parlament geforderten Legislativvorschlags entweder zusagen oder ablehnen. Vor der Einleitung des Verfahrens muss sich der zuständige Ausschuss vergewissern, dass nicht gleichzeitig ein gleichartiger Legislativvorschlag vorbereitet wird.

Diese Möglichkeit des EP, die im EG-Vertrag ihrer rechtliche Grundlage findet, findet sich auch in der EP-Geschäftsordnung, und zwar dort in Artikel 39:

> Artikel 39: Initiative gemäß Artikel 192 des EG-Vertrags
> 1. Das Parlament kann die Kommission durch Annahme einer Entschließung auf der Grundlage eines Initiativberichts des zuständigen Aus-

schusses gemäß Artikel 192 Absatz 2 des EG-Vertrags auffordern, ihm geeignete Vorschläge für den Erlass neuer oder die Änderung bestehender Gemeinschaftsakte zu unterbreiten. Die Entschließung wird mit der Mehrheit der Mitglieder des Parlaments angenommen. Das Parlament kann zugleich eine Frist für die Vorlage eines solchen Vorschlags festlegen.

2. Vor Einleitung des Verfahrens gemäß Artikel 45 vergewissert sich der zuständige Ausschuss, dass kein derartiger Vorschlag aus einem der folgenden Gründe in Vorbereitung ist:
   a) Ein derartiger Vorschlag ist im Jahresgesetzgebungsprogramm nicht aufgeführt.
   b) Die Vorbereitungen für einen solchen Vorschlag sind noch nicht angelaufen oder verzögern sich übermäßig.
   c) Die Kommission hat auf frühere Ersuchen, die vom zuständigen Ausschuss an sie gerichtet wurden oder in vom Parlament mit der Mehrheit der abgegebenen Stimmen angenommenen Entschließungen enthalten waren, nicht positiv reagiert.
3. In der Entschließung des Parlaments ist die angemessene Rechtsgrundlage angegeben. Ferner enthält die Entschließung detaillierte Empfehlungen zum Inhalt des angeforderten Vorschlags unter Wahrung der Grundrechte und des Grundsatzes der Subsidiarität.
4. Hat der angeforderte Vorschlag finanzielle Auswirkungen, so gibt das Parlament an, wie eine ausreichende finanzielle Deckung bereitgestellt werden kann.
5. Der zuständige Ausschuss überwacht die Fortschritte bei der Ausarbeitung eines Legislativvorschlags auf der Grundlage eines besonderen Ersuchens des Parlaments.

Das Europäische Parlament hat bisher nur in wenigen Fällen von dieser Möglichkeit, die Gesetzgebungsinitiative zu antizipieren, Gebrauch gemacht. Die große Mehrzahl der vom Parlament angenommen Berichte sind entweder legislativer Art, indem sie auf eine Gesetzgebungsinitiative bloß reagieren und Änderungsanträge unterbreiten, oder aber nicht-legislativer Art mittels Initiativbericht, die ausschließlich politischer Natur sind und den EU-Gesetzgebungsprozess nicht unmittelbar betreffen.

Das EP hatte mir somit den Auftrag erteilt, mittels eines Berichts geeignete Vorschläge zur EU-Sprachenpolitik zu unterbreiten, weil es der Auffassung war, dass die Kommission zu lange in dieser Frage untätig oder zumindest nicht engagiert genug war,

Die Vorgeschichte

Die Frage, der ich mich zu Beginn stellen musste, bezog sich auf den Grundinhalt des Berichts: Sollte der Bericht Maximalforderungen an die EU-Institutionen stellen, oder sollte es ein realpolitisch konstruktiver Bericht werden. Oder anders gefragt: Sollte es ein Bericht für die Schublade werden, oder sollte er auf dem Tisch der EU-Institutionen landen? Ich hatte mich nach reifer Überlegung für den zweiten Weg entschlossen, weil ich davon überzeugt war, dass die Chance für eine derartige Initiative nicht sinnlos vergeudet werden sollte.

Ich setzte mich damals zunächst mit einer ganzen Reihe von regionalen Gebietskörperschaften, von Nichtregierungsorganisationen und staatlichen sowie europäischen und internationalen Einrichtungen in Verbindung, und bat um ein Input für den zu verfassenden Bericht. Die kurz darauf eingelangten Vorschläge wurden evaluiert und – wann immer möglich – in den ersten Entwurf meines Berichts eingearbeitet.

Ich hatte damals ein ganzes Paket von Maßnahmen ausgearbeitet, die mir für eine zukünftige effiziente Sprachenpolitik der EU notwendig erschienen. Dabei gab es drei Hauptforderungen, und zwar die Schaffung einer EU-Agentur für Sprachenvielfalt, die Schaffung eines eigenen EU-Programmes zur Förderung der Sprachen Europas – inklusive der Regional- und Minderheitensprachen – sowie die

Kompetenzübertragung an die Europäische Beobachtungsstelle für Rassismus und Fremdenfeindlichkeit in Wien mit der Bekämpfung von Diskriminierungen aufgrund der Zugehörigkeit zu einer Sprachgruppe und/oder einer nationalen Minderheit. Darüber hinaus hatte ich auch noch eine Reihe weiterer Vorschläge bezüglich einer besseren Kooperation zwischen den EU-Institution und dem Europarat vorgeschlagen. Schließlich prüfte der Kulturausschuss des EU-Parlaments den Berichtsentwurf in seinen Sitzungen vom 20. Mai, 12. Juni und 8. Juli 2003.

Die Sitzung im Kulturausschuss des Europäischen Parlaments am 20. Mai 2003

In der Sitzung vom 20. Mai 2003 befasste sich der Ausschuss für Kultur, Jugend, Bildung, Medien und Sport des Europäischen Parlaments erstmals mit meinem Entwurf für einen Bericht über Europas Sprachminderheiten.

Bei dieser ersten Sitzung kam es noch nicht zu einer konfrontativen Debatte. Es war vielmehr meine Aufgabe, die insgesamt 80 Europaparlamentarier, die dem Ausschuss angehörten und aus völlig verschiedenen kulturellen, sprachlichen, politischen und sozialen Kontexten Europas stammten, für die Thematik der Minderheitensprachen zu sensibilisieren und ihnen die Bedeutung des Berichts vor Augen zu führen. Ich war dabei sowohl darum bemüht, Skeptiker zu beruhigen, als auch Befürworter in ihrem Engagement zu stärken. Meine Argumentationslinie bestand darin, die Realität der Minderheitensprachen der rechtlichen Lücke in den EU-Programmen gegenüberzustellen und folglich die Notwendigkeit des Handelns auf EU-Ebene zu fordern. Die Tatsache, dass es in der EU Gebiete gibt, in denen autochthone Minderheitensprachgemeinschaften leben, und dass offiziellen Schätzungen zufolge 40 Mio. Unionsbürger regelmäßig eine von Generation zu Generation überlieferte Regional- oder Minderheitensprache, in den allermeisten Fällen zusammen mit der Amtssprache oder den Amtssprachen des betreffenden Staates, gebrauchen, ließ sich nicht in Zweifel stellen. Ebenso war klar, dass im Zuge der Erweiterung der EU eine Vielzahl von neuen Gemeinschaften von Regional- und Minderheitensprachen die sprachliche und kulturelle Vielfalt Europas weiter bereichern würde. Angesichts dieser politischen und sprachlichen Realität Europas hatte die EU zu Recht die Achtung der sprachlichen und kulturellen Vielfalt als einen ihrer Grundsätze in ihrer Grundrechtecharta verankert. Und zu Recht hatten sich im Laufe der Jahrzehnte das Europäische Parlament und der Ausschuss der Regionen mehrfach mit der Bedeutung weniger verbreiteter Sprachen befasst. Wie konnte man sich also erklären, dass es dennoch keine Rechtsvorschriften über regionale und weniger verbreitete europäische Sprachen bestanden? Es war also ein aktives Engagement gefragt, und zwar nicht um zu trennen, sondern um zu verbinden! Sprachenvielfalt verstanden als Element der europäischen Einheit in Vielfalt. In meinem Berichtsentwurf schlug ich daher ein umfassendes Konzept zur Förderung der Sprachenvielfalt und des Sprachenlernens sowie zur Erhaltung unseres sprachlichen Kulturerbes – einschließlich der europäischen Regional- und Minderheitensprachen – vor. Getragen war dieses Gesamtkonzept von drei zentralen Forderungen, flankiert von 25 weiteren Maßnahmen. Die drei zentralen Forderungen waren erstens, die Schaffung einer Europäischen Agentur für Sprachenvielfalt und Sprachenlernen, um einen konkreten Verantwortungsträger für die EU-Sprachenpolitik zu gründen. Zweitens, ein Programm für Sprachenvielfalt und Sprachenlernen, um Finanzmittel für Sprachen im Allgemeinen und Minderheitensprachen im Besonderen bereitstellen zu können. Drittens, eine Mandatserweiterung der Europäischen Beobachtungsstelle für Rassismus und Fremdenfeindlichkeit in Wien. Diese Stelle bekämpft verschiedene Formen der Diskriminierung, doch hatte sie bisher Diskriminierungen aufgrund der Sprache völlig ignoriert. Zu den flankierenden Maßnahmen gehörten unter anderem ständige Berichterstattung zur Situation der Minderheiten und Minderheitensprachen im Menschenrechts- und im Kulturausschuss des EP, die Ernennung eines EU-Minderheitenbeauftragten, oder die Förderung der Kooperation von Regional- oder Minderheitensprachengemeinschaften, um nur einige zu nennen.

Die ersten Reaktionen waren trotz einer insgesamt positiven Resonanz wie erwartet etwas verhalten. Erst in der nächsten Sitzung sollten die Ausschussmitglieder konkret zu jedem einzelnen Punkt Stellung beziehen.

Die Debatte im Kulturausschuss des Europäischen Parlaments am 12. Juni 2003

So ruhig die erste Präsentation des Berichtsentwurfs am 20. Mai war, umso heftiger und konfrontativer sollte sich die Debatte am 12. Juni 2005 im Kulturausschuss gestalten. Ohne auf die gesamte Debatte eingehen zu wollen, seien an dieser Stelle exemplarisch einige Redebeiträge wiedergegeben, in der die unterschiedlichen, zum Teil auch unüberwindbar erscheinenden Positionen sehr deutlich sichtbar werden.

Debattanten im EP-Kulturausschuss:
Rocard Michel - Vorsitzender (PES, PS, Frankreich)
Ebner Michl - Berichterstatter (EVP-ED, SVP, Italien)
Aparicio Sánchez Pedro (PES, PSOE, Spanien)
Gutiérrez-Cortines Cristina (EVP-ED, PP, Spanien)
Kuckelkorn Wilfried (PES, SPD, Deutschland)
Pack Doris (EVP-ED, CDU, Deutschland)
Christa Prets (PES, SPÖ, Österreich):
Wyn Eurig (Verts/ALE, Plaid Cymru, Vereinigtes Königreich)
Zabell Theresa (EVP-ED, PP, Spanien)
Vlaeminck Sylvia -Vertreterin der EU-Kommission

Die spanische Kollegin, Frau Cristina Gutiérrez-Cortines (EVP-ED, PP, Spanien) führte beispielsweise gleich zu Anfang folgendes an:

Cristina Gutiérrez-Cortines

> Der Bericht des Herrn Ebner erscheint mir eine schöne Verteidigung der Minderheitensprachen, und er bietet eine ganze Reihe von Formeln: die Kreierung einer Agentur, rechtliche Basis, Entschlossenheit gegenüber dem Verbrechen des Rassismus und der Fremdenfeindlichkeit und noch anderes. Trotz alldem bin ich besorgt über diese Thematik, und ich sage auch warum: dies ist ein etwas verfrühtes Dokument, zurzeit ist der Begriff Minderheitensprachen in Europa noch nicht definiert. Jede Person, die nicht von einer nationalen Sprache redet, glaubt, über eine Minderheitensprache zu reden, auch wenn diese Sprache von mehr als 5 Millionen Einwohnern, wie in Katalonien, gesprochen wird. Die Sprachen, die in den Lyzeen unterrichtet werden, können gar keine Minderheitensprachen sein, wo sie doch of-

fiziell sind, genauso wie beim öffentlichen Fernsehen. Der einzige offizielle Sender in Katalonien wird in katalonischer Sprache ausgesendet. Es gibt also Sprachen, die keine Staatssprachen sind, aber eine Einheit bilden, die über ein weit größeres Staatsbudget verfügten, als so manch andere Minderheitensprache. [...] Und ich glaube, hier braucht es eine genauere Definition dieser Minderheitensprachen, denn man klassifiziert Sprachen als Minderheitensprachen, die in bestimmten Regionen gar keine sind. Ich kenne die Situation im Norden nicht, aber wir im Mittelmeerraum erhalten Petitionen von Immigranten marokkanischer Herkunft, die auch möchten, dass ihre Sprache in das Unterrichtsprogramm aufgenommen wird. [...] Und dann Ost-Europa! Da gibt es Nationalismus, haufenweise Sprachen... da kommen wir zu nahezu unverantwortlichen Situationen wie in Mazedonien, wo sechs Sprachen an derselben Schule unterrichtet werden, aber nicht mal genug zum Essen da ist oder für eine Sozialversicherung!
Folglich erscheinen mir einige vorgeschlagene Maßnahmen des Berichterstatters durchaus gut, aber nicht ausführbar in der derzeitigen Situation, sie rufen mehr Probleme hervor, als dass sie Lösungen bieten.[2]

Pedro Aparicio Sánchez

Vor allem mein Vorschlag, die Wiener Antidiskriminierungsbehörde mit Sprachen- und Minderheitenfragen zu betrauen, stieß auf beträchtliche Kritik. Und auch die Schaffung eines »Minderheitenbotschafters« fand nicht die ausreichende Unterstützung. In dieselbe Kerbe schlug auch mein Kollege Pedro Aparicio Sánchez (PES, PSOE, Spanien):

Ich möchte Ihnen auch meine Einwände zu den Punkten mitteilen, wie bereits angekündigt: einerseits zu der Ernennung eines Botschafters unter Punkt 22, welcher das Europäische Parlament gegenüber Dritten, insbesondere gegenüber anderen Europäischen Institutionen vertritt: ich bin der Ansicht, dass es zurzeit keine Person für dieses Amt gibt, und überhaupt bin ich mit einem Botschafter nicht einverstanden. Und dann gäbe es noch den Einwand hinsichtlich der europäischen Beobachtungsstelle für Rassismus und Fremdenfeindlichkeit. Ich glaube, dass da eine Politik der Minderheitensprachen gut wie schlecht sein kann; aber dieses Problem nicht im Bereich der politischen Organe zu erfassen, sondern im Bereich des Rassismus und der Fremdenfeindlichkeit, bedeutet eine Bombe in dieses sensible Thema zu werfen. Deshalb denke ich, kann man, wenn man von Minderheitensprachen spricht, dies nicht mit Rassismus und Fremdenfeindlichkeit gleichsetzen.

Beide Redner, obwohl unterschiedlichen Fraktionen zugehörig, hatten aufgezeigt, wie sensibel dies Frage von den spanischen Abgeordneten gesehen wurde. Und auch von der Kollegin Theresa Zabell (EVP-ED, PP, Spanien) kamen ähnlich kritische Bemerkungen:

Theresa Zabell

Vielen Dank, Präsident, ich werde mich kurz fassen, Frau Gutierrez und Herr Aparicio haben sehr schön zusammengefasst, was die Spanier an diesem Bericht beunruhigt. Zu dem Bericht: ich möchte Herrn Ebner für seine Bereitwilligkeit danken. Wir beide haben uns bereits darüber unterhalten, und ich habe ihm unsere Einwände bezüglich des Berichts mitgeteilt, insbesondere hinsichtlich der Agentur und der Beobachtungsstelle für Rassismus. Wie Herr Aparicio zu Recht sagte, käme dies einer Bombe gleich, die uns in der Hand explodieren würde. Geradewegs ins Gesicht!

Da es vor allem auch beträchtliche Kritik aus meiner eigenen Fraktion gab, war mir bald bewusst, dass, wenn ich den Minderheitensprachenbericht retten wollte, ich mich auf Kompromissbereitschaft bezüglich der Mandatserweiterung der Wiener Antidiskriminierungsbehörde einstellen musste. Bezüglich einer eigenen Sprachenagentur und eines Sprachenprogramms wollte ich jedoch an meinen Forderungen festhalten und keinen Deut nachlassen. Ein Entgegenkommen meinerseits bezüglich der Wiener Einrichtung und des Minderheitenbotschafters sollte auch ein Entgegenkommen von Seiten der Skeptiker bezüglich der Schaffung einer Sprachenagentur und eines Sprachenprogramms bewirken. Dies wurde auch von meiner Kollegin Doris Pack (EVP-ED, CDU, Deutschland) so formuliert:

Wir waren uns sicher, dass der Bericht Schwierigkeiten bereiten würde, und ich hoffe, diese Schwierigkeiten sind überwindbar. Ich glaube, dass die Empfehlung Nr.3 nicht annehmbar ist, denn in einem Land, und es geht jetzt nicht um Spanien, sondern um Frankreich, ist man nicht bereit dazu. Man kann aber nicht sagen, dass es sich dabei um Rassismus handelt. Deshalb glaube ich, muss man sehr vorsichtig sein. Was zählt, ist der Eindruck, den man von der Agentur hat, und der ergibt dann auch das Resultat. Ich glaube, Herr Ebner hat das sehr gut verstanden, man sollte die Agentur für Rassismus und Fremdenfeindlichkeit ihre Arbeit machen lassen, denn das hat nichts mit Sprachenvielfalt und -Schutz zu tun. Eine europäische Agentur könnte die Mission übernehmen, die Herr Ebner im Punkt 3 erwähnt hat. Ich denke, man könnte sich über so eine Agentur einigen, die einen weitläufigen Aufgabenbereich haben sollte, die Mission von Punkt 3 könnte durchaus im Rahmen dieser Agentur übernommen werden.

Hilfreich waren dafür vor allem auch eine Reihe positiver Beiträge zur Debatte im Ausschuss, wie etwa jener des Kollegen Eurig Wyn (Verts/ALE, Plaid Cymru, Vereinigtes Königreich):

Eurig Wyn

Ich bin absolut einverstanden mit dem Bericht des Herrn Ebner und ich unterstütze ihn. [...] Worum es hier geht, ist die Unterstützung der Vielfalt, und das Parlament und die Kommission sind seit Jahren Vorreiter in Sachen Vielfalt. [...] Es geht darum, eine Harmonie aus der Vielfalt zu schaffen, und die Causa der Minderheitensprachen verdient unsere Unterstützung. Vielleicht ist es der Begriff »Minderheitensprachen« der Konfusion schafft, vielleicht sollte man besser von » weniger gesprochenen Sprachen« reden – lesser-used languages – das ist ein akzeptierter Begriff. Worum es aber nach wie vor geht, ist der Schutz der Minderheiten, die Verteidigung der von Minderheiten gesprochenen Sprachen. Entweder wir gehen das Problem von Grund auf an und kommen zu konstruktiven Ergebnissen, oder wir lassen es besser ganz. Was beispielsweise meine schöne Sprache angeht, ist sie gar nicht so wenig gesprochen wie andere Minderheitensprachen in der Europäischen Union, schließlich sprechen 20 Prozent der walisischen Bevölkerung Walisisch.

Der Unterschied zur katalanischen Sprache besteht aber in den zwei- oder dreihundert Millionen Euro mit denen diese Sprache unterstützt wird, während meiner Sprache vielleicht einige zehntausend Bücher gewidmet sind. Man muss den Einsatz zum Schutz und zur Unterstützung dieser Sprache verdoppeln. Eine rechtliche Basis zur Unterstützung wäre bereits ein erster, essenzieller Schritt. Seit Jahren wird darüber diskutiert, und seit Jahren passiert rein gar nichts. Nicht mehr lange, und diese Kommission wird sich der Lächerlichkeit preisgeben, stellen wir uns nicht endlich der Herausforderung und zeigen, dass wir Respekt haben vor den Minderheiten der Europäischen Union und ihrem Sprachgut. Diese hier wäre wiederum eine verpasste Chance, denn der Bericht des Herrn Ebner hat das Zeug zum Leader in dieser Sache und würde der Kommission zu Transparenz verhelfen, die dem Anliegen des Schutzes der Vielfalt der Minderheitensprachen gebührt. Und wir brauchen diesen Botschafter, der die Sprachen verteidigt. Diese Arbeit muss in der Europäischen Union gemacht werden und gleichzeitig muss eine Agentur unterstützt werden. [...] Ich wünsche Herrn Ebner den ganzen Erfolg, den er sich mit dieser wichtigen Initiative verdient hat.

Nach den Beiträgen für und wider die Forderungen meines Berichtsentwurfs wurde auch die EU-Kommission gebeten, in der Debatte im Kulturausschuss Stellung zu nehmen. Die damalige Leiterin der Sprachenabteilung in der Generaldirektion Kultur der EU-Kommission, Frau Sylvia Vlaeminck, bewertete dabei die Schaffung einer Agentur durchaus positiv.

Ich möchte zuerst ein paar Worte zu den drei Empfehlungen sagen und anschließend ein paar Kommentare zu einigen Punkten des Anhangs abgeben. In erster Linie zu der europäischen Agentur für die Sprachenvielfalt und das Erlernen der Sprachen: ich glaube, wir sind nicht gegen eine solche Idee, aber natürlich sollte es sich bei der Agentur um das Erlernen der Sprache aus kultureller Sicht handeln, der Erhalt der Sprachenvielfalt sollte nicht allein als Minderheitenrecht verstanden werden. Wir glauben, dass in erster Instanz eine Bestandsaufnahme von bereits existierenden Organisationen und eine Überprüfung ihres Aufgabenbereiches nötig ist; schließlich gibt es genug verschiedene Organe, die sich mit der Sprachenthematik auseinandersetzen. Man muss eine optimale Synergie zwi-

> schen diesen Organisationen herstellen, auch mit unseren Kollegen des Europarates wäre zu reden, da sie sich schon seit langem mit der Thematik der Regional- und Minderheitensprachen befassen. Wir haben bereits in der Kommission eine Auswertung der gesamten Aktivitäten, die im Sinne der Regional- und Minderheitensprachen im Laufe der letzten Jahre durchgeführt wurden, gemacht. [...] Wir erwarten erste Ergebnisse dieser Bewertung Ende des Jahres, und die werden sicherlich ein wichtiges Element der Debatte werden. Kurz, wir glauben, eine Machbarkeitsstudie wäre nützlich, zusammen mit einer Aufstellung der Tätigkeitsbereiche und denen der bereits bestehenden Organisationen.

Das Vorgehen der EU-Kommission war dabei durchaus verständlich: Zunächst sollte eine Machbarkeitsstudie feststellen, ob die Schaffung einer Agentur für Sprachenvielfalt sinnvoll war, oder ob sich nicht über bestehende Netzwerke und Einrichtungen effizientere und bisher ungenützte Synergieeffekte erzeugen ließen. Jedenfalls war das konstruktive Echo von Seiten der EU-Kommission als unerwartet positiv zu bewerten. Doch machte Frau Vlaeminck auch darauf aufmerksam, dass sich die EU-Kommission nicht mit der Schaffung eines Sprachenprogrammes anfreunden konnte:

> Der zweite Punkt im Bericht des Herrn Ebner, die Bildung eines Programms für die Sprachenvielfalt und das Erlernen der Sprachen, ist schon etwas kontroverser, und mit dem haben wir ein grundlegendes Problem. Kommissarin Viviane Reding hat schon mehrmals darüber in der Kommission referiert, wie das auch heute Morgen der Fall war. Das europäische Jahr der Sprachen war eine erste Gelegenheit für uns, uns zielrichtend an alle Sprachen zu wenden. Das Resultat war positiv, es kam auch als positives Element im Bericht der Kommission zum europäischen Jahr der Sprachen zur Geltung. Mit der Erfahrung dieses europäischen Jahrs der Sprachen steht uns nun ein Aktionsplan zur Verfügung. Dieser Aktionsplan umfasst natürlich die bestehenden Programme und Aktivitäten, mit seinem zusätzlichen Budget. Wir legten Wert auf Kohärenz, und dies spiegelte sich in

den Rückmeldungen auch positiv wieder, abgesehen natürlich von einer Ausgrenzung der Regional- und Minderheitensprachen. Selbstverständlich muss ein Angehen dieses Programms mit ausreichend Informationskampagnen einhergehen, wir versuchen bereits dieses Jahr damit anzufangen. Das Gutachten wurde durch eine Konferenz in Brüssel im April abgeschlossen. Diese Konferenz verfolgte einen globalen Ansatz, und wir hatten eine Diskussion, die alle Sprachen umfasste, auch die Regional- und Minderheitensprachen. Ich glaube, man sollte in Zukunft auf diesem globalen, inklusiven Weg weitermachen, und kein separates Programm für Regional- und Minderheitensprachen entwerfen.

Schließlich zeigte sich hinsichtlich meines Vorschlages zur Ausweitung des Aufgabenbereichs der Wiener Behörde bei der Vertreterin der zuständigen EU-Generaldirektion eine ähnlich ablehnende Haltung wie schon in der vorausgegangenen Debatte:

Was die Beobachtungsstelle betrifft: Die Beobachtungsstelle ist eine Stelle, die relativ neu ist, gegründet 1998, und letztes Jahr von der Kommission extern bewertet wurde. Diese Bewertung beinhaltete unter anderem auch die eventuelle Ausweitung ihres Aufgabenbereiches. Diese Bewertung ergab, dass die Beobachtungsstelle sich vorerst mit seinen Basisaufträgen beschäftigen sollte, und mit der Beratung der Mitgliederstaaten. Die Beobachtungsstelle war mit der Ansicht, man sollte sich auf den bereits bestehenden Aufgabenbereich konzentrieren, derselben Meinung. Dies gesagt, erwähne ich noch, dass die Beobachtungsstelle auch die sprachlichen Aspekte überprüft, wenn es um Rassismus und Fremdenfeindlichkeit geht. Man könnte sagen, sie überprüft sie als indirekte Diskriminierung.

Am Ende der Debatte fasste der Vorsitzende des Kulturausschusses, der ehemalige französische Premierminister Michel Rocard (PES, PS, Frankreich), die Debatte wie folgt zusammen:

Michel Rocard

> Herr Ebner, sie sind Berichterstatter eines hoch explosiven Themas. [...] Wir sind alle im Einverständnis, dass es hier um Sprachen geht, die gesprochen werden und nicht Staatssprachen sind. Ich denke, dies sollte die einzige zu behaltende Definition sein. Es ist wahr, dass Katalanisch in Katalonien überwiegend gesprochen wird, dass Arabisch eine in Europa gesprochene Sprache ist, das Berberische wahrscheinlich die achte Sprache Europas ist, und so weiter und so fort. Wahr ist auch, dass alle nicht dasselbe Statut genießen, wie vergleichsweise viel weniger verbreitete Sprachen, dessen Fortbestehen viel gefährdeter ist. Frau Reding würde dies beispielsweise vom Luxemburgerischen sagen. Ich glaube, dasselbe gilt auch für den elsässischen Dialekt, welcher unabhängig von der deutschen Sprache existiert, und dann haben wir in Frankreich noch das Bretonische, welches rückläufige Sprecherzahlen aufweist und nur noch von 250.000 Personen gesprochen wird, aber Gegenstand eines deutlichen Wunsches nach Schutz ist. Es gibt ein generelles Abkommen in Frankreich, ich selbst bin der erste Premierminister, der den höheren Studienabschluss für die bretonische und korsische Sprache geschaffen hat, um wenigstens gegen das Verschwinden anzukämpfen. Aber es versteht sich von selbst, dass wir uns nicht daranmachen, die offizielle Sprachenpolitik unserer Staaten anzugreifen, das macht die ganze Schwierigkeit aus. Jedenfalls, wenn wir nicht aus dieser Debatte mit einfachen Positionen herauskommen, dann ist dies nicht das Scheitern der Kommission, sondern das Scheitern der ganzen europäischen Institutionen. Wir werden nicht Kegeln spielen mit dem Ministerrat und der ausführenden Kommission. Die Plenarversammlung wie der Ministerrat sind direkte Akteure und direkt Interessierte. Wir handeln da mit Kompromissen, die schwer zu finden sind.

In der Tat war es wichtig, wie der Vorsitzende Rocard zurecht bemerkte, dass die Debatte im Ausschuss und der Berichtsentwurf an sich nicht den Eindruck erwecken durften, es solle nun vom Europäischen Parlament aus die Sprachenpolitik der Mitgliedstaaten neu gestaltet werden. Ich bemühte mich daher in meiner abschließenden Stellungnahme auf die Kritik und Ängste meiner Kollegen einzugehen und alle Unklarheiten so gut wie möglich aus dem Weg zu räumen:

Es geht hier nicht darum, einen Mitgliedstaat an den Pranger zu stellen, sondern vielmehr um die Unterstützung der Vielfalt. Es handelt sich also um einen positiven Ansatz zum Schutz der Vielfalt. Ich möchte sie daher beruhigen und ein paar Punkte noch mal klären, die vielleicht zu Missverständnissen geführt haben könnten. Diese Thematik ist sicherlich komplex, und was uns vor allem beunruhigt, ist die Abgrenzung des Themas, da bin ich einverstanden. Frau Gutierrez, es gibt eine Definition für Minderheitensprachen: es ist die übliche Definition der Europäischen Charta für Regional- oder Minderheitensprachen des Europarats. [...] Diese Definition ist klar und deutlich delimitiert und schließt Dialekte, künstliche Sprachen, Einwandersprachen etc. deutlich aus. Es gibt also eine klare Definition, die ein sich Verirren in einem unübersichtlichen Terrain verhindert. Was die Empfehlung Nummer 2 angeht, die von mehreren Kollegen angesprochen wurde, hatte ich eine sehr lange und interessante Diskussion mit unserer Kollegin Theresa Zabell und möchte hier auch gleich unserem Kollegen Eurig Wyn danken, der die rechtliche Basis für den Bereich angesprochen hat: man muss eine rechtliche Basis schaffen, der den gesamten Bereich abdeckt. Und mit der Kreierung einer solchen Basis für einen zukünftigen, besseren Schutz der Minderheitensprachen könnte man dann auch von der Empfehlung 3 absehen. Ein mutiger Schritt wäre zu setzen, denn bereits der Name, den wir der Agentur geben, gibt Stoff genug zu Beunruhigung und Sorge. Es geht aber nicht darum, das schwarze Schaf innerhalb der europäischen Familie ausfindig zu machen: worum es uns hier geht – ich möchte dies noch einmal ausdrücklich betonen – ist vielmehr die Unterstützung und Förderung der kulturellen Vielfalt. [...] Während der letzten Diskussion hier im Kulturausschuss habe ich bereits gesagt, dass ich beim Verfassen des Berichts nicht an einen extremen Entwurf dachte, sondern, im Gegenteil, eine Übereinkunft hier im Ausschuss und in der Plenarversammlung erzielen möchte. Und die Punkte, die ihr mit Besorgnis erwähnt, unterschreibe ich, hatte ich doch versucht, denen so gut wie möglich Rechnung zu tragen, ganz besonders was die Empfehlung Nr.3 angeht. Was die Schaffung einer Agentur betrifft, so glaube ich nicht, dass es zu früh ist, ganz im Gegenteil. Jetzt können wir Mut beweisen und sollten jede Gelegenheit ergreifen, durch Initiativen und Projekte den Schutz der kulturellen Vielfalt, die wir unterstreichen, zu fördern. [...] Um noch mal auf die Sache mit der Agentur zurückzukommen: [...] Die Haltung der Kommission ist meiner Ansicht nach sehr nützlich, ich glaube, sie enthält einige sehr positive Aspekte, und aufgrund dieser gemeinsamen Basis ist ein Weiterkommen möglich. Im Vergleich zu früheren Zeiten ist in den letzten paar Jahren ziemlich viel geschehen, und ich denke, dass

> das Jahr 2001 wirklich der Auslöser dieser Begeisterung war, die gewisse Zweifel und Sorgen zerstreute. Diese positive Erfahrung sollte uns dazu dienen, unsere Kräfte zu vereinigen und als Parlament eine Resolution zu präsentieren, mit Hinblick auf die Arbeit der vergangenen Jahre. Ich glaube wirklich, dass dieser Mut als Beispiel für andere Institutionen der Europäischen Union mit denselben Anliegen dienen könnte.

Ich hatte im Anschluss an diese Debatte auf eine Kompetenzausweiterung der Wiener Agentur verzichtet, um den Kollegen entgegenzukommen und zugleich um Unterstützung für die übrigen Empfehlungen zu erhalten. Wie sich später auf der Sitzung des Kulturausschusses des EU-Parlaments am 8. Juli herausstellen sollte, konnten meine Darlegungen überzeugen.

Die Abstimmung im Kulturausschuss des Europäischen Parlaments am 8. Juli 2003

Für den 8. Juli 2003 war die Abstimmung über meinen Berichtsentwurf im Kulturausschuss einberaumt. Zu meinem achtseitigen Text gab es ein 27 Seiten starkes Papier mit insgesamt 90 Änderungsanträgen! Die Geschäftsordnung des Europäischen Parlaments sieht vor, über alle Änderungsantrag einzeln abzustimmen, um einen Berichtsentwurf im Sinne der Mehrheit der Abgeordneten im Ausschuss abzuändern und schließlich am Ende den abgeänderten Bericht in einer weiteren Abstimmung als ganzen anzunehmen oder abzulehnen. Der Ausschuss hatte also einen ziemlichen Arbeitsaufwand vor sich und sah sich inhaltlich mit einer Reihe von Problemen konfrontiert.

Das erste dieser Probleme wurde sehr deutlich vom Ausschussvorsitzenden, Michel Rocard (PES, PS, Frankreich) erklärt und betraf einen Änderungsantrag von Wilfried Kuckelkorn (PES, SPD, Deutschland). Kuckelkorn verlang-

Wilfried Kuckelkorn

te, meinem Bericht solle ein Finanzbogen beigelegt werden, der die finanziellen Auswirkungen der in Empfehlungen genannten Maßnahmen und Programme und ihre Vereinbarkeit mit der Finanziellen Vorausschau ausweist. Eine Forderung, die ich nicht teilen konnte, denn Aufgabe meines Berichtes war es nicht, schon zu Beginn der Verhandlungen mit der EU-Kommission über eine etwaige Förderung der Minderheitensprachen einen detaillierten Finanzplan vorzulegen. Es ging vielmehr darum, die Kommission aufzufordern in diesem Bereich tätig zu werden und konkrete Maßnahmen vorzuschlagen. Die EU-Kommission sollte dann auf diese Forderungen reagieren, sie auswerten und wiederum ihre Vorschläge einbringen. Erst im Laufe dieses Prozesses hätte eine Debatte über den geeigneten Finanzrahmen beginnen können, aber nicht gleich schon zu Beginn dieses Prozesses. Doch Kuckelkorn stützte sich auf Artikel 159 Absatz 3 der Geschäftsordnung und verlangte einen derartigen Finanzplan. Präsident Rocard aber wies dennoch den Änderungsantrag als juristisch ungültig zurück, und zwar mit folgender Begründung: Erstens hatte Kuckelkorn nicht den korrekten Artikel der Geschäftsordnung gewählt, denn die rechtliche Grundlage für meinen Bericht war nicht Artikel 159 sondern Artikel 59 der Geschäftsordnung. Rocard sagte weiters:

> Selbst wenn aber Artikel 159 die rechtliche Grundlage bilden würde, wäre Kollege Ebner dennoch nicht verpflichtet einen Finanzbogen beizulegen, denn Artikel 159 sagte unmissverständlich »Der Bericht des Ausschusses enthält gegebenenfalls eine Begründung einschließlich eines Finanzbogens.« – gegebenenfalls und nicht obligatorisch! [...] Wir würden mit der Annahme dieses Änderungsantrags unseren Freund Ebner nicht nur zwingen etwas zu tun, das er nicht tun muss, sondern sogar zu etwas, das

> er zum gegenwärtigen Zeitpunkt nicht tun kann. Zunächst muss nämlich die EU-Kommission an der Projektentwicklung, die wir für die Europäische Union verlangen, arbeiten. Folglich ist dieser Änderungsantrag unzulässig.

Neben dieser Problematik gab es aber noch eine Reihe von weiteren Problemfeldern. Ich ergriff daher noch vor der Abstimmung das Wort, um die vorliegenden Änderungsanträge zu gruppieren und um den Ausschussmitgliedern eine bessere Übersicht zu erlauben. Dabei verwies ich auf folgende Gruppen von Änderungsanträgen: Eine erste Gruppe betraf die Stellung des Katalanischen in der EU. Im Laufe der vergangenen Jahrzehnte hatten katalanische Politiker immer wieder versucht, dem Katalanischen aufgrund seiner relativen Stärke zu anderen europäischen Sprachen den Status einer EU-Amtssprache zu verleihen. Ich war der festen Überzeugung, dass der Minderheitensprachenbericht sich für ein derartiges Anliegen nicht eignete. Meiner Stellungnahme bezüglich dieser Änderungsanträge ließ ich es daher nicht an Deutlichkeit fehlen:

> Diesbezüglich möchte ich erklären, dass es eine Reihe von Abänderungsanträgen gibt, die das Katalanische betreffen, die vom Grund auf her ziemlich einige auch voll verständlich sind. Aber für all jene, die über diesen Bericht das Katalanische zur Amtssprache machen wollen, für die kann ich nicht sein.

Darüber hinaus machte ich die Abgeordneten auf eine weitere Gruppe von Abänderungsanträgen aufmerksam, die die Rolle der Gebärdensprachen betraf. Die Lobby der Gebärdensprachen versucht seit geraumer Zeit, den Gebärdensprachen den Status einer Minderheitensprache im Sinne der Europäischen Charta der Regional- und Minderheitensprachen des Europarats zu verleihen. Staaten, die diese Charta unterzeichnen und ratifizieren, sind dann verpflichtet, ihre Minderheitensprachen zu fördern. Die Anerkennung der Gebärdensprachen als Minderheitensprachen im Sinne der Charta käme folglich auch einer Verpflichtung zur Förderung gleich. Dem wäre im Grunde nichts einzuwenden. Allerdings war ich der Meinung, dass eine Begriffsvermischung nicht dienlich sein konnte. Dies wurde mir auch von Seiten des Europarats bestätigt, wo mir das Sekretariat der Sprachencharta mitteilte, dass die Charta aus einem anderen Anliegen heraus geschaffen worden war, und dass eventuell eine eigene Gebärdensprachencharta zielführender wäre als die plötzliche Eingliederung in die Europäische Charta der Regional- und Minderheitensprachen. Letzteres würde auch unweigerlich das Misstrauen der Signatarstaaten provozieren. Ich arbeitete daher an einem sinnvollen Kompromiss, der den Gebärdensprachen den Zugang zur Projektförderung ermöglichen sollte, ohne aber andererseits eine Regelung ihres Status zu beabsichtigen.

Es gibt einen Block von Abänderungsanträgen, die die Gebärdensprache betreffen. Es gibt hierbei erhebliche Bedenken, ob die Gebärdensprachen in diesem Bericht in dieser Form verankert werden sollen. Um die verschiedenen Vorstellungen unterzubringen konnte ein Kompromiss mit den Einbringern in die Wege geleitet werden, sodass Abänderungsanträge 33 und 34 von Raina A. Mercedes Echerer (Grüne/EFA, Die Grünen, Österreich) bzw. Maria Martens (EVP-ED, CDA, Niederlande) und Roy Perry (EVP-ED, Conservative and Unionist Party, Vereinigtes Königreich) aufrecht bleiben. Die übrigen ersuche ich zurückzuziehen. Zur sachlichen Begründung: In den Abänderungsanträgen 33 und 34 wird in den Programmen vorgesehen, dass die Gebärdensprachen mit berücksichtigt werden. Der finanzielle Zugang wird somit ermöglicht. Auf der anderen Seite würden wir durch das Zurückziehen der Abänderungsanträge 2, 3, 6, 7, 8, 9, 19 und 27 die Problematik, dass diese Thematik hier nicht grundsätzlich geregelt werden soll, lösen.

Roy Perry

Raina A. Mercedes Echerer (Grüne/EFA, Grüne, Österreich) wollte den Kompromiss noch etwas erweitern:

Raina A. Mercedes Echerer

> Ganz kurz dazu ein Einwand meinerseits: Ich bin prinzipiell einverstanden, weil ich weiß im Plenum werden wir die notwendigen 314 Stimmen wahrscheinlich nicht bekommen. Der Kulturausschuss hat einfach einen ganz anderen Zugang zu diesem Problem. Ich frage mich nur, ob wir diesen kleinen Kompromiss nicht ein wenig erweitern könnten, um einmal im Konsiderandumtext diese Erwähnung zu haben, selbst wenn sie im Plenum herausfällt. [...] Hier sollte der Kulturausschuss wenigstens ein Zeichen geben, wenn auch das Plenum uns dann überstimmt.

Der Ausschussvorsitzende Rocard reagierte darauf ablehnend:

> Wir können hier nicht Zeichen geben. Wir können über einen Änderungsantrag abstimmen, aber keine Zeichen geben!

Die vielleicht auf den ersten Blick etwas schroffe Antwort hat durchaus seine Berechtigung. Im Moment der Abstimmung ist es nicht mehr möglich, über generelle Fragen zu debattieren. Was zählt sind die eingegangenen Anträge, ein Bericht in diese oder jene Richtung abzuändern. Grundsätzliche, generell gehaltene Wortmeldungen ohne einen konkreten Textvorschlag sind daher fehl am Platz. Dies würde die vorausgegangenen und bereits abgeschlossenen Debatten erneut eröffnen und zu einer Handlungsunfähigkeit des Ausschusses führen. Darüber hinaus war ich auch mit Echerers Standpunkt, der Text würde im Plenum nicht die notwendige Mehrheit finden, nicht einverstanden. Ich betrachtete es als vom EP beauftragter Berichterstatter als meine Verantwortung, mich für den Erfolg des Berichts einzusetzen, und nicht schon von Beginn an von dessen Scheitern auszugehen. Schließlich wurde, wie im Kompromiss vereinbart, abgestimmt.

Ein weiteres heißes Eisen stellten die Migrantensprachen dar. Manche Abgeordneten wollten Sprachen der Migranten als Minderheitensprachen anerkennen. Ich war davon überzeugt, dass die sprachliche Vielfalt selbstverständlich als Wert gelte, aber traditionell ansässige Sprachminderheiten sind mit ganz anderen Herausforderungen konfrontiert und bedürfen daher anderer Schutzmechanismen als Migrantensprachen. Auch hierin war ich mir der Unterstützung des Europarats sicher:

> Die Änderungsanträge 12 und 28 sind de facto identisch. Hier geht es um die Gleichstellung der Sprachen der legalen Einwanderer. Ich habe vollstes Verständnis dafür, dass die legalen Einwanderer ein Recht auf Chancengleichheit haben. Das ist ja eine grundsätzliche Frage. Aber wir können nicht hier in diesem Bericht ein Konzept einführen, das von anderen Teilen des Berichtes abweicht. Wir stützen uns auf einer Definition der Regional- und Minderheitensprachen, die wir vom Europarat übernommen haben. Dort sind die Migrantensprachen ausdrücklich ausgenommen. Aus diesem Grund ersuche ich, 12 und 28 abzulehnen.

Auch in dieser Thematik wurde im Sinne meiner Argumentation abgestimmt.

Einen letzten Streitfall gab es hinsichtlich der Förderung des Europäischen Büros für weniger verbreitete Sprachen (EBLUL). Ich hatte in meinem Bericht die Fortsetzung der Förderung für dieses Institut verlangt. Zugleich schlug ich aber auch – wie oben erläutert – die Schaffung einer Sprachenagentur vor. Die beiden Einrichtungen sollten natürlich nicht miteinander konkurrieren, sondern ganz im Gegenteil sich gegenseitig ergänzen. EBLUL würde dabei

Christa Prets

die Vertretung der Zivilgesellschaft darstellen, während die Sprachenagentur als EU-Agentur für konkrete Fördermaßnahmen Verantwortung übernehmen sollte. Dennoch fürchteten manche Mitglieder des Ausschusses ein Konkurrenzverhältnis. Christa Prets (PES, SPÖ, Österreich) hatte daher verschiedene Änderungsanträge eingebracht, in denen sie vorschlug, die Schaffung einer Agentur zu streichen und andererseits das EBLUL auszubauen (Änderungsantrag 68). Nachdem die Agentur jedoch die notwendige Unterstützung fand, zog sie ihren Änderungsantrag, der auf den Ausbau des EBLUL abzielte, zurück. Allerdings schien die Rücknahme des Änderungsantrages nicht sinnvoll, denn noch war die Agentur nicht geschaffen und der Ausbau des EBLUL hätte ohnedies Sinn gemacht. Folglich übernahm ich konsequenterweise den Änderungsantrag. Folgender Ausschnitt gibt den Schlagabtausch wider:

Michl Ebner (EVP-ED, SVP, Italien):

> Entschuldigen Sie Herr Präsident! Ich würde 68 nicht als hinfällig empfinden, sondern der Änderungsantrag kann durchaus aufrecht erhalten bleiben. Ich würde als Berichterstatter sogar empfehlen, ihn anzunehmen.

Christa Prets (PES, SPÖ, Österreich):

> Mein Abänderungsantrag ist deswegen hier, weil ich die Agentur vorher abgelehnt habe und der Meinung war, dass wir mit einer Institution genug haben, sodass wir dieses EBLUL ausbauen und dafür die Agentur nicht haben. Wenn wir das nun in Frage stellen bzw. eine Machbarkeitsstudie zur Agentur machen, dann sollten wir nicht zweigleisig fahren. Ich ziehe daher meinen Änderungsantrag 68 zurück.

Michel Rocard (PES, PS, Frankreich):

> Herr Berichterstatter! Damit ist Antrag 68 gefallen, außer Sie übernehmen ihn.

Michl Ebner (EVP-ED, SVP, Italien):

> Ich übernehme ihn und zwar aus folgender Überlegung: Eine Machbarkeitsstudie braucht eine bestimmte Zeit. In der Zwischenzeit haben wir eine Vakanz, für die ich den Vorschlag von Frau Prets als sinnvoll und logisch empfinde. Aus diesem Grund kann ich überhaupt nicht verstehen, wieso dieser Änderungsantrag jetzt zurückgezogen werden soll. [...] Wir kennen ja noch nicht das Resultat der Studie. Aus der Studie kann herauskommen, dass es diese Agentur gar nicht braucht und EBLUL gefördert werden soll. Oder es kann herauskommen, dass EBLUL ein Teil dieser zukünftigen Agentur sein soll. Es sind ja nicht zwei Dinge, die sich gegenseitig ausschließen sondern sich ergänzen. Daher übernehme ich den Änderungsantrag.

In der unmittelbar darauf folgenden Abstimmung zu Antrag 68 erhielt ich die Mehrheit der Stimmen, womit der Antrag angenommen war. Damit waren alle kritischen Punkte zu meiner Zufriedenheit gelöst worden. Die zahlreichen Gespräche hatten offensichtlich Wirkung gezeigt, denn bei allen 90 Abänderungsanträgen sowie bei den Kompromissanträgen stimmte die Mehrheit der Abgeordneten immer gemäß meinen Empfehlungen. Doch zum Abschluss musste noch ein Votum bezüglich des nun abgeänderten Berichtsentwurfs abgehalten werden. Die Abgeordneten waren nunmehr aufgefordert, nicht wie bisher für oder gegen den einen oder anderen Änderungsantrag zu stimmen, sondern über den abgeänderten Bericht in seiner Ganzheit abzustimmen. Bei dieser Abstimmung nahm der EP-Kulturausschuss am 8. Juli 2003 meinen Entschließungsantrag mit den zentralen Forderungen und Vorschlägen zur Sprachenpolitik mit 27 Stimmen bei 2 Enthaltungen an. Kein einziges Mitglied stellte sich gegen den Bericht! Schon der Verlauf der Abstimmung über die einzelnen Änderungsanträge ließ ein erfolgreiches Votum erahnen, doch dass der Bericht eine derart breite und feste Unterstützung finden würde, damit hatte ich selbst nicht rechnen können.

Bei der Abstimmung waren anwesend: Michel Rocard (PES, PS, Frankreich), Vorsitzender; Vasco Graça Moura (EVP-ED, PSD, Portugal), stellvertretender Vorsitzender; Theresa Zabell (EVP-ED, PP, Spanien), stellvertretende Vorsitzende; Michl Ebner (EVP-ED, SVP, Italien), Berichterstatter; Konstantinos Alyssandrakis (GUE/NGL, KKE, Griechenland), Ole Andreasen (ELDR, Venstre, Dänemark), Pedro Aparicio Sánchez (PES, PSOE, Spanien), Juan José Bayona de Perogordo (EVP-Ed, PP, Spanien), Christopher J.P. Beazley (EVP-ED, Conservative and Unionist Party, Vereinigtes Königreich), Marielle De Sarnez (EVP-ED, UDF, Frankreich), Raina A. Mercedes Echerer (Grüne/EFA, Grüne, Österreich), Ruth Hieronymi (EVP-Ed, CDU, Deutschland), Lucio Manisco (GUE/NGL, PCI, Italien), Maria Martens (EVP-ED, CDA, Niederlande), Pedro Marset Campos (GUE/NGL, IU, Spanien), Pietro-Paolo Mennea (fraktionslos, Liberali Democratici Europei, Italien), Antonio Mussa (UEN, AN, Italien), Camilo Nogueira Román (Grüne/EFA, BNG, Spanien), Juan Ojeda Sanz (EVP-ED, PP, Spanien), Doris Pack (EVP-ED, CDU, Deutschland), Roy Perry (EVP-ED, Conservative and Unionist Party, Vereinigtes Königreich), Christa Prets (PES, SPÖ, Österreich), Kathleen Van Brempt (PES, sp.a, Belgien), Gianni Vattimo (PES, DS, Italien), Phillip Whitehead (PES, Labour Party, Vereinigtes Königreich), Eurig Wyn (Grüne/EFA, Plaid Cymru, Vereinigtes Königreich), Stavros Xarchakos (EVP-ED, Nea Dimokratia, Griechenland), Sabine Zissener (EVP-ED, CDU, Deutschland) und Myrsini Zorba (PES, PASOK, Griechenland).

Die erste große und wichtige Hürde war damit genommen; der Kulturausschuss hatte sich mit einem eindeutigen Votum hinter den Bericht gestellt. Anschließend konnte er am 14. Juli 2003 für die Debatte und die Abstimmung im Plenum des Europäischen Parlaments eingereicht werden, die für den 4. September 2003 in Straßburg vorgesehen waren, am 40. Todestag von Robert Schuman, der zwischen 1958 und 1960 Präsident der Europäischen Parlamentarischen Versammlung und einer der Gründerväter der Europäischen Union war. Und dort sollte sich herausstellen, dass es zwar kein leichter, aber zweifelsohne ein erfolgreicher Tag für Europas Minderheiten werden sollte.

Die Debatte und die Abstimmung Plenum des Europäischen Parlaments am 4. September 2003

Trotz der Annahme meines Berichts am 8. Juli im parlamentarischen Ausschuss für Kultur war das Bangen noch nicht vorbei. Denn für die am 4. September vorgesehene Abstimmung im Plenum war die absolute Mehrheit der Abgeordneten notwendig. Es reichte also nicht nur die einfache Mehrheit der anwesenden Abgeordneten, sondern es mussten 50 Prozent +1 aller im Europäischen Parlament vertretenen Abgeordneten dafür stimmen. Und diese war für einen sensiblen politischen Themenkomplex wie jenem der Minderheitenfragen nicht so ohne Weiteres zu erreichen. Zunächst hatte ich einige Überzeugungsarbeit bei meinen spanischen Fraktionskollegen zu leisten. Während Vertreter der katalanischen oder baskischen Volksgruppe hinter meinem Bericht standen und teilweise auch in den

Forderungen noch weiter gehen wollten, standen die spanischen EVP-ED Abgeordneten den Anliegen meines Berichts eher skeptisch gegenüber. Ich hatte daher mehrfache Kontakte, vor allem mit Theresa Zabell (EVP-ED, PP; Spanien) gehalten, um die spanischen Kollegen von der Sinnhaftigkeit der Forderungen zu überzeugen; und dies – wie sich schließlich herausstellen sollte – mit Erfolg. Zum Erreichen der absoluten Mehrheit war darüber hinaus auch noch problematisch, dass ja eine übergroße Mehrheit der Abgeordneten nicht an den Debatten im Kulturausschuss teilgenommen hatten und deshalb weit weniger für die Thematik sensibilisiert waren als die Ausschussmitglieder. Daher hatte ich mit zahlreichen Abgeordneten noch im Vorfeld Gespräche geführt. Im Übrigen konnte ich nur hoffen, dass sich meine Dialogsbereitschaft sowie die klare Abstimmung im Ausschuss herumgesprochen hatten. Von den ranghohen politischen Vertretern erschien die für Kultur und Bildung zuständige Kommissarin, Viviane Reding, als erste im Plenarsaal. Für sie war die Abstimmung von einiger Bedeutung, denn die gebürtige Luxemburgerin hatte seit ihrem Amtsantritt 1999 ein stärkeres Engagement von Seiten der EU für Minderheitensprachen versprochen. Doch die Realisierung eines eigenen Programms für Minderheitensprachen war letzten Endes an politischen und rechtlichen Hindernissen in der Prodi-Kommission gescheitert. Ich hatte diesbezüglich mit Kommissionspräsidenten Prodi und mit Kommissarin Reding Korrespondenz geführt und mich mit ihnen auch zu einer Aussprache getroffen. Aufgrund der mehrfachen Kontakte mit Kommissionsvertretern kam ich zur Auffassung, dass die Minderheitensprachen sowohl in Präsidenten Prodi als auch in Kommissarin

Theresa Zabell

Reding einen guten Ansprechpartner finden konnten und dass die bestehenden Probleme tatsächlich gemeinschaftsrechtlicher Natur waren. Mit meinem Bericht, der mit dem Kabinett Redings abgestimmt war, fanden einige Vorstellungen der EU-Kommission erneut Unterstützung. Nach der Eröffnung des Plenums wurde mir gleich das Wort erteilt. Ich hielt mich kurz und bündig, und formulierte noch einmal klar und unmissverständlich die Zielsetzung des Berichts: Im Hinblick auf die Erweiterung der EU war mehr Verständigung, nicht ein bloßes Nebeneinander, sondern Verständnis füreinander notwendig. Die Sprachen sollten dabei ein wichtiges Verbindungselement sein. Aus der Sicht Südtirols, unterstrich ich, dass uns die EU gut getan hatte. Die deutschsprachig-österreichische Minderheit und die ladinischsprachige Minderheit hatten sich durch die offene Politik der EU und Italiens neu positionieren können, sodass wir heute eine zentrale Brückenfunktion im enger zusammenwachsenden Europa erfüllen. Mein Bericht wende sich daher nicht gegen bestimmte Sprachen, sondern setze sich für die Förderung der Sprachenvielfalt unter Einschluss der Minderheitensprachen ein.

Gleich darauf kam die EU-Kommissarin Viviane Reding zu Wort. Sie dankte mir für mein enormes Engagement in Sachen Minderheitensprachen, betonte auch die Unterstützung einer Machbarkeitsstudie über die Sprachenagentur, zeigte sich aber wie erwartet skeptisch gegenüber dem geforderten Sprachenprogramm.

Mit Kommissarin Viviane Reding und Michl Ebner

Herr Präsident! Gestatten Sie mir zunächst, dem Berichterstatter aufrichtig und von ganzem Herzen für sein Engagement zu danken, denn es ist ein Engagement für Sprachen und somit für Menschen und unsere Bürger und dient dem Ziel, ein mehrsprachiges und multikulturelles Europa zu schaffen, für dessen Vielfalt wir uns einsetzen, denn wir sind überzeugt, dass darin der echte Reichtum Europas besteht.
Der Berichterstatter, die Kommissarin und Sie haben das gleiche Ziel. Nun gilt es, die Instrumente zu ermitteln, um dieses Ziel zu erreichen. Damit komme ich zu den beiden im Bericht enthaltenen Legislativvorschlägen. Der erste betrifft die Einrichtung einer Agentur für die Sprachenvielfalt. Meiner Ansicht nach könnte eine solche Agentur von Nutzen sein. Natürlich bedarf es reiflicher Überlegungen, bevor man dieses Vorhaben in Angriff nimmt. Die Erstellung einer Machbarkeitsstudie wäre ein wesentlicher Schritt dabei, denn sie würde genaue Kenntnis über alle bestehenden Instrumente vermitteln, einschließlich jener für die Regional- und Minderheitensprachen.
[...] Der zweite Punkt betrifft die Annahme eines Mehrjahresprogramms. Ich muss Ihnen sagen, Herr Präsident, dass es damit ein Problem gibt, denn die Kommission kann diese Empfehlung nicht annehmen. Es geht um keine grundsätzliche Frage, denn Sie wissen sehr wohl, dass wir im Grunde einer Meinung sind. Ich hatte bereits mehrfach Gelegenheit, mich vor Ihnen zu diesem Thema zu äußern. Ich vertrete die Auffassung, dass unter den derzeitigen Bedingungen ein integrierter Ansatz die beste Art und Weise wäre, um Regional- und Minderheitensprachen zu fördern. Davon bin ich überzeugt, denn ein eigenständiges Programm würde meines Erachtens bedeuten, das isolierte Dasein der Regional- und Minderheitensprachen fortdauern zu lassen.
Doch jetzt ist gerade der Zeitpunkt gekommen, das Gegenteil – nämlich eine Öffnung – zu bewirken. Diese Sprachen bedürfen der Unterstützung, die ihnen durch die Nutzung der im Rahmen bestehender Programme gebotenen Möglichkeiten gewährt werden kann. Übrigens – und dabei stimmen Sie mir zweifellos zu – hat das Europäische Jahr der Sprachen zur Integration der Regional- und Minderheitensprachen beigetragen. Aus dem diesbezüglichen Durchführungsbericht wird deutlich, dass den Regional- und Minderheitensprachen ein bedeutender Platz eingeräumt wurde.[3]

Anschließend waren die einzelnen Fraktionen an der Reihe. Für die Europäische Volkspartei ergriff Frau Theresa Zabell (EVP-ED, PP, Spanien) das Wort: Zabell verwies auf das Modell in Spanien, wo es bereits finanzielle Unterstützung für die Sprachenvielfalt gebe. Weitere EU-Mittel dafür freizusetzen fand sie daher nicht für angebracht:

> Spanien ist ein Land mit einem großen Sprachenreichtum, und es gibt viele Regionen oder autonome Gemeinschaften, in denen das Spanische als Amtssprache mit einer anderen der Amtssprache gleichgestellten Sprache, wie dem Katalanischen, Baskischen und anderen, verwendet wird. Und vor allem muss ich sagen, dass wir darauf sehr stolz sind. [...] In Spanien stellen wir bereits beträchtliche Geldmittel für die Förderung der Sprachen zur Verfügung, und aus diesem Grund sind wir, unter Beachtung aller Erfordernisse, die auf europäischer Ebene bestehen, nicht damit einverstanden, dass noch mehr Gemeinschaftsmittel für diesen Zweck aufgewendet werden.

Myrsini Zorba

Für die sozialistische Fraktion sprach Frau Myrsini Zorba (PES, PASOK, Griechenland). Da die kulturelle und sprachliche Vielfalt Eingang in den EU-Verfassungsentwurf gefunden habe, sei ein Engagement von Seiten der EU nur eine logische Folgerung. Europäische Sprachpolitik solle, so Zorba, ebenso wie die anderen Politikbereiche, im Dienste des europäischen Geistes stehen und in erster Linie dem gegenseitigen Kennenlernen und dem Sprachaustausch dienen.

> Wie allgemein anerkannt ist, hängt die kulturelle Vielfalt Europas eng mit seiner sprachlichen Vielfalt zusammen, die in hohem Maße dafür verantwortlich ist, wie wir die Welt selbst wahrnehmen, wie wir uns ausdrücken und schöpferisch tätig sind. Sie wird zudem im neuen Verfassungsvertrag verankert, worüber wir sehr zufrieden sind.
> Die Bewahrung der Sprachenvielfalt, insbesondere durch die Förderung der weniger verbreiteten Sprachen, trägt unter anderem zum sozialen Zusammenhalt und zur Verhütung von Konflikten bei, und sie sollte meines Erachtens nicht an quantitativen Parametern gemessen oder nach Mehr-

heiten und Minderheiten bewertet werden. Diese Ansicht vertrete ich auch im Hinblick auf die Minderheitensprachen. Sie verfügen über einen inneren Wert und sollten auch so behandelt werden.

Für die Liberalen sprach Herr Joan Vallvé (ELDR, Convergència Democràtica Catalunya, Spanien). Er wies auf seine Heimat, Katalonien hin, und machte darauf aufmerksam, dass Europa nicht nur ein Europa der Staaten sonder auch der Volksgruppen sei.

Joan Vallvé

In Europa gibt es Einheitsstaaten, Nationalstaaten und auch multinationale Staaten – Staaten, die aus verschiedenen Nationen mit ihren eigenen Sprachen bestehen. In meinem Land, in Spanien, existieren verschiedene Nationen. Ich gehöre zur katalanischen Nation mit einer Sprache, die von mehr als sieben Millionen Menschen gesprochen wird – das sind mehr als bei zwei derzeitigen Amtssprachen der Europäischen Union und bei sechs Sprachen der zehn Beitrittsländer.

Für die Grünen sprach Herr Eurig Wyn (Grüne/EFA, Plaid Cymru, Vereinigtes Königreich), der einleitend auf Walisisch sprach. Wyn kritisierte, dass allzu viele Mitglieder des Europäischen Parlaments in den weniger verbreiteten Sprachen mehr eine Gefahr denn eine Bereicherung sehen. Er selbst spreche eine Minderheitensprache, und er stelle für niemandem in diesem Hause eine Bedrohung dar, versicherte Wyn schmunzelnd.

Eurig Wyn

Seit vielen Jahren redet die EU über Sprachenvielfalt und die Achtung von Minderheiten. Heute setzen wir das mit Herrn Ebners Bericht endlich in die Praxis um und unterstützen das Erlernen von Sprachen und die Mehr-

sprachigkeit, einschließlich der Minderheitensprachen wie die, in der ich gerade rede, in meiner Muttersprache Walisisch.
[...] Zunächst beglückwünsche und danke ich Herrn Ebner, der sich der Aufgabe gestellt hat, einen Bericht über europäische Minderheitensprachen zu verfassen und uns so viele konstruktive Ideen für die weitere Achtung der Sprachenvielfalt in Europa vorlegt. Wir wissen alle, wie empfindlich man in dieser Frage der Minderheitensprachen in einigen Ländern ist, die diese als eine Bedrohung nicht nur der Integrität ihrer Staatskultur, sondern auch ihrer territorialen Integrität ansehen.
Die Frage der Minderheitensprachen liegt mir sehr am Herzen, weil ich selbst – wie viele in diesem Plenum – eine Minderheitensprache spreche. Sprecher von Minderheitensprachen unterscheiden sich nicht von Sprechern anderer Sprachen. Wir wollen nur durch das Medium unserer Sprache ein erfülltes Leben führen, natürlich nicht ohne auf das Vergnügen zu verzichten, viele andere Sprachen zu lernen und zu beherrschen, die uns Türen zu Kulturen und Fenster zum besseren Verständnis anderer öffnen.
Ich begrüße es, dass Minderheitensprachen wieder auf der europäischen Agenda stehen. Viele Jahre lang befanden wir uns in der Frage der legalen Finanzierung für Minderheitensprachen in Europa in einer Sackgasse. Kommission und Rat haben dieses Problem viel zu lange schleifen lassen. Darum ist die heutige Parlamentsdebatte ein großer Schritt vorwärts, der letztendlich zu einer neuen Gesetzgebung führen sollte. Minderheitensprachen müssen erhalten und gefördert werden, wenn wir dem Anspruch eines Europas der Vielfalt gerecht werden wollen.
Zu diesem wichtigen Zeitpunkt für Europas Zukunft, da neue Mitglieder der Union beitreten, macht sich das Europäische Parlament erneut zum Fürsprecher einer stärkeren Achtung der Minderheitensprachen. Ich wünsche Herrn Ebner für seinen Bericht alles Gute.

Für die Fraktion Europa der Nationen sprach Seán Ó Neachtain (UEN, Fianna Fáil Party, Irland), der ebenso die Wichtigkeit des Ebner-Berichts hervorhob. Der Ire unterstützte die Idee einer Sprachenagentur und forderte seine Kollegen auf, ihr Versprechen, die Sprachenvielfalt zu fördern, auch einzulösen.

Seán Ó Neachtain

Herr Präsident, ich möchte Herrn Ebner zu diesem ausgezeichneten Bericht über regionale und weniger verbreitete Sprachen beglückwünschen. Die Vielfalt regionaler und weniger verbreiteter Sprachen auf dem ganzen europäischen Kontinent ist ein integrierender Bestandteil unseres einzigartigen kulturellen Erbes. Wir sind kulturell reicher, weil so viele dieser Sprachen in dieser multimedialen globalisierten Zeit überlebt haben und noch täglich gesprochen werden. [...] Die Idee des Berichterstatters zur Errichtung einer Europäischen Agentur zur Förderung der verschiedenen Aspekte der Sprachenpolitik unterstütze ich sehr. Wir sind uns darüber im Klaren, dass die Kultur- und Sprachenpolitik in erster Linie ein nationales Ressort ist. Nichtsdestotrotz bin ich der Überzeugung, dass wir durch die Bündelung eines gewissen Teils unserer Ressourcen und Erfahrungen Verbesserungen herbeiführen können, die europaweite Vorteile hätten.
In meinem Land, in Irland, und im benachbarten Vereinigten Königreich ist die vorherrschende Sprache ein immer stärker globales Englisch. Wenn vor diesem Hintergrund Minderheitensprachen wie Gälisch, Schottisches Gälisch und Walisisch, das wir hier heute Vormittag so eloquent von Herrn Wyn vorgetragen hörten, gedeihen können, besteht kein Grund, warum irgendeine unserer Minderheitensprachen aussterben sollte. Wir reden oft über das kulturelle Erbe Europas. Die Bewahrung der Sprachenvielfalt hat weitaus mehr Gewicht als die Bewahrung des architektonischen oder künstlerischen Erbes, so wichtig Letzteres auch sein mag, denn Sprache ist etwas Lebendiges. Sie ist Teil unserer ureigensten Identität.

Frau Maria Martens (EVP-ED, CDA, Niederlande) hob die Erfahrung der Niederlande hervor:

Maria Martens

Gegenwärtig sprechen etwa 40 Millionen Menschen neben einer Amtssprache der Union eine Regional- oder Minderheitensprache. Mit der Erweiterung im Jahr 2004 werden noch einmal 6 Millionen dazukommen. Auch wir in den Niederlanden kennen das Phänomen der Minderheitensprache. Friesisch ist eine offiziell anerkannte Minderheitensprache. Die sprachliche Vielfalt stellt, wie bereits gesagt, ein Erbe dar, auf das wir Europäer stolz sind und auch sein dürfen. Zu Recht wird in der Charta der Grundrechte der Europäischen Union die Vielfalt der Kulturen und Sprachen anerkannt. Künftig wird dies auch fester Bestandteil der Europäischen Verfassung sein. Das Europäische Parlament ist stets für den

Schutz der sprachlichen Vielfalt und von Regional- und Minderheitensprachen eingetreten. [...] Frieden in Europa umfasst nicht nur effiziente wirtschaftliche Zusammenarbeit. Vor allem geht es darum, Interesse, Achtung und Verständnis für Menschen aus einer anderen Kultur aufzubringen. Ein wichtiger Schlüssel dazu ist die Sprache. Zum Schluss möchte ich den Kollegen Ebner zu dem Ergebnis seiner Anstrengungen beglückwünschen und ihm meinen Dank für die überaus angenehme Zusammenarbeit aussprechen.

Frau Astrid Thors (ELDR, Svenska folkpartiet, Finnland), Vertreterin der schwedischen Minderheit in Finnland, unterstrich die Bedeutung einer Sprachenagentur:

Astrid Thors

Herr Präsident! Sehr geehrte Frau Kommissarin! In der Europäischen Verfassung heißt es, dass die Bewahrung und Entwicklung der sprachlichen Vielfalt zu den europäischen Werten gehört. Daher ist der heutige Tag ein besonders gut gewählter Zeitpunkt für die Vorlage eines Berichts über regionale Sprachen und die kulturelle Vielfalt. Ich möchte dem Kollegen Ebner für die umfassende Arbeit danken, die er geleistet hat. Wie viele Abgeordnete bereits betont haben, brauchen wir jetzt konkrete Taten bei der Fortführung dieser Arbeit. Ich glaube ebenso wie Herr Ebner, dass die zukünftige Entwicklung weitere Maßnahmen von uns fordern wird.
Es ist wichtig, dass wir unsere unterschiedlichen Erfahrungen in Sachen Sprachenvielfalt und Sprachenlernen untereinander austauschen. Daher halte ich die Einrichtung eines entsprechenden Instituts für angebracht. Meiner Ansicht nach besteht jedoch kein so großer Unterschied zwischen der gegenwärtigen Situation und der im Bericht beschriebenen. Dort wird ausdrücklich das sogenannte Sprachenbad erwähnt, eine sehr gute Methode, mit der man in Südtirol, Katalonien und Finnland positive Erfahrungen gemacht hat. Ich vermisse diese Erwähnung im Aktionsplan der Kommission, freue mich aber, dass dieser die Hochschulen auffordert, ihre Sprachenpolitik zu überdenken, damit das Englische dort nicht vollständig dominiert.
Lassen Sie mich aber auch betonen, dass wir die Frage eines Instituts für Sprachenvielfalt und Sprachenlernen näher beleuchten und prüfen müssen. Nach meiner Überzeugung ist ein solches Institut notwendig. Ich

möchte auch der Frau Kommissarin dafür danken, dass sie die Konferenz in Finnland erwähnt hat, auf der wir viele Dinge gelernt haben, für die sich hoffentlich auch das Parlament interessieren wird.

Herr Michael Gahler (EVP-ED, CDU, Deutschland) warnte vor einer Kriminalisierung der Sprachen und forderte alle EU-Staaten auf, die minderheitenrelevanten Dokumente des Europarats zu ratifizieren:

Michael Gahler

Herr Präsident! Frau Kommissarin. Das habe ich gerade gelernt: Sie hätten heute morgen wahrscheinlich auch Lëtzebuergesch sprechen können. Wahrscheinlich hätten Sie das im Gegensatz zu Walisisch und Baskisch gar nicht vorher einreichen müssen. Das hätten wir noch übersetzt bekommen.

Ich möchte dem Kollegen Michl Ebner herzlich für seine Initiative zu diesem Bericht danken. Er ist neben dem Kollegen Grosch, der vorhin auch schon gesprochen hat, in der EVP-Fraktion einer der Vertreter einer sprachlichen Minderheit. Ich finde, Südtirol und Ostbelgien sind neben anderen Gegenden zwei Erfolgsbeispiele dafür, dass Minderheiten nicht destabilisieren, sondern eine Bereicherung sind und auch eine Brücke bilden. In Ostbelgien und Südtirol gibt es hörbare und vor allem auch sichtbare Vielsprachigkeit. Diese sichtbare Vielsprachigkeit haben wir hier im Gebäude des Parlaments noch nicht erreicht. Was wir hier lesen können, ist alles nur in einer Sprache.

Dennoch gibt es auch in unseren stabilen Demokratien der fünfzehn Mitgliedstaaten und der zehn Beitrittsländer restriktive Reflexe gegenüber Minderheiten und ihren Sprachen, meist aus historischen Gründen. Ich möchte deutlich sagen: Es gibt keine separatistischen oder extremistischen Sprachen. Es gibt allenfalls separatistische oder extremistische Personen. Mit denen muss man sich politisch oder strafrechtlich auseinandersetzen. Deswegen können sprachliche Minderheiten als solche auch nicht unter den Generalverdacht gestellt werden, sie würden durch den Gebrauch einer Sprache etwa die nationale Einheit gefährden. Ich finde es aus diesem Grund auch sehr unverständlich, dass nicht alle Mitgliedstaaten die Charta der Regional- und Minderheitensprachen und die entsprechende Rahmenkonvention des Europarates ratifiziert haben. Ich möchte die fehlenden Staaten aufrufen, das doch zu tun. Es ist keine Gefährdung der nationalen Einheit oder der territorialen Integrität. Wer damit Probleme hat, der setzt sich doch eher dem Verdacht aus, sehr unsicher zu sein und zu glauben, dass die eigene Sprache und Kultur offenbar nur durch das Verhindern anderer gesichert werden kann, nicht durch die eigene Attraktivität. Etwas mehr Mut möchte ich bei den Zögernden doch schon erbitten.

Herr Mathieu Grosch (EVP, CSP, Belgien) hob den friedensstiftenden Aspekt von Sprachen hervor:

Mathieu Grosch

Herr Präsident! Zuerst möchte auch ich dem Berichterstatter Ebner zu seinem Bericht gratulieren. Ausgehend von der positiven Erfahrung des Europäischen Jahres der Sprachen unterstreicht er in diesem Bericht das wachsende Bewusstsein in Europa, dass über Sprachen Brücken zu Kulturen geschaffen werden und über Kulturen Brücken zu Menschen, und dass wir dementsprechend – ich will es mal überspitzt ausdrücken – endlich mal nicht mehr vom »amerikanischen Modell« träumen: eine Sprache und keine Kultur, sondern dass wir wirklich in der Vielfalt unserer Sprachen und der Vielfalt unserer Kulturen einen Trumpf entdecken und sogar einen Grundwert für unsere Zukunft.
Die Sprache und die Kultur des anderen kennen, heißt, ihn besser zu verstehen, heißt, ihn auch zu respektieren. Somit hat die Sprache in meinen Augen auch eine wesentliche Aufgabe zu erfüllen, nämlich: die Sprache des anderen kennen, heißt auch Frieden stiften. Wenn wir die Krisenherde in und um Europa herum näher untersuchen, stellen wir fest, dass der mangelnde Respekt vor dem Anderssein – und dazu gehören auch die Sprachen – sehr oft dazu geführt hat, dass diese Krisenherde entstehen und sich weiterentwickeln. Daher ist Sprache für mich noch etwas mehr als nur, den anderen zu kennen und zu respektieren. Sprache ist für mich die beste Friedenstruppe, die wir in Europa einsetzen können.
Der Bericht macht aber auch deutlich, dass in einem Europa, das immer größer wird, das Bewusstsein für regionale Kulturen und auch regionale Sprachen größer wird. Dies zu respektieren ist – und ich komme aus der deutschsprachigen Gemeinschaft in Belgien und kann es so auch sehen – kein Autonomieluxus gewisser Regionen, sondern in meinen Augen ein europäisches Grundrecht. Daher haben die Regierungen – wir haben es eben hier angesprochen – die allererste Aufgabe, die kleineren Regionen,

ihre Kulturen und ihr Mitspracherecht zu garantieren. Dann sollten wir auf europäischer Ebene überlegen, welche Instrumente wir dem hinzufügen. Meinen Kollegen Ebner aus Südtirol – unsere Vertretung hier im Parlament – wissen wir zu schätzen. Man weiß, dass man in Italien und Belgien Deutsch spricht ...
Aber das hindert uns auch nicht daran, die Sprache unserer Nachbarn zu sprechen. Wir tun dies in dem Bewusstsein unserer eigenen Kultur und auch aus Verbundenheit mit der Kultur der anderen. Wir träumen davon, dass es im Europa der Zukunft die Norm sein wird, seine eigene Sprache und die Sprache seines Nachbarn zu sprechen, sich gegenseitig besser zu kennen und davon ausgehend die Grundlagen für ein Europa zu errichten, in dem alle Sprachen ihren Platz haben und in dem die Achtung des Anderen im Vordergrund steht.

Der fraktionslose Piemontese Mario Borghezio (fraktionslos, Lega Nord, Italien) hob Dr. Silvius Magnago als großen Europäer hervor, der sich immer für die kulturelle und sprachliche Vielfalt engagiert habe:

Mario Borghezio

Ich möchte dem Kollegen Ebner herzlichst zu seinem Bericht gratulieren, der eine zentrale Frage der Demokratie aufwirft, nämlich die nach dem Verhältnis zwischen den freiheitlichen Rechten und dem Gebrauch der eigenen Sprache. Ich würde sagen, dass speziell in diesem Hohen Haus die freiheitlichen Rechte unseres Berichterstatters auf äußerst signifikante Weise verletzt worden sind. Als nämlich der Kollege Ebner von seiner Heimatregion sprach und diese – was sein Recht ist – »Südtirol« nannte, passte man sich beim Dolmetschen seiner Ausführungen an die von der italienischen Zentralregierung festgelegte bürokratische Bezeichnung dieser Region an, indem man fälschlicherweise mit »Alto Adige« übersetzte.
Europa ist, wie er ganz richtig sagte, indem er einen großartigen Verfechter des Europagedankens, nämlich Dr. Silvius Magnago zitierte, ein außergewöhnliches Mosaik der Völker, weshalb es seine ethnischen und sprachlichen Besonderheiten als wertvolles Gut betrachten sollte, das es zu verteidigen und aufzuwerten gilt.

Marco Cappato (Lista Emma Bonino, Italien) brach eine Lanze für das Esperanto:

Marco Cappato

> Herr Präsident, leider befürchte ich, dass die allgemeine Lage weniger positiv ist, als viele Redebeiträge glauben machen wollen. Die sprachliche Vielfalt in Europa wird zerstört. Um es kurz zu machen, ich glaube, die Lösung dieses Problems liegt nicht bloß in der Förderung von Sprachen bzw. Minderheitensprachen, denn das genügt nicht, das reicht nicht aus; die Lösung liegt meines Erachtens in einem schwierigen und unbequemen Wort: Esperanto. Wir sollten es zumindest probieren! Einigen Studien zufolge könnte diese Sprache als technische, neutrale Sprache erlernt und somit in der Politik anstelle anderer Sprachen ausgewählt werden. Die Verwendung anderer, an sich eine Kultur repräsentierender und in sich tragender Sprachen als einzige oder als Brückensprachen würde die Dominanz der einen Kultur über eine andere fördern, wie es heutzutage bereits geschieht. Mit Esperanto gäbe es dieses Problem bzw. diesen Makel nicht. Wenn es stimmt – und ich glaube es –, dass, wie viele internationale Untersuchungen beweisen, diese Sprache leicht erlernbar ist, sollte die Europäische Union zumindest versuchen, auch diesen Weg zu probieren. Angesichts der Zerstörung der sprachlichen Vielfalt reichen die Finanzierung und die Unterstützung nicht aus.

An der Debatten nahmen darüber hinaus auch Herr Alain Esclopé (EDD, Chasse, Pêche, Nature, Traditions, Frankreich), Frau Christa Prets (PES, SPÖ, Österreich), Herr Mayol i Raynal (Grüne-EFA, Esquerra Republicana, Frankreich), Frau Ulpu Livari (PES, Finlands Socialdemokratiska Parti, Finnland), Herr Josu Ortundo Larrea (Grüne-EFA, PNV, Spanien), Herr Raimon Obiols i Germà (PES, PSOE, Spanien), Herr Johannes Voggenhuber (Grüne-Freie Europäische Allianz, Grüne, Österreich), sowie der fraktionslose Europaparlamentarier Bruno Gollnisch (FN-Frankreich) teil.

Nach Wochen langen Verhandlungen mit Parlamentskollegen aus allen Fraktionen, sowie einer einstündigen Debatte im Plenum wurde der als Ebner-Bericht bezeichnete Entwurf vom Europäischen Parlament schließlich zur Abstimmung gestellt. Vor den Augen von über 250 Besuchern stimmten 423 Abgeordnete für die Resolution, bei nur 27 Gegenstimmen und 21 Stimmenthaltungen! Für das im Anhang aufgelistete Maßnahmenpaket stimmten 431 Abgeordnete, 30 dagegen und 23 enthielten sich der Stimme. **Erstmals gab es in der EU bei einer Abstimmung zu Minderheitenfragen eine absolute Mehrheit für die Förderung der Regional- und Minderheitensprachen!** Der Vorsitzende des Plenums und Vizepräsident des Europäischen Parlaments, Joan Colom I Naval (PES, PSC, Spanien), sprach mir unmittelbar darauf seine Glückwünsche auf Katalanisch aus:

Joan Colom I Naval

> Ich nutze die Präsidentschaft aus und entbiete meine aufrichtigen Glückwünsche in meiner eigenen Sprache: molt sincerament en la meva pròpia llengua.

Und nach der Abstimmung hagelte es schriftliche und mündliche Glückwunschserklärungen von vielen Fraktionen und aus vielen Ländern. Meine Kollege Neil MacCormick (Verts-EFA, Scottish National Party, Vereinigtes Königreich) betonte noch einmal die Bedeutung der jüngsten Entwicklungen:

Neil MacCormick

> Ich habe mich sehr gefreut, dass das Parlament dem Bericht Ebner eine solch überwältigende Zustimmung gegeben hat. Die Sprachen meiner Vorfahren in Schottland – Gälisch und Tieflandschottisch – haben Jahrhun-

derte lang unter starker Diskriminierung und Vernachlässigung gelitten. [...] Diese Beispiele aus einem Land stehen für ein universelles europäisches Problem. Ich bin sehr froh, dass ich auf dem Konvent Gelegenheit hatte, dazu beizutragen, dass zu den Zielen der Union die Achtung der Sprachenvielfalt gehören wird, wenn wir den Verfassungsentwurf annehmen. Auch die Charta der Grundrechte ist nützlich. Doch wir brauchen aktive Hilfe, und die verspricht uns der Bericht Ebner. Ich hoffe, die Kommission wird das aufgreifen. Mit dem Ergebnis dieser Abstimmung und damit, dass ich daran teilhatte, bin ich sehr zufrieden.

Und der CSU-Kollege Bernd Posselt (EVP-ED, CSU, Deutschland) unterstrich die friedensstiftenden Aspekte die eine konkrete Minderheitenpolitik im erweiterten Europa spielen soll:

Bernd Posselt

Ich freue mich, dass dieser Bericht angenommen wurde. Er steht in der Tradition mehrerer großer Berichte, die dieses Haus seit den achtziger Jahren zu diesem Thema verabschiedet hat, beginnend mit dem Bericht des großen Sozialdemokraten Arfè aus dem Aosta-Tal bis hin zu Michl Ebner aus Südtirol. Ich freue mich. Gerade im Vorfeld der Osterweiterung war es notwendig, hier ein deutliches Signal zu setzen, denn es werden sehr viele Minderheiten und Volksgruppen zu uns kommen: die Ungarn in der Slowakei, die Deutschen und die Polen in der Tschechischen Republik, die Polen in Litauen, die Litauer in Polen usw. Zusammen werden die Angehörigen der Minderheiten in der erweiterten EU nach Deutschland und vor Frankreich zahlenmäßig der zweitgrößte Mitgliedstaat sein. Das zeigt, wie groß das Thema rein quantitativ gesehen ist, und auch qualitativ hat es große Bedeutung, denn diese Minderheiten können zum Mörtel am Fundament der EU oder zum Sprengstoff werden. Wir wollen, dass sie zum Mörtel werden, der integriert.

Ich selbst war natürlich überaus glücklich darüber, dass wir es endlich geschafft hatten. Und wenn ich »wir« sage, dann meine ich natürlich all jene, die mir über die letzten Jahre hinweg und vor allem in der zentralen Phase der

Erarbeitung des Berichts geholfen und mich darin unterstützt haben, von regionalen Gebietskörperschaften und wissenschaftlichen Einrichtungen bis zu Nichtregierungsorganisationen und aktiven Minderheitenvertretern. Ich bin dankbar für ihre Hilfe und dafür, dass ich die Ehre hatte, für diese Thematik im Europäischen Parlament Bericht zu erstatten und der Europäischen Kommission legislative Vorschläge zu unterbreiten.

3 Der Ebner-Bericht mit Empfehlungen an die EU-Kommission zu den regionalen und weniger verbreiteten europäischen Sprachen – den Sprachen der Minderheiten in der EU – unter Berücksichtigung der Erweiterung und der kulturellen Vielfalt

EUROPÄISCHES PARLAMENT

1999		*2004*

Plenarsitzungsdokument

ENDGÜLTIG
A5-0271/2003

4. September 2003

BERICHT
mit Empfehlungen an die Kommission zu den regionalen und weniger verbreiteten europäischen Sprachen – den Sprachen der Minderheiten in der EU – unter Berücksichtigung der Erweiterung und der kulturellen Vielfalt
(2003/2057(INI))

Ausschuss für Kultur, Jugend, Bildung, Medien und Sport

Berichterstatter: Michl Ebner

(Initiative gemäß Artikel 59 der Geschäftsordnung)

Regionale Sprachen und kulturelle Vielfalt

Ausschuss für Kultur, Jugend, Bildung, Medien und Sport
PE 312.582

Entschließung des Europäischen Parlaments mit Empfehlungen an die Kommission zu den regionalen und weniger verbreiteten europäischen Sprachen – den Sprachen der Minderheiten in der Europäischen Union – unter Berücksichtigung der Erweiterung und der kulturellen Vielfalt (2003/2057(INI))

Das Europäische Parlament,

- gestützt auf Artikel 192 Absatz 2 des EG-Vertrags,
- unter Hinweis auf die Artikel 149, 150, 151 und 308 des EG-Vertrags,
- in Kenntnis der Artikel 21 und 22 der Charta der Grundrechte der Europäischen Union,
- unter Hinweis auf seine Entschließung vom 14. Januar 2003 zur Rolle der regionalen und lokalen Gebietskörperschaften im europäischen Aufbauwerk[4] und den darin enthaltenen Verweis auf die sprachliche Vielfalt in Europa,
- unter Hinweis auf den Beschluss Nr. 1934/2000/EG des Europäischen Parlaments und des Rates vom 17. Juli 2000 über das Europäische Jahr der Sprachen 2001[5],
- unter Hinweis auf die Entschließung des Rates vom 14. Februar 2002 zur Förderung der Sprachenvielfalt und des Erwerbs von Sprachkenntnissen im Rahmen der Umsetzung der Ziele des Europäischen Jahres der Sprachen 2001[6],
- in Kenntnis der am 1. März 1998 in Kraft getretenen Europäischen Charta für Regionale oder Minderheitssprachen des Europarates,

- in Kenntnis der am 1. Februar 1998 in Kraft getretenen Rahmenkonvention zum Schutz nationaler Minderheiten des Europarats,
- gestützt auf die Artikel 59 und 163 seiner Geschäftsordnung,
- in Kenntnis des Berichts des Ausschusses für Kultur, Jugend, Bildung, Medien und Sport (A5-0271/2003),

A. in der Erwägung, dass auf EU-Ebene keine Rechtsvorschriften über regionale und weniger verbreitete europäische Sprachen bestehen,

B. in der Erwägung, dass gegenwärtig kein Vorschlag im Sinne von Artikel 59 Absatz 2 der Geschäftsordnung ausgearbeitet wird,

C. in der Erwägung dass sich das Europäische Parlament und der Ausschuss der Regionen mehrfach mit der Bedeutung weniger verbreiteter Sprachen befasst haben[7],

D. in der Erwägung, dass die Achtung der sprachlichen und kulturellen Vielfalt einen der Grundsätze der Europäischen Union darstellt und in Artikel 22 der Charta der Grundrechte der Europäischen Union wie folgt verankert ist: »Die Union achtet die Vielfalt der Kulturen, Religionen und Sprachen«,

E. in der Erwägung, dass in seiner oben genannten Entschließung vom 14. Januar 2003 die Aufnahme eines neuen Artikels in den EG-Vertrag mit folgendem Wortlaut gefordert wird: »Die Gemeinschaft achtet und fördert im Rahmen ihrer Zuständigkeiten die sprachliche Vielfalt in Europa, einschließlich der Regional- oder Minderheitensprachen als Ausdruck dieser Vielfalt, indem sie die Zusammenarbeit zwischen den Mitgliedstaaten fördert und andere geeignete Instrumente zur Förderung dieses Ziels einsetzt«,

F. in der Erwägung, dass die kulturelle Vielfalt ein Element des sozialen Zusammenhalts darstellen und nicht nach der Logik von Mehrheit und Minderheit funktionieren soll,

G. in der Erwägung, dass es in der Europäischen Union Gebiete gibt, in denen autochthone Minderheitensprachgemeinschaften leben und dass offiziellen Schätzungen zufolge 40 Mio. Unionsbürger regelmäßig eine von Generation zu Generation überlieferte Regional- oder Minderheitensprache, in den allermeisten Fällen zusammen mit der Amtssprache oder den Amtssprachen des betreffenden Staates, gebrauchen,

H. in der Erwägung, dass in einigen Mitgliedstaaten diese Regional- und Minderheitensprachen in der jeweiligen Gemeinschaft ein wichtiges Kommunikationsmittel darstellen und sogar auf regionaler Ebene als Amtssprachen oder den Amtssprachen gleichgestellt anerkannt werden,

I. in der Erwägung, dass es in den Mitgliedstaaten Amtssprachen gibt, die nicht in die Sprachenregelung der Europäischen Union aufgenommen sind, obwohl sie mehrheitlich auf deren Hoheitsgebiet in allen gesellschaftlichen Bereichen, in den Medien und im Bildungswesen einschließlich des Hochschulwesens gebraucht werden,

J. unter Berücksichtigung der Tatsache, dass nach Angaben der Kommission mehr als 60 autochthone Regional- oder Minderheitensprachgemeinschaften in der Europäischen Union bekannt sind und sich diese Zahl im Rahmen der Erweiterungen mehr als verdoppeln wird,

K. unter Berücksichtigung der Tatsache, dass im Zuge der Erweiterung der Europäischen Union eine Vielzahl von neuen Gemeinschaften von Regional- und Minderheitensprachen die sprachliche und kulturelle Vielfalt der Europäischen Union weiter bereichern werden,

L. in der Erwägung, dass es in den Schlussfolgerungen des Vorsitzes des Europäischen Rats von Kopenhagen vom 21. und 22. Juni 1993 heißt, dass die Achtung und der Schutz von Minderheiten Voraussetzungen für die Mitgliedschaft in der Europäischen Union sind,

M. unter Berücksichtigung der Tatsache, dass die übliche Definition von Regional- oder Minderheitensprache der Europäischen Charta für Regional- oder Minderheitensprachen traditionell von Bevölkerungsteilen eines Staates gesprochene Sprachen sind, aber nicht Dialekte der Amtssprache(n), Zuwanderersprachen oder Kunstsprachen,

N. in der Erwägung, dass die Definition von Regional- und Minderheitensprachen nicht von dem Umfang bestimmt werden darf, in dem diese Sprachen von den jeweiligen lokalen und/oder regionalen Behörden unterstützt werden,

O. in der Erwägung, dass die Unterstützung von Regional- und Minderheitensprachen konstant und unabhängig von Veränderungen des politischen Klimas sein müsste,

P. unter Berücksichtigung der Tatsache, dass es zwischen Europas Regional- und Minderheitensprachen trotz ihrer teilweise sehr unterschiedlichen gesellschaftlichen, wirtschaftlichen und politischen Ausgangssituation zahlreiche Berührungspunkte im gesamten Gebiet der Europäischen Union gibt und sie eine europäische Dimension aufweisen und daher von gesamteuropäischem Interesse sind,

Q. unter Berücksichtigung der Tatsache, dass die Regional- oder Minderheitensprachen sich in einigen dieser Gemeinschaften über die Grenzen der Mitgliedstaaten hinweg erstrecken, es zwischen anderen seit jeher kulturelle und historische Verbindungen gibt,

R. in der Erwägung, dass diese Bindungen zweifellos wichtig sind und weiterhin auf interregionaler Ebene gefördert werden, und dass daher nahezu alle dieser Regional- und Minderheitensprachgemeinschaften ein profundes Interesse am Fortbestand und an der Entfaltung ihrer Sprache und Kultur, sowie an der Ausschöpfung ihres Potenzials in der Europäischen Union teilen,

S. in der Erwägung, dass die Regional- und Minderheitensprachen eine bedeutende Quelle kulturellen Reichtums darstellen und deshalb als Teil des gemeinsamen kulturellen Erbes ständige Unterstützung auf allen Ebenen verdienen,

T. in der Erwägung, dass die Medien beim Schutz von regionalen und weniger verbreiteten Sprachen und bei der Förderung der Kenntnis und Anwendung dieser Sprachen eine wichtige Rolle spielen,

1. fordert die Kommission auf, ihm auf der Grundlage der Artikel 149, 150, 151 und 308 des EG-Vertrags bis zum 31. März 2004 entsprechend den Empfehlungen und Entwürfen in der Anlage Legislativvorschläge zur Sprachenvielfalt und zum Sprachenlernen – inklusive regionaler und weniger verbreiteter europäischer Sprachen – zu unterbreiten;
2. fordert die Kommission auf, auf wissenschaftlicher Grundlage die Kriterien anzugeben, anhand derer im Hinblick auf das etwaige Programm für sprachliche Vielfalt eine Definition des Begriffs der Minderheiten- oder Regionalsprachen gegeben werden kann;
3. ist der Ansicht, dass, da die Europäische Union bei ihrer Finanzierungspolitik eine Mainstreaming-Strategie verfolgt, das Ziel der Förderung und des Schutzes von Regional- und Minderheitensprachen zumindest bei allen Programmen, die die Sprachen- und Contentindustrie

betreffen, eindeutig als eines der Ziele genannt werden müsste;

4. ist der Ansicht, dass die Auswirkungen der in den seinen Empfehlungen genannten Maßnahmen und Programme auf den Haushalt ohne Umprogrammierung bestehender Politiken mit der Obergrenze von Rubrik 3 vereinbar sein müssten;
5. ersucht die Kommission, im Rahmen ihrer künftigen Initiative eine Evaluierung möglicher Überschneidungen von Maßnahmen auf zentraler und dezentraler Ebene durchzuführen und einen Vorschlag für die Übertragung der entsprechenden Human- und Verwaltungsressourcen von den Zentralverwaltungen auf die betreffenden Agenturen zu unterbreiten;
6. stellt fest, dass seine in der Anlage aufgeführten Empfehlungen mit dem Grundsatz der Subsidiarität und den Grundrechten der Bürger in Einklang stehen;
7. schlägt vor, im Rahmen des jährlichen Haushaltsverfahrens einen neuen Haushaltsposten unter Artikel B3-100 zu schaffen und die entsprechenden Haushaltsmittel einzusetzen;
8. beauftragt seinen Präsidenten, diese Entschließung und die als Anlage beigefügten ausführlichen Empfehlungen der Kommission, dem Rat, der Regierungskonferenz, dem Europarat und dem Europäischen Büro für Sprachminderheiten zu übermitteln.

Anlage

Ausführliche Empfehlungen zum Inhalt des Verlangten Vorschlags

A. Grundsätze und Ziele des Vorschlags

Nach dem Erfolg des Europäischen Jahres der Sprachen 2001 beabsichtigte die Kommission, im Sommer 2003 einen Aktionsplan Sprachenlernen und sprachliche Vielfalt zu veröffentlichen, der auf den in den derzeitigen Gemeinschaftsprogrammen und -maßnahmen verfügbaren Ressourcen basiert.

Das Europäische Parlament erachtet diese Initiative als einen wichtigen Schritt auf dem Wege zu einem umfassenden Ansatz zur Förderung des Sprachenlernens und zur Sensibilisierung unseres sprachlichen und kulturellen Erbes.

In diesem Zusammenhang fordert das Europäische Parlament weitere Maßnahmen. Parallel zum Ansatz des Europäischen Jahres gegen Rassismus 1997, auf das die Errichtung der Europäischen Beobachtungsstelle für Rassismus und Fremdenfeindlichkeit sowie die Schaffung eines Aktionsprogramms zur Bekämpfung von Diskriminierungen folgten, verlangt das Europäische Parlament die Errichtung einer Europäischen Agentur zur Sprachenvielfalt und zum Sprachenlernen sowie ein Mehrjahresprogramm zur Sprachenvielfalt und zum Sprachenlernen, aufbauend auf das Europäische Jahr der Sprachen 2001.

Die Agentur zur Sprachenvielfalt und zum Sprachenlernen sollte die Entwicklungen in diesem Kontext und die Implementierung des Aktionsplanes konsequent begleiten sowie konkrete Maßnahmen einleiten, um u.a. an der Förderung eines Europas der Sprachen und eines sprachenfreundlichen Umfeldes sowie am Aufbau eines Netzwerkes zur Förderung der Sprachenvielfalt – inklusive der europäischen Regional- und Minderheitensprachen – mitzuwirken.

Dabei sollte in angemessener Weise ein Teil der finanziellen Mittel für konkrete Maßnahmen und für regionale und weniger verbreitete europäische Sprachen zweckgebunden verwendet werden. Ziel dieser Maßnahmen ist die Stärkung der europäischen Dimension zur Förderung und zum Schutz der Regional- und Minderheitensprachen und -kulturen, wobei zu betonen ist, dass dieses Ziel nur über eine angemessene Koordinierung mit den im Rahmen des Europarats bereits bestehenden Mechanismen verfolgt werden kann, wodurch sich gleichzeitig vermeiden lässt, dass es zu Doppelarbeit oder Überschneidungen von Zuständigkeiten und/oder Maßnahmen kommt. Insbesondere das Monitoring, das im Rahmen der Europäischen Charta der Regional- oder Minderheitensprachen, dem grundlegenden europäischen Regelwerk für diesen Bereich, durchgeführt wird, ermöglicht es insbesondere über die Tätigkeit des unabhängigen Ausschusses zur Kontrolle der Umsetzung der Charta sowie über die zweijährlichen Berichte des Generalsekretärs des Europarats festzustellen, welches die – oft quer verlaufenden, da verschiedene Länder betreffenden – Problembereiche sind, in denen deshalb vorrangig interveniert werden muss. Deshalb muss die Tätigkeit der Agentur und der Kommission bei der Festlegung von Zielen, finanziellen Orientierungen und Prioritäten die Ergebnisse dieses Monitoring berücksichtigen, um angemessene und rechtzeitige Interventionen in den oben genannten Problembereichen zu gewährleisten (entsprechende Erwägungen gelten auch für das Monitoring gemäß dem Rahmenübereinkommen zum Schutz der nationalen Minderheiten, insofern als dieses auch die Sprachprofile betrifft).

Angesichts der Tatsache, dass unserem sprachlichen und kulturellen Erbe vor allem in einer erweiterten Union eine bedeutende und nicht zu unterschätzende Rolle zukommen wird, sind die vorgeschlagenen Initiativen gerechtfertigt.

B. Vorzuschlagende Maßnahmen

Empfehlung 1
Europäische Agentur für Sprachenvielfalt und Sprachenlernen

I. *Rechtsakt*: Vorschlag für einen Rechtsakt zur Schaffung einer Europäischen Agentur für Sprachenvielfalt und Sprachenlernen mit angemessener Berücksichtigung der europäischen Regional- und Minderheitensprachen;
II. *Inhalt*: Berücksichtigung der Ergebnisse der von der Kommission durchzuführenden Machbarkeitsstudie über eine Europäische Agentur für Sprachenvielfalt und Sprachenlernen; Umsetzung der im Aktionsplan der Kommission vorgeschlagenen Maßnahmen; Förderung eines Europas der Sprachen und eines sprachenfreundlichen Umfelds; Aufbau eines Netzwerkes zur Förderung der Sprachenvielfalt – inklusive der europäischen Regional- und Minderheitensprachen; Erfassung und Zusammenführung der Daten unter Wahrung des Datenschutzes zur Situation der Minderheitensprachen in der erweiterten Europäischen Union, wobei den Maßnahmen der Mitgliedstaaten für Unterricht in der Amtssprache bzw. den Amtssprachen in vollem Umgang Rechnung zu tragen ist.

Empfehlung 2
Programm für Sprachenvielfalt (inklusive Regional- und Minderheitensprachen) und Sprachenlernen

I. *Rechtsakt*: Vorschlag für einen Rechtsakt zur Schaffung eines mehrjährigen Programms für Sprachenvielfalt (inklusive Regional-, Minderheiten- und Gebärdensprachen) und Sprachenlernen

II. *Inhalt*: Festlegung konkreter finanzieller Maßnahmen zur Förderung von Projekten im Bereich der Schaffung eines sprachenfreundlichen Umfelds, insbesondere in Form eines Erfahrungsaustausches zwischen mehrsprachigen Kommunen und Regionen, bei denen die Vorteile des Sprachenlernens herausgestellt und die europäischen Netzwerke, die in diesem Themenbereich tätig sind, unterstützt werden, wobei zur Festlegung der Ziele und Prioritäten für die Regional- oder Minderheitensprachen die Ergebnisse des Monitorings zu berücksichtigen sind, das im Rahmen der Europäischen Charta der Regional- oder Minderheitensprachen des Europarats durchgeführt wird;

Neben diesen zwei zentralen Maßnahmen ist das Europäische Parlament der Ansicht, dass ein umfassendes Konzept zur Förderung der Sprachenvielfalt und des Sprachenlernens sowie zur Erhaltung unseres sprachlichen Kulturerbes – einschließlich der europäischen Regional- und Minderheitensprachen – folgende Maßnahmen sinnvoll sind.

Dabei erachtet es das Europäische Parlament für angebracht,

■ dass die Kommission:

1. basierend auf Artikel 3 Absatz 1 Buchstabe q EGV die Förderung der Sprachenvielfalt, einschließlich der Regional- oder Minderheitensprachen, und des Sprachenlernens als Teil der Ziele der EU-Kultur- und Bildungsprogramme festschreibt;
2. basierend auf Artikel 3 Absatz 1 Buchstabe q EGV die Förderung der Sprachenvielfalt, einschließlich der Re-

gional- oder Minderheitensprachen, auch in anderen EU-Programmen berücksichtigt, so z. B. als Zielgruppe im Aktionsprogramm gegen Diskriminierung oder in den Strukturfonds unmissverständlich angibt;

3. basierend auf Artikel 149 EGV in allen Programmen die Möglichkeit für die Einreichung von Projekten vorsieht, die sämtliche Sprachen betreffen, unabhängig davon, ob sie weit verbreitet sind oder nicht;
4. diese Sprachen, falls sie Amtssprachen sind und an den Hochschulen gebraucht werden, in den Anwendungsbereich des Sokrates- Programms aufnimmt;
5. die notwendigen Maßnahmen ergreift, damit in Zukunft bei der Interpretation der Artikel 149, 150 und 151 EGV ein inklusives Konzept der Sprachenvielfalt zugrunde gelegt wird;
6. basierend auf Artikel 149 Absatz 3 EGV und 151 Absatz 3 EGV sich über das Sekretariat der Europäischen Charta für Regional- oder Minderheitensprachen regelmäßig über den Stand der Ratifizierung und die Entwicklungen in der Umsetzung der Charta in den EU-Mitgliedstaaten auf offiziellem Wege informiert;
7. basierend auf Artikel 149 Absatz 3 EGV und 151 Absatz 3 EGV, sich über das Sekretariat der Rahmenkonvention des Europarats für den Schutz nationaler Minderheiten regelmäßig über den Stand der Ratifizierung und die Entwicklungen in der Umsetzung der Rahmenkonvention in den EU-Mitgliedstaaten auf offiziellem Wege informiert;
8. basierend auf Artikel 149 EGV und im Sinne der Mobilitätsförderung von Lehrenden die Ausbildung von Lehrern von Regional- oder Minderheitensprachen fördert;
9. dem Ausschuss des Europäischen Parlaments für Kultur, Jugend, Bildung, Medien und Sport über die Ent-

wicklungen des Aktionsplans »Sprachenlernen und sprachliche Vielfalt« und seiner Implementierung regelmäßig Bericht erstattet;

10. basierend auf Artikel 6 EUV den Menschenrechtsschutz im Allgemeinen und den Minderheitenschutz im besonderen nicht nur in den Außenbeziehungen, sondern ebenso auch in den Mitgliedstaaten berücksichtigt;
11. basierend auf Artikel 6 EUV ein regelmäßiges Monitoring zum Menschenrechtsschutz – einschließlich des Minderheitenschutzes – schafft;
12. das Europäische Büro für Sprachminderheiten (EBLUL), ein Netz, das Gemeinschaften weniger verbreiteter Sprachen in allen 15 EU-Mitgliedstaaten vertritt, und die drei akademischen Forschungszentren Mercator als Organisationen von gesamteuropäischem Interesse mit Netzwerkfunktion für Regional- und Minderheitensprachen weiterhin unterstützt, die finanzielle Unterstützung erhöht, um die Voraussetzungen zum Ausbau der Kompetenzen des Büros zu schaffen und sich ihrer Ressourcen bedient;
13. die mediale Kooperation von Regional- oder Minderheitensprachengemeinschaften fördert, soweit diese eine europäische Dimension aufweist und eine grenzüberschreitende Zusammenarbeit darstellt (z. B. MIDAS, EEBA usw.);
14. bei den Informationskampagnen über die EU-Politiken die in einer Regional- oder Minderheitensprache veröffentlichten Tageszeitungen gebührend berücksichtigt, unter Berücksichtigung der politischen Ausgewogenheit;
15. kulturelle Aktivitäten – zum Beispiel kulturelle Netzwerke, kulturelle Events, Übersetzungen usw. – in de-

nen Regional- oder Minderheitensprachen involviert sind, fördert;

16. den Aufbau von Netzwerken zur Sprachenvielfalt und zum Sprachenlernen unterstützt, an dem repräsentative politische, akademische, u. ä. Institutionen beteiligt sind, insbesondere diejenigen, die neue Techniken zum Erlernen von Sprachen wie das so genannte Sprachenbad anwenden, und jährlich ein Informationsseminar zu Ausschreibungen organisiert, für die Sprachgemeinschaften als Zielgruppe in Frage kommen; das Europäische Büro für Sprachminderheiten könnte als Sekretariat eines derartigen Netzwerkes fungieren;
17. bei der Festlegung von Zielen, finanziellen Orientierungen und Prioritäten die Ergebnisse des Monitorings berücksichtigt, das im Rahmen der Europäischen Charta der Regional- oder Minderheitensprachen des Europarats und insofern, als es auch die Sprachprofile betrifft, des Rahmenübereinkommens des Europarats zum Schutz der nationalen Minderheiten durchgeführt wird; zu diesem Zweck sollte eine regelmäßige Zusammenarbeit zwischen den zuständigen Büros der Kommission und des Europarats eingeführt werden;
18. Foren lokaler und regionaler Behörden unterstützt, die sich an der Sprachenplanung beteiligen, um Informationen über die effektivsten Methoden zur Durchführung von Sprachenpolitiken auszutauschen;
19. die Grundsätze und Ziele der Charta als Bezugspunkt bei der Beurteilung der Frage verwendet, inwieweit die Bewerberländer den Verpflichtungen in Bezug auf den Schutz ihrer Minderheiten, wie sie in den Schlussfolgerungen des Europäischen Rats von Kopenhagen im Jahre 1993 festgelegt sind, nachkommen;

■ dass die Regierungskonferenz:

20. in die Bestimmungen über die Maßnahmen der Europäischen Union im Bereich der Kultur einen ausdrücklichen Hinweis auf die Förderung der Sprachenvielfalt einschließlich der Regional- und Minderheitensprachen als Ausdruck der kulturellen und sprachlichen Vielfalt aufnimmt,
    1. Im Rahmen ihrer Zuständigkeiten respektiert und fördert die Gemeinschaft die sprachliche Vielfalt in Europa einschließlich der Regional- oder Minderheitensprachen als Ausdruck dieser Vielfalt durch Förderung der Zusammenarbeit zwischen den Mitgliedstaaten und Nutzung anderer geeigneter Instrumente zur Förderung dieses Ziels.
    2. Die Maßnahmen der Gemeinschaft umfassen insbesondere:
        - die Förderung des Austauschs von Erfahrungen und bewährten Praktiken;
        - die Erleichterung der Zusammenarbeit und gemeinsamer Projekte zwischen staatlichen, regionalen und lokalen Behörden;
        - gegebenenfalls die Förderung einer grenzüberschreitenden Zusammenarbeit;
        - die Unterstützung der Zusammenarbeit zwischen den Organisationen der Zivilgesellschaft.
    3. Die Gemeinschaft und die Mitgliedstaaten fördern die Zusammenarbeit mit zuständigen internationalen Organisationen bei der Förderung der sprachlichen Vielfalt, insbesondere mit dem Europarat.
    4. Die Europäische Union ist bestrebt zu gewährleisten, dass keine Politiken oder Maßnahmen der EU

angenommen oder in einer Weise umgesetzt werden, die für die sprachliche Vielfalt Europas nachteilig ist.

5. Als Beitrag zur Verwirklichung der Zielsetzungen gemäß dieses Artikels:
   - nimmt der Rat nach dem Verfahren des Artikels 251 nach Anhörung des Wirtschafts- und Sozialausschusses und des Ausschusses der Regionen geeignete Maßnahmen an, und zwar ausschließlich einer Harmonisierung von Rechtsvorschriften und Regelungen der Mitgliedstaaten;
   - nimmt der Rat mit qualifizierter Mehrheit auf Vorschlag der Kommission Empfehlungen an.

21. in Artikel 13 EGV auch Diskriminierungen aufgrund der Sprache berücksichtigt;
22. im Bereich Kultur (Artikel 151 EGV) das Prinzip der qualifizierten Mehrheit einführt;
23. jährlich einen Bericht zur Respektierung der Vielfaltsklausel in Artikel 151 Abs. 4 EG erstellt; dieser Bericht soll auf die Wirkungen des Sekundärrechts und dessen »Berücksichtigung der sprachlichen Vielfalt, der nationalen und regionalen Besonderheiten sowie des Kulturerbes« der Mitgliedstaaten eingehen;
24. dass der folgende neue Artikel 151a in den EG-Vertrag aufgenommen wird: »Die Gemeinschaft achtet und fördert im Rahmen ihrer Zuständigkeiten die sprachliche Vielfalt in Europa, einschließlich der Regional- oder Minderheitensprachen als Ausdruck dieser Vielfalt, indem sie die Zusammenarbeit zwischen den Mitgliedstaaten fördert und andere geeignete Instrumente zur Förderung dieses Ziels einsetzt«;

■ dass das Europäische Parlament selbst dafür Sorge trägt,

25. in den Menschrechtsberichten des Europäischen Parlaments in einem eigenen Punkt oder in eigenen spezifischen Berichten Minderheitenschutz zu berücksichtigen;
26. dass sich sein Ausschuss für Kultur, Jugend, Bildung, Medien und Sport beim Sekretariat der Europäischen Charta für Regional- oder Minderheitensprachen regelmäßig über den Stand der Ratifizierung und die Entwicklungen in der Umsetzung der Europäischen Charta für Regional- oder Minderheitensprachen in den EU-Mitgliedstaaten auf offiziellem Wege informiert;
27. dass sich sein Ausschuss für auswärtige Angelegenheiten, Menschenrechte, gemeinsame Sicherheit und Verteidigungspolitik beim Sekretariat der Rahmenkonvention zum Schutz nationaler Minderheiten des Europarats regelmäßig über den Stand der Ratifizierung und die Entwicklungen in der Umsetzung der Rahmenkonvention in den EU-Mitgliedstaaten auf offiziellem Wege informiert;

■ dass die Mitgliedstaaten und Bewerberländer

28. unverzüglich – soweit dies nicht bereits geschehen ist – die Europäische Charta der Regional- oder Minderheitensprachen des Europarats und das Rahmenübereinkommen des Europarats zum Schutz der nationalen Minderheiten ratifizieren;
29. als Grundlage für weitere Maßnahmen zuverlässige Daten über ethnische, sprachliche und religiöse Min-

derheitengruppen einschließlich Einwanderern und Flüchtlingen, deren Abschneiden im wirtschaftlichen und im sozialen Bereich, sowie über den juristischen wie praktischen Status von Regional – und Minderheitensprachen sammelt und an die Europäische Stelle zur Beobachtung von Rassismus und Fremdenfeindlichkeit in Wien sendet;

- dass der Rat

30. im Einvernehmen mit der Kommission und wie bereits in der Stellungnahme zum Menschenrechtsbericht des Rates 1999 gefordert, in seinem jährlichen Bericht zur Menschenrechtslage eine Analyse der Entwicklung der Menschenrechte einschließlich der Rechte der nationalen Minderheiten in den einzelnen Mitgliedstaaten und unter Berücksichtigung der Ergebnisse der einschlägigen Maßnahmen des Europarats aufnimmt, welche die Definition von Strategien zur Steigerung der Kohärenz der nationalen und europäischen Politiken in diesem Bereich ermöglichen.

4 Minderheiten und Minderheitensprachen in der Europäischen Union

Wer sich mit der Frage der Minderheiten und Minderheitensprachen in Europa auseinandersetzt, wird bald merken, dass es sich um eine äußerst komplexe Thematik handelt. Tatsächlich sind die zahlreichen Minderheitensituationen auf dem europäischen Kontinent so vielfältig und verschieden voneinander, dass eine Katalogisierung schwer fällt. Und auch eine allein auf Sprachminderheiten bezogene Definition bereitet Schwierigkeiten. Daher gibt es keinen präzisen, allgemein anerkannten Ausdruck, mittels dessen sich die unterschiedlichen sprachlichen Minderheitensituationen in Europa treffend beschreiben ließen. In der Regel spricht man von »Minderheitensprachen«, »regionalen Sprachen« oder »weniger verbreiteten Sprachen«, doch sind all diese Umschreibungen eigentlich unzureichend, da sie die verschiedenen europäischen Minderheitensituationen in ihrer Gesamtheit nicht zu beschreiben oder zu bezeichnen vermögen. Diese existierende terminologische Unklarheit macht den Verfechtern des Minderheitenschutzes ihre Arbeit nicht gerade einfacher. Dabei mögen begriffliche Probleme eher theoretischer Natur sein; der Minderheitenschutz an und für sich sowie ein unzureichender Schutz der Minderheiten haben aber sehr wohl praktische Auswirkungen, die – man denke beispielsweise an den Balkan – durchaus katastrophale Folgen haben können.

Eine brauchbare und daher auch häufig verwendete Definition ist der *Europäischen Charta für Regional- oder Minderheitensprachen* entnommen, ein vom Europarat überwachtes und von zahlreichen EU-Mitgliedstaaten angenommenes internationales Regelwerk. Nach dieser Definition handelt es sich bei Regional- und Minderheitensprachen um traditionell von Bevölkerungsteilen eines Staates gesprochene Sprachen, aber nicht um Dialekte der Amtssprache, Zuwanderersprachen oder Kunstsprachen. Diese Definition deckt eine Fülle von Sprachen und ein ebenso breites Spektrum an gesellschaftlichen, politischen und sprachlichen Situationen ab.

Europarat: älteste (1949) zwischenstaatliche politische Organisation des Kontinents. Der Staatenbund umfasst 47 Länder, weitere 5 Staaten haben den Beobachterstatus erhalten (Heiliger Stuhl, Vereinigte Staaten, Kanada, Japan und Mexiko). Der Europarat unterscheidet sich von der Europäischen Union der »27«; kein Land ist bisher der Union beigetreten, ohne zuvor Mitglied des Europarates zu sein. Die 47-Staaten-Organisation hat ihren Sitz in Straßburg (Frankreich).

Aufgrund sich ändernder sozialer, politischer, rechtlicher oder auch ökonomischer Rahmenbedingungen fällt eine Typisierung schwer. Eine situationsbezogene Evaluierung der diversen EU-Minderheitensprachen erlaubt eine grobe Einteilung in folgende fünf Kategorien:

- Sprachen, die zwar Nationalsprachen von EU-Mitgliedstaaten, aber keine offiziellen Amtsprachen der Europäischen Union sind. Dazu gehört Luxemburgisch. Zuvor gehörte dazu auch Irisch, das jedoch seit dem 1. Januar 2007 den Status einer offiziellen EU-Amtssprache besitzt.
- Sprachen von Gemeinschaften, die nur in einem einzigen Mitgliedstaat der EU beheimatet sind, wie beispielsweise das Bretonische in Frankreich oder das Gälische in Großbritannien.
- Sprachen von Minderheiten, die in zwei oder mehreren EU-Mitgliedstaaten beheimatet sind, wie etwa das Baskische in Frankreich und Spanien, das Lappische (Sámi) in Finnland und Schweden oder das Okzitanische in Frankreich, Italien und Spanien.

- Sprachen, die in einem EU-Mitgliedstaat von einer Minderheit gesprochen werden, in einem anderen jedoch Landessprache sind, wie das Dänische in Deutschland, das Deutsche in Belgien, Frankreich und Italien, das Französische und das Griechische in Italien, das Finnische in Schweden oder das Schwedische in Finnland.
- Schließlich gibt es auch noch nicht territorial gebundene Sprachen, die in mehreren Staaten gesprochen werden, die jedoch keinem bestimmten geographischen Gebiet zugeordnet werden können, wie zum Beispiel Jiddisch oder die Sprachen der Roma und Sinti.

In Anbetracht der weiteren Entwicklung der Europäischen Union und im Zusammenhang mit der komplizierten Sprachenfrage innerhalb der EU-Institutionen erscheint noch eine weitere Einteilung gerechtfertigt. In der EU gibt es gegenwärtig an die fünfzig angestammte Sprachen, die alltäglich Verwendung finden, von Menschen fließend gesprochen werden – kurzum als lebende Sprachen bezeichnet werden können. Doch nur 23 davon sind offizielle Amtssprachen der Europäischen Union. Diese sind in alphabetischer Reihenfolge Bulgarisch, Dänisch, Deutsch, Englisch, Estnisch, Finnisch, Französisch, Griechisch, Irisch, Italienisch, Lettisch, Litauisch, Maltesisch, Niederländisch, Polnisch, Portugiesisch, Rumänisch, Schwedisch, Slowakisch, Slowenisch, Spanisch, Tschechisch, Ungarisch. So werden beispielsweise bei Plenartagungen und Ausschusssitzungen im Europäischen Parlament sämtliche Ausführungen simultan in alle Amtssprachen übersetzt. Schriftliche Unterlagen sind in allen Amtssprachen verfügbar. Doch in einigen EU-Behörden haben bestimmte Sprachen eine Sonderstellung. So sind zum Beispiel Englisch, Französisch und Deutsch de facto die drei Arbeitssprachen der *Europäischen Kommission,*

Europäische Kommission, gemeinsames Organ der Europäischen Gemeinschaften in Brüssel, bestehend aus 27 Kommissaren. Sie werden von den Regierungen der EU-Staaten nach Zustimmung durch das Europäische Parlament für 5 Jahre ernannt und sind nicht weisungsgebunden. Die Europäische Kommission unter Vorsitz ihres Präsidenten verfügt über ein Initiativrecht beim Rechtssetzungsverfahren, achtet auf die Einhaltung des Gemeinschaftsrechts (»Hüterin der Verträge«), verfügt über exekutive Befugnisse (v. a. im Rahmen des Haushaltsplans und des Kartellrechts) und handelt Abkommen mit Drittstaaten und internationalen Organisationen aus. Kontrollgremium der Europäischen Kommission ist das Europäische Parlament.

Kommissionsgebäude Brüssel

denn in dem Handbuch der Verfahrensordnung dieser Institution heißt es, dass Unterlagen, die der Kommission zur Genehmigung vorgelegt werden, mindestens in den für die Mitglieder der Kommission unerlässlichen Sprachen vorhanden sein müssen, also in Englisch, Französisch und Deutsch. Die übrigen Sprachen, gleich ob offizielle Amtssprachen oder regionale Minderheitensprachen, sind de facto in der EU-Kommission weniger verbreitete Sprachen. Und selbst das Dreigespann der Sprachen sitzt in keinem festen Sattel: Im Ministerrat kam es in den letzten Jahren wiederholt wegen Deutsch und Französisch zu Meinungsverschiedenheiten zwischen den Mitgliedsländern. So war Finnland im Herbst 1999 der Meinung, dass auf Deutsch bei den informellen Sitzungen als Arbeitssprache verzichtet werden könnte. Man gab aber schließlich dem Druck Deutschlands und Österreichs nach, und richtete Dolmetschkabinen auch für Deutsch ein. Bei der auf Finnland folgenden Ratspräsidentschaft Schwedens kam es erneut zu Auseinandersetzungen. Dieses Mal war Französisch davon betroffen; es wurde aber auf Druck Frankreichs letzten Endes doch verwendet.

Trotzdem aber gilt: An der Vielsprachigkeit in Europa führt kein Weg vorbei. Die Sprachenvielfalt ist ein Kernstück des europäischen kulturellen Erbes und wird dies auch in Zukunft sein. Dass diese Vielfalt bejaht wird, ist eine Voraussetzung für den Aufbau eines Europas, in dem alle Bürger denselben Status und gleiche Rechte haben, auch was ihre Sprache betrifft. Denn in einer Welt, die drei großen wirtschaftlichen Polen zuzustreben scheint, verkörpert Europa gegenüber den Vereinigten Staaten und Japan den Kontinent der Vielfalt. Der gegenwärtige Wille der Europäischen Union, die Sprachenvielfalt zu erhalten, zu fördern und gar aufzuwerten, beruht auf der Überzeugung, dass der Wille zur politischen Einheit allein nicht ausreicht, um unterschiedliche Völker zusammenzuhalten. So ist es vielmehr das Respektieren der Vielfalt als ein willentliches Streben nach Einheit, das am ehesten dazu beitragen wird, die Annäherung und das Verständnis zwischen den Völkern zu stärken.

Das Europäische Parlament nimmt in diesem Kontext eine besonders herausragende und wichtige Rolle ein. Es unterscheidet sich von anderen internationalen Organisationen dadurch, dass es für den reibungslosen Ablauf einer vielsprachigen Kommunikation sorgen muss. Da jeder Bürger der Union das Recht hat, demokratisch als Mitglied des Europäischen Parlaments gewählt zu werden, kann von den Mitgliedern des Europäischen Parlaments nicht erwartet werden, dass sie fließend eine gemeinsame Sprache sprechen, wie es zuweilen bei Diplomaten und EU-Beamten der Fall ist. Das Recht jedes Mitgliedes, die Debatten in der eigenen Muttersprache zu verfolgen bzw. sich auch in der eigenen Muttersprache auszudrücken, ist explizit in der Geschäftsordnung des Parlaments verankert. Dieses Recht ist überdies auch von eminent politischer Bedeutung, denn

Europäisches Parlament, gemeinsames parlamentarisches Organ der Europäischen Gemeinschaften mit Sitz in Straßburg, Brüssel und Luxemburg. Seit 1979 werden die Abgeordneten direkt gewählt. Es besteht aus »Vertretern der Völker der in der Gemeinschaft zusammengeschlossenen Staaten«, wie es im Vertrag von Rom aus dem Jahre 1957 heißt. Auf diese Weise sind heute 500 Millionen Europäer aus 27 Ländern durch ihre 751 Volksvertreter am europäischen Aufbau beteiligt.

Europäisches Parlament in Straßburg

Sprache ist auch Macht, denn die parlamentarische Tätigkeit auf europäischer Ebene erfordert logisch-argumentativ strukturierte Debatten in den Ausschüssen und im Plenum. Sprachkompetenz ist in diesem Zusammenhang eine zentrale Voraussetzung. So weit, so gut. In Wirklichkeit ist die Sprachregelung in Europäischen Parlament jedoch nicht so einfach. Die Parlamentarier dürfen nämlich nicht jede Muttersprache sprechen, sondern nur jene Muttersprachen, die zu den oben genannten 23 EU-Amtssprachen zählen. So heißt es in Artikel 138 der EP-Geschäftsordung:

> Alle Mitglieder haben das Recht, im Parlament die Amtssprache ihrer Wahl zu sprechen. Die Ausführungen in einer der Amtssprachen werden simultan in alle anderen Amtssprachen sowie in jede weitere Sprache, die das Präsidium für erforderlich erachtet, übersetzt.[8]

Dies bedeutet zum Beispiel, dass im Normalfall ein Abgeordneter finnischer Muttersprache durchaus Gebrauch von seiner Sprache machen darf, ein Abgeordneten katalanischer Muttersprache jedoch nicht, obwohl beide Sprachgemeinschaften an die sieben Millionen Menschen umfassen. Der Grundsatz der Vielfalt wird offenbar nur halbherzig umgesetzt, was bei den Katalanen verständlicherweise auf Unmut stößt. Umgekehrt muss aber in einem supranationalen und internationalen Forum wie es die Europäische Union ist, auch die Frage nach der Effizienz gestellt werden. Dies ist angesichts der großen Erweiterung von 2004 bzw. 2007 umso bedeutender, seit der die Union 23 Amtssprachen hat.

Das Europäische Parlament beschäftigt sich seit vielen Jahren mit der sprachlichen Vielfalt des institutionalisierten Europas, indem es in besonderer Weise auch Regional- und Minderheitensprachen berücksichtigt. Es gibt Texte, die zu Meilensteinen in der Anerkennung weniger verbreiteter Sprachen auf europäischer Ebene wurden. Zu nennen sind in diesem Zusammenhang vor allem die beiden Entschließungen von Gaetano Arfè vom 16. Oktober 1981 bzw. vom 11. Februar 1983 zu einer Gemeinschaftscharta der Regionalsprachen und -kulturen und einer Charta der ethnischen Minderheiten, sowie zu Maßnahmen zugunsten sprachlicher und kultureller Minderheiten, die Entschließung von Willy Kuijpers vom 30. Oktober 1987 zu den Sprachen und Kulturen der regionalen und ethnischen Minderheiten in der Europäischen Gemeinschaft und der Entschließung von Viviane Reding vom 11. Dezember 1990 zu den Sprachen der Gemeinschaft und der Rolle des Katalanischen sowie die Entschließung von Mark Killilea vom 9. Februar 1994 über sprachliche und kulturelle Minderheiten. In jüngster Zeit bezeugen die Resolution von Eluned Morgan (PES, Labour Party, Vereinigtes Königreich) vom 13. Dezember 2001, der Bericht sowie die Resolution des Verfassers vom 4. September 2003 zu den regionalen und weniger verbreiteten europäischen Sprachen – den Sprachen der Minderheiten in der EU – unter Berücksichtigung der Erweiterung und der kulturellen Vielfalt, sowie die Entschließung des Europäischen Parlaments zu einer neuen Rahmenstrategie zur Mehrsprachigkeit von Bernat Joan i

Marí (Grüne/EFA, Esquerra Republicana de Catalunya, Spanien) das Engagement des Europäischen Parlaments für Europas Minderheitensprachen.

Diese Resolutionen bewirkten, dass die EU-Kommission ihre Aktionen zur Förderung weniger verbreiteter Sprachen intensivierte. Zugleich forderten sie die Mitgliedstaaten der EU auf, konkrete Maßnahmen für den Erhalt und die Förderung regionaler Sprachen und Kulturen vorzulegen.

Seit 1983 existiert auch die sogenannte Intergruppe für traditionelle Nationale Minderheiten, Regionen mit Gesetzgebungskompetenz und Minderheitensprachen. Mitglieder fast aller politischen Fraktionen des Europaparlaments engagieren sich innerhalb dieses Gremiums für weniger verbreitete Sprachen. Zunächst hieß die Intergruppe »Intergroup for Minority Languages and Cultures« (Intergruppe für Minderheitensprachen und -kulturen). Ab 1999 änderte sie ihre Bezeichnung und hieß bis 2004 »Intergroup for Regional and Minority Languages« (Intergruppe für Regional- und Minderheitensprachen). 2004 erhielt sie ihren heutigen Namen und heißt »Intergroup for Traditional National Minorities, Constitutional Regions and Regional Languages«.

Auch der Vorsitz der Intergruppe wurde von zahlreichen Fraktionen wahrgenommen, sodass zu den Präsidenten so namhafte Europaparlamentarier zählen wie Gaetano Arfè (PES, PSI, Italien), Bernd Posselt (EVP-ED, CSU, Deutschland), Joan Vallvé (ELDR, Convergència Democràtica Catalunya, Spanien), Eluned Morgan (PES, Labour Party, Vereinigtes Königreich), Marieke Sanders-ten Holte (ELDR, Volkspartij voor Vrijheid en Democratie, Niederlande) oder Csaba Sándor Tabajdi (PSE, Magyar Szocialista Párt, Ungarn). Letzterer bemühte sich energisch um eine breitere Anerkennung der Minderheitenfrage und seinem Engagement ist auch die Umbenennung der Intergruppe in Intergruppe für traditionelle Nationale Minderheiten, Regionen mit Gesetzgebungskompetenz und Minderheitensprachen zu verdanken. Zum 25-Jahr-Jubiläum der Intergruppe hatte Tabajdi eine umfangreiche Dokumentation mit dem Titel »Minderheiten in Europa vereint euch!«[9] herausgegeben. Es ist nicht zuletzt auch dieser fraktionsübergreifenden parlamentarischen Gruppe zu verdanken, wenn der Förderung der EU-Minderheitensprachen im Europäischen Parlament gesamteuropäische Bedeutung beigemessen wird.

5 Minderheitenfragen und das Europäische Parlament: Sprachminderheiten oder Minderheitensprachen?

Das Europäische Parlament hat in den vergangenen zwei Jahrzehnten wiederholt seine Sorge bezüglich Minderheitenfragen zum Ausdruck gebracht und konstruktive Maßnahmen zur Förderung der Regional- und Minderheitensprachen sowie des Minderheitenschutzes gefordert. Als vor nunmehr über zwanzig Jahren die ersten Versuche in diesem Bereich konkrete Formen annahmen, war man sich darüber nicht einig, ob man – um einen möglichst breiten Konsens und eine möglichst weitreichende Unterstützung zu sichern – eher den Akzent auf Sprachminderheiten oder auf Minderheitensprachen setzen sollte. Die erste Entschließung des Europäischen Parlaments aus dem Jahre 1981 kombiniert daher bereits im Titel die beiden Bereiche. Die »Entschließung zu einer Gemeinschaftscharta der Regionalsprachen und -kulturen und einer Charta der Rechte der ethnischen Minderheiten« des italienischen Europaparlamentariers Gaetano Arfè (PES, PSI, Italien) vom 16. Oktober 1981 wurde bereits Ende der siebziger Jahre durch den späteren Nobelpreisträger John Hume (PES, SDLP, Vereinigtes Königreich) aus Nordirland angeregt. Die Arfè-Resolution wurde damit zum ersten bedeutsamen Schritt in Richtung Anerkennung der Minderheitenfrage von Seiten der EU und zu einem Meilenstein in der aktiven Förderung der europäischen Minderheitensprachen.

Diese Resolution des Europäischen Parlaments ruft alle nationalen Regierungen und alle Verantwortlichen auf regionaler und lokaler Ebene auf, unter Berücksichtigung der großen Unterschiede der Situationen und Autonomien in Bezug auf Europas Regionalsprachen und ethnische Minderheiten eine Politik zu betreiben, die übereinstimmende Prinzipien und Ziele verfolgt. Dabei wird vor allem auf einen ausgewogenen Minderheitenschutz bezüglich des Unterrichtswesens, der Massenmedien und bezüglich der öffentlichen Verwaltung Wert gelegt. Unter anderem werden die Mitgliedstaaten, Regionen und Gemeinden Europas dazu aufgefordert:

- dass die Minderheiten für Ihre kulturellen Veranstaltungen proportional die gleiche organisatorische und finanzielle Hilfe erhalten wie die Mehrheiten;
- dass auf dem Gebiet der öffentlichen und sozialen Beziehungen der Gebrauch der eigenen Sprache im Verkehr mit Vertretern des Staates und vor Gericht garantiert wird;
- dass die Europäische Kommission Maßnahmen zur Förderung einer europäischen Kulturpolitik in ihre Medien und Kulturprogramme aufnimmt, welche die Wünsche und Erwartungen aller ethnischen und sprachlichen Minderheiten berücksichtigen;
- dass die Europäische Kommission alle gemeinschaftlichen Rechtsvorschriften oder Praktiken überprüft, die Minderheitensprachen diskriminierten.

Zwei der zentralen Ziele der Arfè-Resolution bestanden in der Verbreitung eines besseren Verständnisses und in der Anerkennung der historischen Identitäten ethnischer und sprachlicher Minderheiten in Europa. Die Resolution charakterisiert darüber hinaus die Sprachminderheiten als europafreundlich, »als ethnische und sprachliche Minderheiten, die in das vereinte Europa und seine Einrichtungen große Hoffnungen setzen.«[10]

Gaetano Arfè gab sich mit der Resolution von 1981 nicht zufrieden. Zwei Jahre später unternahm er einen weiteren Versuch, um seine Forderungen zu erneuern. In der Entschließung des Europäischen Parlaments vom 11. Februar 1983 mit dem Titel »Maßnahmen zugunsten sprachlicher und kultureller Minderheiten« wird erneut dazu aufgefordert, »alle gemeinschaftlichen und nationalen Rechtsvorschriften und Praktiken zu überprüfen, die die Minderheitensprachen benachteiligen, und angemessene Gemeinschaftsinstrumente zur Beseitigung dieser Instrumente ins Leben zu rufen.«[11]

Einen weiteren Meilenstein in der Anerkennung sprachlicher Rechte in Europa stellt die Kuijpers-Resolution – benannt nach dem flämischen Abgeordneten Willy Kuijpers (EFA, Volksunie, Belgien) – dar. In dem am 30. Oktober 1987 vom Europäischen Parlament angenommenen »Entschließung zu den Sprachen und Kulturen der regionalen und ethnischen Minderheiten in der Europäischen Gemeinschaft« werden erneut nicht nur die europäischen Institutionen sondern auch die Mitgliedstaaten der EG aufgefordert, eine ganze Reihe von Maßnahmen in den – bereits oben erwähnten – wichtigsten Bereichen für die Sprachminderheiten einzuleiten, also im Bereich der Bildung, der Medien, der öffentlichen Verwaltung oder Justiz und Wirtschaft. Klar kommen auch kritische Stimmen und Unmut zum Ausdruck. So bedauert das Europäische Parlament beispielsweise, dass die Europäische Kommission bisher nur halbherzige Maßnahmen eingeleitet und noch keine konkreten Vorschläge zu den Problematiken ethnischer, sprachlicher und kultureller Minderheiten vorgelegt hatte. Darüber hinaus ist in der Entschließung unter anderem folgendes zu lesen:

Das Europäische Parlament,

[...]

D. In der Erwägung, dass es für die nationalen und sprachlichen Minderheiten noch zahlreiche Hindernisse auf dem Weg zur Verwirklichung ihrer kulturellen und gesellschaftlichen Eigenart gibt und dass die Haltung gegenüber diesen Minderheiten und ihren Problemen häufig durch Fehleinschätzung und Unverständnis sowie in manchen Fällen durch Diskriminierung gekennzeichnet ist,

[...]

5. empfiehlt den Mitgliedstaaten im Bereich des Bildungswesens u.a.

- von Vorschuleinrichtungen bis zur Universität und zu Einrichtungen der ständigen Weiterbildung den Unterricht in den jeweiligen Sprachgebieten offiziell in den Regional- und Minderheitensprachen gleichberechtigt mit dem Unterricht in den Landessprachen zu organisieren;
- die Lehrgänge, Klassen und Schulen, die von Vereinigungen ins Leben gerufen wurden, die aufgrund der im Land geltenden Regelung zum Unterricht berechtigt sind, und in denen eine Regional- und Minderheitensprache als allgemeine Unterrichtssprache angewandt wird, offiziell anzuerkennen;

[...]

6. empfiehlt den Mitgliedstaaten im Bereich der Verwaltung und der Justiz u.a.

[...]

- die in Regional- oder Minderheitensprachen formulierten Personen- und Ortsnamen offiziell anzuerkennen;
- in den Regional- oder Minderheitensprachen angegebenen Ortsnamen und Hinweise auf Wahllisten zu gestatten;

7. empfiehlt den Mitgliedstaaten im Bereich der Massenmedien u.a.

[...]

dafür zu sorgen, dass die Minderheiten für ihre Programme ähnliche organisatorische und finanzielle Unterstützung erhalten wie die Mehrheit.[12]

Die Tatsache, dass beispielsweise die Kuijpers-Resolution von 1987 »*ähnliche* organisatorische und finanzielle Unterstützung für Medien der Minderheitensprachen« fordert und nicht, wie die Arfè-Resolution von 1981 »*gleiche* organisatorische und finanzielle Unterstützung« lässt den Druck erahnen, dem die Interessen der Sprachminderheiten auch auf europäischer Ebene ausgesetzt sind.

1994 unternahm der irische Europaparlamentarier Mark Killilea (Union für Europa, Fianna Fáil Party, Irland) mit seiner »Entschließung zu den sprachlichen und kulturellen Minderheiten in der Europäischen Gemeinschaft« einen weiteren entscheidenden Versuch, die Minderheitensprachen Europas politisch, rechtlich und finanziell zu unterstützen. Die Killilea-Resolution des Europäischen Parlaments nahm damals auch erstmals direkt Bezug zur Europäischen Charta für Regional- oder Minderheitensprachen des Straßburger Europarats. Diese Charta war nicht vom Europarat den Staaten aufoktroyiert worden sondern stellte ein zwischenstaatlich vereinbartes Dokument des Europarats dar. Es war ein Jahr vor der Killilea-Resolution zur Unterzeichnung durch interessierte Mitgliedstaaten vorgelegt worden und trat 1998 in Kraft. Diese schnelle Reaktion des Europäischen Parlaments in Bezug auf die Sprachencharta war für deren Anerkennung und vor allem auch für eine Aufwertung der Arbeiten des Europarats von großer Bedeutung. Die EU-Kommission war diesbezüglich bedauerlicherweise wesentlich zurückhaltender: Sie bezeichnete erst im Herbst 2002 die Charta als einen wichtigen Referenzrahmen für die Sprachpolitik gegenüber Minderheitensprachen.

Die Kililea-Resolution ist aber auch hinsichtlich weiterer Aspekte von besonderem Interesse: So spricht die Entschließung beispielsweise von »der Notwendigkeit einer europäischen Sprachkultur« zu der »auch der Schutz des sprachlichen Erbes, die Überwindung der sprachlichen Barrieren, die Förderung der weniger verbreiteten Sprachen und der Schutz der Minderheitensprachen gehören.« Hinter diesen Sätzen steckt die klare und unmissverständliche Forderung nach einer neuen Sprachpolitik der Europäischen Gemeinschaft, die einerseits zwar im Vergleich zu anderen internationalen Organisationen einer relativ großen Zahl einen offiziellen Status zugesteht, andererseits aber zugleich auch eine Vielzahl von Regional- und Minderheitensprachen nicht anerkennt. Dabei geht es gar nicht um einen offiziellen Amtssprachenstatus für weniger verbreitete Sprachen. Niemand wird fordern wollen, alle Dokumente und alle Debattenbeiträge beispielsweise ins Bretonische oder Baskische zu übersetzen. Aber das Bretonische oder Baskische sollten ebenso an den Sprachprogrammen teilnehmen und finanzielle Unterstützung von Seiten der EU erfahren dürfen wie die sogenannten »offiziellen« Sprachen.

Doch Kililea ging in seinen Forderungen noch weiter:

> Das Europäische Parlament,
> K. unter Hinweis darauf, dass die Sprache ein wesentliches Instrument der Kommunikation auf dem Gebiet der entstehenden Europäischen Union ist und dass der Aufbau Europas die Verwendung der weiter verbreiteten Sprachen für die Kommunikation über derzeitigen Binnengrenzen hinweg mit dem Schutz und der Verteidigung der auf regionaler Ebene oder auch Regionen übergreifend vorhandenen weniger verbreiteten Sprachen vereinbar machen muss,
> N. in uneingeschränkter Achtung des Rechtes jeder Regierung eines Mitgliedstaats, dessen Amtssprache(n) zu schützen und zu fördern, das jedoch nicht zu Lasten der weniger verbreiteten Sprachen und der Bevölkerung, deren natürliche Ausdrucksmöglichkeit sie darstellen, ausgeübt werden darf,
> [...]
> 2. weist erneut darauf hin, dass die Mitgliedstaaten ihre sprachlichen Minderheiten anerkennen und für sie die erforderlichen rechtlichen und administrativen Bestimmungen erlassen müssen, um die Grundvoraussetzung für die Erhaltung und Entfaltung dieser Sprachen zu schaffen;
> 3. ist ferner der Ansicht, dass alle weniger verbreiteten Sprachen und Kulturen darüber hinaus in den Mitgliedstaaten einen angemessenen rechtlichen Status genießen sollten;
> 4. ist der Ansicht, dass dieser rechtliche Staus zumindest zur Verwendung und Förderung dieser Sprachen und Kulturen in den Bereichen Bildung, Justiz und öffentliche Verwaltung, Massenmedien und Toponomie und in weiteren Sektoren des öffentlichen und kulturellen Lebens führen müsste, unbeschadet der Verwendung der weiterverbreiteten Sprachen, soweit

der Kommunikationsfluss innerhalb der einzelnen Mitgliedstaaten und der Union insgesamt dies erfordert;
[...]
fordert den Rat und die Kommission auf:
[...]
dafür zu sorgen, dass ausreichende Haushaltsmittel für die Gemeinschaftsprogramme zur Förderung weniger verbreiteter Sprachen und der dazugehörigen Kulturen bereitgestellt werden, und ein mehrjähriges Aktionsprogramm auf diesem Gebiet vorzuschlagen,
[...]
14. betont, dass die in dieser Entschließung enthaltenen Empfehlungen nicht darauf abzielen, die territoriale Integrität oder die öffentliche Ordnung der Mitgliedstaaten zu gefährden, und im übrigen nicht dahingehend ausgelegt werden dürfen, dass sie das Recht auf Durchführung einer Tätigkeit oder Maßnahme mit sich bringen, die den Zielen der Charta der Vereinten Nationen oder sonstigen völkerrechtlichen Verpflichtungen entgegensteht.[13]

Während des Europäischen Jahres der Sprachen 2001 gab es erneut einen Versuch von Seiten des Europäischen Parlaments, für diese Thematik zu sensibilisieren. Eine weitere Resolution zu den regionalen und weniger verbreiteten europäischen Sprachen wurde vom Europäischen Parlament am 13. Dezember 2001 angenommen und ging auf eine Initiative der Vorsitzenden der interfraktionellen Gruppe, der Waliserin Eluned Morgan (PES, Labour Party, Vereinigtes Königreich), zurück. Darin findet sich unter anderem folgendes Zitat:

Das Europäische Parlament
[...]
3. fordert die Kommission mit Nachdruck auf, bis spätestens zum 31. Dezember 2002 einen detaillierten Bericht über die Bewertung der Ergebnisse sowie eine Gesamtbewertung mit allen Fakten über das Europäische Jahr der Sprachen vorzulegen, wobei besonderes Gewicht auf die regionalen und weniger verbreiteten Sprachen zu legen ist;
5. fordert die Kommission auf, auf der Arbeit im Rahmen des Europäischen Jahres der Sprachen (2001) aufzubauen und bis Ende 2003 ein Mehrjahresprogramm für Sprachen vorzulegen, in dem Mittel für Regional- und weniger verbreitete Sprachen zweckgebunden werden;

6. fordert, dass der Rat und die Kommission in Bezug auf die Erweiterung der Europäischen Union die Beitrittsländer auffordern, die Sprachen und Kulturen von Regionen und Minderheiten zu achten und Artikel 22 der Charta der Grundrechte uneingeschränkt zu respektieren sowie sich an die Absätze 1.1 und 1.2 der Jahresberichte über die Fortschritte auf dem Weg zum Beitritt zu halten; vertritt ferner die Ansicht, dass die Europäische Union die Mitgliedstaaten und die Beitrittsländer bei der Entwicklung ihrer Kulturen und der Förderung ihrer internen Sprachenvielfalt unterstützen muss.[14]

Joan Bernat i Mari

Das EU-Parlament hat sich später erneut 2006 mit der Frage der Minderheitensprachen beschäftigt. In der Resolution des spanischen Europaparlamentarier Joan Bernat i Marí (Grüne/EFA, Europa de los Pueblos, Spanien) zur neuen Rahmenstrategie zur Mehrsprachigkeit unterstreicht der Kulturausschuss des EP klar seine Auffassung, dass die EU noch weit davon entfernt ist, die wünschenswerten Standards in Bezug auf Minderheitensprachen zu erreichen.

Und zuletzt gab es 2009 eine Resolution des portugiesischen Abgeordneten Vasco Graça Moura (EVP-ED, Partido Social Democrata, Portugal) über Mehrsprachigkeit: Trumpfkarte Europas, aber auch gemeinsame Verpflichtung. Beide Resolutionen, sowohl jene von Bernat i Marí als auch jene von Graça Moura nahmen die Empfehlungen des Ebner-Berichts von 2003 wieder auf und bedauern, dass manche Aspekte von der EU-Kommission noch nicht umgesetzt worden sind. Die Graça Moura-Resolution ist dabei sehr deutlich:

Das Europäische Parlament

[...]

16. bedauert, dass die Kommission noch immer weder ein Mehrjahresprogramm zur Sprachenvielfalt und zum Sprachenlernen noch eine Europäische Agentur zur Sprachenvielfalt und zum Sprachenlernen eingeführt

hat, wie das Parlament in seiner mit großer Mehrheit am 4. September 2003 angenommenen Entschließung gefordert hatte;

Vasco Graça Moura

Bei der Abstimmung der Graça Moura-Resolution kam es bedauerlicherweise zu einem für den Berichterstatter unangenehmen Zwischenfall, denn das Plenum des Europäischen Parlaments stimmte in seiner Mehrzahl nicht für den Resolutionsentwurf, den Graça Moura ausgearbeitet hatte und der vom EP-Kulturausschuss angenommen worden war, sondern für einen Alternativtext, der von sozialdemokratischen, liberalen und grünen Abgeordneten eingereicht worden war. Diese letztlich angenommene Alternativresolution wies positive wie auch für Sprachminderheiten ungünstige Bestimmungen auf. So wurde beispielsweise der bildungspolitische Aspekt, der ursprünglich in der Graça Moura Resolution enthalten war, aufgegeben. Andererseits wurde aber die Aufforderung an den Rat aufgenommen, Fortschrittsberichte zur sprachlichen Vielfalt auszuarbeiten und vor allem auch das Erlernen der Sprachen – inklusive Minderheitensprachen – zu fördern.

Das Europäische Parlament

25. fordert den Rat auf, einen jährlichen Fortschrittsbericht über Mehrsprachigkeit in formalen und informalen Bildungssystemen, in der beruflichen und der Erwachsenenbildung in den Mitgliedstaaten auszuarbeiten und dabei besonderes Augenmerk auf die Beziehung zwischen nationalen, regionalen und Minderheitensprachen und der Zuwanderung zu richten;

26. bekräftigt erneut, dass es sich seit langem für die Förderung des Sprachenlernens, der Mehrsprachigkeit und der Sprachenvielfalt in der Europäischen Union unter Einbeziehung der Regional- und Minderheitensprachen einsetzt, da es sich dabei um Kulturgüter handelt, die geschützt und

genährt werden müssen; ist der Auffassung, dass die Mehrsprachigkeit für eine wirksame Kommunikation von wesentlicher Bedeutung ist und ein Instrument darstellt, das die Verständigung zwischen den Menschen und somit die Akzeptanz der Unterschiedlichkeit und von Minderheiten erleichtert;

Diese ausdrückliche Unterstützung der Minderheitensprachen als Teil der sprachlichen Vielfalt hatte sich seit dem europäischen Jahr der Sprachen 2001 immer mehr durchgesetzt. Sie fand sich in den EP-Resolutionen sowohl in meiner Resolution von 2003 als auch in der Resolution von Joan Bernat i Marí 2006 wieder. Es war folglich absolut konsequent, dass das EP diese Linie auch weiter hielt.

Und auch für Graça Moura hielt sich die Enttäuschung in Grenzen, denn letzten Endes stützte sich ein Grossteil des Alternativberichts auf den von ihm vorgelegten Entwurf.

Es gab aber in der Geschichte der EP-Resolutionen zu Sprachenvielfalt und Minderheitensprachen auch weniger erfolgreiche Fälle. Zuletzt ging ein Versuch der PES-Fraktion schief. Ähnlich wie bei der Eluned Morgan-Resolution 2001 war die Fraktion etwas ungeschickt vorgegangen, denn sie wollte mittels einer mündlichen Anfrage an die EU-Kommission eine Debatte im Plenum des Europäischen Parlaments entfachen und anschließend eine Resolution annehmen. Dabei stellte sich die Vermischung von traditionellen Minderheitensprachen mit Sprachen von Migranten als fataler Fehler heraus.

So kam es zwar am 3. Februar im Plenum zur Debatte zum Thema »Schutz traditioneller nationaler, ethnischer und Einwandererminderheiten in Europa«, aber es kam im Anschluss nicht zur Abstimmung über eine entsprechende Resolution, weil sich zahlreiche Europaparlamentarier, vor allem die EVP-ED Fraktion, weigerten, autochthone und allochthone Minderheitensprachen zu vermischen.

Der folgende Text gibt die Anfrage wieder, wie sie am 3. Februar im Plenum diskutiert wurde:

> Der Schutz der traditionellen nationalen und ethnischen Minderheiten, die Frage der interethnischen Beziehungen und die Integration von Einwandererminderheiten stellen für die Europäische Union mit Blick auf ihre Stabilität, Sicherheit, ihren Wohlstand, gute nachbarliche Beziehungen, die interne und externe Legitimität und Glaubwürdigkeit extrem wichtige Herausforderungen dar.
> Gelten die Kopenhagener Kriterien betreffend die Achtung der Rechte von Minderheiten nur für die neuen Mitgliedstaaten und die Bewerberländer, oder stellen sie auch für alle Mitgliedstaaten eine Verpflichtung dar?
> Wann und inwieweit ist eine Verletzung von Minderheitenrechten eine innere Angelegenheit eines Mitgliedstaats?
> Welche Forderungen nationaler Minderheiten gelten mit Blick auf die politischen Normen der Europäischen Union als berechtigt?
> Sollte die EU ein rechtsverbindliches System von Normen zum Schutz traditioneller nationaler Minderheiten und Kontrollmechanismen auf der Grundlage des Lissabon-Vertrags ausarbeiten?
> Plant die Kommission, ein gemeinsames System von Normen betreffend die Integration der neuen Einwandererminderheiten im Rahmen der in der Ausarbeitung befindlichen gemeinsamen Einwanderungspolitik der EU zu schaffen?
> Teilt die Kommission die Auffassung, dass alle Mitgliedstaaten der EU das Rahmenübereinkommen zum Schutz nationaler Minderheiten und die Europäische Charta für Regional- oder Minderheitensprachen ratifizieren sollen?
> Fallen nach Auffassung der Kommission auch Regional- oder Minderheitensprachen unter die Mehrsprachigkeit?
> Teilt die Kommission die Auffassung, dass die verschiedenen Formen von Autonomie/Selbstverwaltung auf der Grundlage des Subsidiaritätsprinzips die beste Lösung für den Schutz von Minderheitengruppen darstellen?
> Stimmt die Kommission mit uns überein, dass die Überwachung des für Minderheiten geltenden Schutzniveaus in den Mitgliedstaaten und Bewerberländern eine Priorität in der Tätigkeit der Agentur für Grundrechte darstellen sollte?

Dennoch hatten all die oben zitierten angenommen Resolutionen auch konkretes bewirkt. Als eine direkte Folge dieser Initiativen des Europäischen Parlaments wurde 1983 eine Budgetlinie zugunsten der Regional- und Minderheitensprachen Europas eingerichtet und das Europäische Büro für Sprachminderheiten gegründet. Die jährlich veranschlagten finanziellen Mittel der Budgetlinie (B3-1006) beliefen sich 1983 auf 100.000 Euro, stiegen bis 1995 auf 4 Millionen Euro an und blieben bis 1998 mehr oder weniger stabil.

Budgetlinie zugunsten von Regional- und Minderheitensprachen/jährliche Entwicklung zwischen 1983 und 1998[15]

1983	1984	1985	1986
0,1 Mio. Euro	0,2 Mio. Euro	0,34 Mio. Euro	0,68 Mio. Euro
1987	1988	1989	1990
0,86 Mio. Euro	1 Mio. Euro	1 Mio. Euro	1,1 Mio. Euro
1991	1992	1993	1994
2 Mio. Euro	2,5 Mio. Euro	3,5 Mio. Euro	3,5 Mio. Euro
1995	1996	1997	1998
4 Mio. Euro	4 Mio. Euro	3,7 Mio. Euro	4 Mio. Euro

Aufgrund eines Urteils des Europäischen Gerichtshofs (C-106/96) am 12. Mai 1998 wurde die Budgetlinie nach 1998 nicht weiter fortgesetzt. Für die Jahre 1999 und 2000 wurde eine alternative projektorientierte Budgetlinie (B3-1000) eingerichtet, während im Jahre 2001 Sprachenprojekte allgemein und Minderheitensprachen im speziellen über die aufgrund des Europäischen Jahres der Sprachen 2001 zur Verfügung gestandenen finanziellen Mittel gefördert wurden. Die Tätigkeiten des Europäischen Büros für Sprachminderheiten werden seit 1999 über eine eigene Budgetlinie der Europäischen Union zu 80 Prozent kofinanziert. Ab 2004 hätte ein Mehrjahresprogramm dafür sorgen sollen, dass diese in der Kulturpolitik europaweit tätigen Einrichtungen von Seiten der EU adäquat finanziell unterstützt werden. Allerdings war das EBLUL unter den veränderten Rahmenbedingungen mittelfristig nicht mehr in der Lage, die Kriterien für die finanzielle Unterstützung von Seiten der EU-Kommission zu erfüllen. Obwohl zahlreiche Mitglieder des EU-Parlaments diesen Umstand kritisierten, zeigte sich die EU-Kommission in dieser Angelegenheit stur. Gegenwärtig sind keine Mittel ausschließlich für das EBLUL vorgesehen, sondern für ein Netzwerk für Sprachenvielfalt.

Aus meiner Sicht kann nur ein Ausweg aus dieser Situation auf der Grundlage meiner Vorschläge gefunden werden, die in meinem Bericht im Detail ausgeführt werden. Dazu gehört einerseits eine Sprachenagentur, in der auch Vertreter der Minderheitensprachen einen festen Platz einnehmen, und eine finanzielle Absicherung durch ein Sprachenprogramm, innerhalb dessen auch Minderheitensprachen Projektförderungen erhalten können.

6 Minderheiten und Menschenrechte: Die Charta der Grundrechte der Europäischen Union

Die Menschenrechte wurden von den Staaten stets als innere Angelegenheiten angesehen, da diese Rechte Auswirkungen auf alle Aspekte des wirtschaftlichen, sozialen und kulturellen Lebens eines Landes haben. Die zunehmende Vernetzung zwischen den Staaten hat es möglich gemacht, die Anerkennung der Grundrechte aus dem rein nationalen Rahmen herauszulösen und diese Rechte durch die Annahme mehrerer Übereinkommen zum Gegenstand der internationalen Beziehungen werden zu lassen. Der amerikanische Präsident F.D. Roosevelt sprach in seiner Botschaft an den Kongress am 6. Januar 1941 von den berühmten vier Freiheiten, die den Grundstein für Frieden und internationale Sicherheiten darstellen sollten: Rede- und Meinungsfreiheit, Glaubensfreiheit und Freiheit von Furcht. Anschließend kam es zu weiteren Formulierungen, die nach dem Krieg schließlich ihren Niederschlag in der Charta der Vereinten Nationen (10.12.1948) und anderen Erklärungen fanden. Diesen Übereinkommen ist der Gedanke gemein, dass dem Menschen unabhängig von seinem sozialen und

Die Vereinten Nationen: Staatenverbindung mit internationaler Rechtspersönlichkeit; anstelle des Völkerbunds geschaffen durch die Charta von San Francisco vom 26.6.1945; Hauptsitz: New York, daneben Genf und Wien. Der UNO gehören 191 Mitgliedsstaaten an. Zweck der UNO ist die Wahrung des Weltfriedens durch kollektive Maßnahmen gegen Friedensbedrohungen und Angriffshandlungen sowie durch Schlichtung internationaler Streitigkeiten; die Förderung freundschaftlicher Beziehungen zwischen den Nationen aufgrund der Gleichberechtigung und Selbstbestimmung; die internationale Zusammenarbeit zur Lösung wirtschaftlicher, sozialer, kultureller und humanitärer Probleme und Schutz der Menschenrechte und Grundfreiheiten ohne Unterschied von Rasse, Geschlecht, Sprache oder Religion.

kulturellen Umfeld Achtung allein deshalb gebührt, weil er ein Mensch ist.

Der Vormarsch der Menschenrechte und der Demokratie nach den beiden Weltkriegen ist imposant. Seitdem trat eine Reihe von Deklarationen und Proklamationen in Kraft, die dem Menschen, ungeachtet seiner Rassenzugehörigkeit, seiner Sprache, Farbe, Religion, Nationalität und ungeachtet seines Geschlechts oder sozialen Status, eine relativ breite Palette unabdingbarer Rechte zugestehen. Die Menschenrechte sind zu einer zentralen Thematik der politischen Gedankenwelt geworden und manche apostrophieren sie sogar als Grundlage und zugleich als kritischen Maßstab der Demokratie.

Die Allgemeine Erklärung der Menschenrechte der UNO vom Dezember 1948 ist einer der Grundpfeiler der aus dem Zweiten Weltkrieg hervorgegangenen Weltordnung. Sie wurde 1966 durch den internationalen Pakt über bürgerliche und politische Rechte und den internationalen Pakt über wirtschaftliche, soziale und kulturelle Rechte ergänzt und überträgt der internationalen Gemeinschaft die gemeinsame Verantwortung für die Wahrung, Sicherung und Förderung der unveräußerlichen Rechte des Menschen.

Das internationale Umfeld für die Anerkennung der Grundrechte hat sich seit dem Ende des Ost-West-Konflikts stark gewandelt und ist gekennzeichnet durch eine Stärkung des universellen Charakters der Menschenrechte. Die Menschenrechte

Die Allgemeine Erklärung der Menscherechte: Der Schutz der Menschenrechte ist ein Ziel der Vereinten Nationen. Die von der UNO 1948 beschlossene Allgemeine Erklärung der Menschenrechte enthält eine Auflistung angeborener, unveräußerlicher und unantastbarer Rechte und Freiheiten jedes Menschen gegenüber staatlichen Eingriffen. Es handelt sich um rechtlich nicht verbindliche Empfehlungen, auf deren Grundlage mehrere Konventionen zum Schutz der Menschenrechte beschlossen wurden. In den modernen Verfassungen werden sie als Grundrechte gewährleistet.

sind nunmehr zweifelsohne zu einem neuen Standard der Zivilisation erhoben worden.

Somit ist heute das Prinzip anerkannt, dass sich internationale Legitimität und volle Mitgliedschaft in der internationalen Gemeinschaft auf ein gerechtes, humanes und zivilisiertes Verhalten der Staaten stützen muss. Maßstab für dieses Verhalten sind die Menschenrechte.

Parallel zu dem im Rahmen der Vereinten Nationen geschaffenen internationalen System zum Schutz der Menschenrechte wurde versucht in verschiedenen Teilen der Welt die Wahrung der universell anerkannten Menschenrechte durch regionale Instrumente zu verstärken. Als eine solche regionale Kodifizierung kann beispielsweise die »Banjul Charta« Afrikas bezeichnet werden.

Entscheidend für Europa war die Erstellung der Europäischen Konvention zum Schutze der Menschenrechte und Grundfreiheiten vom 4. November 1950 im Rahmen des im Mai 1949 geschaffenen Europarates. Dank dieser Konvention ist die Garantie der Menschenrechte in keinem Teil der Welt auf der zwischenstaatlichen Ebene bislang so stark ausgebildet wie innerhalb des Bereichs des Europarats.

Den Arbeiten der Organisation für Sicherheit und Zusammenarbeit in Europa (OSZE) hingegen liegt ein im Vergleich zum Europarat anderes Konzept zugrunde. Grundlage der OSZE waren zunächst politische Absichtserklärungen. Sie ist inzwischen jedoch zu einem regionalen Instrument der kollektiven Sicherheit geworden, bei dem die unter dem Begriff »menschliche Dimension« zusammengefasste Wahrung der Menschenrechte eng mit der Aufrechterhaltung der Sicherheit verknüpft ist. In der 1991 angenommenen Charta von Paris für ein neues Europa wurden die Leitlinien für diese »menschliche Dimension« kodifiziert.

Die Europäischen Gemeinschaften – also die Europäische Gemeinschaft für Kohle und Stahl (EGKS), die Europäische Wirtschaftsgemeinschaft (EWG) und die Europäische Atomgemeinschaft (Euroatom) – zeigten zunächst kein Interesse an menschenrechtlichen Fragen. Dies änderte sich erst Mitte der 70er Jahre, als Griechenland, Spanien und Portugal – ehemals autoritär regierte Staaten – ihre Beitrittsanträge stellten.

Europäische Konvention zum Schutz der Menschenrechte und Grundfreiheiten: Eine der größten Errungenschaften des Europarates ist die Europäische Menschenrechtskonvention, ein internationaler Vertrag von beispielloser Tragweite, der 1953 in Kraft getreten ist. Er schützt unveräußerliche individuelle Rechte und Freiheiten und verpflichtet die Staaten, diese Rechte allen Menschen, die ihrer Gerichtsbarkeit unterliegen, zu garantieren. Darüber hinaus schafft die Konvention ein internationales Schutzsystem, das es Staaten und Einzelpersonen, ungeachtet ihrer Staatsangehörigkeit, gestattet, mögliche Verletzungen der durch die Konvention garantierten Rechte an die in Straßburg eingerichteten Gerichtsbehörden zu leiten.

Damit ist bezüglich des demokratisch orientierten Westeuropas eine klare Tendenz sichtbar: Die nebeneinander bestehenden europäischen, transatlantischen und internationalen Organisationen, die Verankerung der Grundrechte in den nationalstaatlichen Verfassungen sowie die parallel verlaufende Gründungsgeschichte von EG und Europarat haben zu einer komplementären Arbeitsteilung geführt, so dass speziell die EG und spätere EU lange Zeit kein selbständiges Regime zum Menschenrechtsschutz aufgebaut hat.

Dennoch ist das europäische Aufbauwerk ein der Demokratie verpflichtetes Vorhaben, hervorgegangen aus dem politischen Willen demokratischer Staaten, sich in einem Staatenbund mit gemeinsamen Institutionen zusammenzuschließen, dessen Handeln sich auf die Einhaltung des Rechts stützt. Dazu haben die Gründerstaaten eine zeitlich unbegrenzte, mit eigenen Institutionen, eigener Rechtspersönlichkeit und internationaler Vertretungsbefugnis ausgestattete Gemeinschaft geschaffen. Durch diesen auf das Recht gestützten Integrationsprozess und die ihm eigenen Verfahren unterscheidet sich die Europäische Union grundlegend von den Organisationen, die über traditionelle internationale Verträge geschaffen wurden. Sie war damit von Beginn an ein System *sui generis*. Ihre Eigenart wurde daher mit den Entwicklungen in späteren Jahren nicht nur bestätigt sondern auch gefestigt.

Inzwischen hat sich die Gemeinschaft von einer vorrangig wirtschaftlich geprägten Union zu einer politischen entwickelt, und die Gemeinschaftsgesetzgebung hat zunehmende Bedeutung für das tägliche Leben der Bürger Europas. Daraus ergibt sich für die Gemeinschaftsorgane die dringende Notwendigkeit, ihre eigene demokratische Legitimität zu verstärken. Neben der seit 1976 möglichen und 1979 erstmals durchgeführten Direktwahl des Europäischen Parlaments und der seit Maastricht eingeführten Unionsbürgerschaft gehören auch die Wahrung der Grundrechte zu den Legitimitätskriterien.

Daher haben sich die Organe der Gemeinschaft im April 1977 in einer gemeinsamen Erklärung verpflichtet, bei der Ausübung ihrer Befugnisse und bei der Verfolgung der Ziele der Europäischen Gemeinschaften die Menschenrechte und Grundfreiheiten zu wahren.

Die Wahrung der Grundrechte ist folglich eines der wichtigsten demokratischen Prinzipien der Europäischen Union und eine unerlässliche Voraussetzung für ihre Legitimität.

Die Gründungsverträge der 50er Jahre enthielten nur wenige Bestimmungen über die Grundrechte, etwa die Freizügigkeit für Arbeitnehmer und das Verbot aller Formen der Diskriminierung aufgrund der Staatsangehörigkeit oder des Geschlechts. Erst 30 Jahre später, im Februar 1986, wur-

EEA: Die Einheitliche Europäische Akte war die erste große Reform der Gründungverträge der Europäischen Gemeinschaft. Sie wurde von den Staats- und Regierungschefs der damals zwölf Mitgliedstaaten im Februar 1986 unterzeichnet und trat nach Abschluss der Ratifizierungsverfahren am 1. Juli 1987 in Kraft.

den mit der »Einheitlichen Europäischen Akte« (EEA) erstmals in einen Gemeinschaftsvertrag ausdrückliche Verweise auf die Grundrechte aufgenommen.

Auf die EEA folgten bekanntlich die Vertragsveränderungen 1992 in Maastricht, 1997 in Amsterdam, 1999 in Nizza und 2007 in Lissabon. Sie brachten auch zahlreiche Veränderungen in Bezug auf Menschenrechte und Grundfreiheiten mit sich.

In Artikel 6 des EU-Vertrags bekennt sich die Union beispielsweise zu den Grundsätzen der Freiheit, der Demokratie und der Rechtsstaatlichkeit und betont, dass diese Grundsätze allen Mitgliedstaaten gemein sind. Artikel 7 geht sogar auf die Möglichkeit einer Verletzung von Artikel 6 und die daraus zu ziehenden Konsequenzen ein.

Auch in ihrer Außen- und Sicherheitspolitik hat sich die Union das Ziel gesetzt, zur weltweiten Stärkung der Menschenrechte und zu einem effizienten Menschenrechtsschutz beizutragen.

Die Beziehung zwischen den Menschenrechten und der Außenpolitik trat vor allem immer dann in den Vordergrund der EU-Politiken, wenn sich die Union auf eine ihrer Erweiterungen vorbereitete.

Eine erste Debatte um Grundrechte hatte Mitte der 70er Jahre begonnen, als ehemals autoritär regierte Staaten der EG beitreten wollten. Das Ende des Ost-West-Konfliktes stellte die Union vor neue Herausforderungen, die auch einen wirksamen Menschenrechtsschutz betrafen. Offenbar konnte hinsichtlich eines Punktes ein Konsens gefunden werden: Die anstehende Erweiterung der Europäischen Union um zwölf Staaten Mittel- und Osteuropas sowie des Mittelmeerraumes musste an bestimmte Kriterien geknüpft werden und eines dieser Kriterien musste die Grundrechte betreffen.

EU-Erweiterung: das ambitionierteste EU-Projekt

Im Juni 1993 beschloss der Europäische Rat in Kopenhagen, dass die assoziierten mittel- und osteuropäischen Länder (MOEL) Mitglieder der europäischen Union werden können. Der Beitritt könne demnach erfolgen, sobald ein assoziiertes Land in der Lage sei, den mit der Mitgliedschaft verbundenen Verpflichtungen nachzukommen und die erforderlichen wirtschaftlichen und politischen Bedingungen zu erfüllen. Ebenso sei auch die Fähigkeit der Europäischen Union, neue Mitglieder aufzunehmen, dabei jedoch die Stoßkraft der europäischen Integration zu erhalten, ein wichtiger Gesichtspunkt. Die Wahrung der Menschenrechte sowie die Achtung und der Schutz von Minderheiten wurden dabei zum explizit festgelegten Kriterium für den Beitritt erhoben. Es sei an dieser Stelle bemerkt, dass diese hochgesteckten Beitrittskriterien teilweise selbst für den einen oder anderen Mitgliedstaat Widersprüche erzeugen mussten. So ist bis heute der Schutz der Minderheiten in Frankreich oder Griechenland ein politisches Fremdwort. An die niederländische Ratspräsidentschaft stellte ich daher im Mai 1997 folgende Frage:

> Was den Schutz von ethnischen Minderheiten angeht, so hat die Europäische Union bisher selbst leider noch keine besonderen Bestimmungen geschaffen. Dennoch verlangt sie von den zukünftigen Mitgliedsländern in Osteuropa solche Regelungen. Würde der Rat mitteilen, ob der Schutz von ethnischen Minderheiten auf der Regierungskonferenz, wie vom Parlament schon mehrfach gewünscht, zur Sprache gekommen ist und wie die Verankerung in Maastricht II vorgesehen ist [...]?

Der Rat antwortete dabei wie folgt:

> In Beantwortung dieser Anfrage von Herrn Ebner zum Schutz von ethnischen Minderheiten versichere ich dem sehr geehrten Herrn Abgeordneten, dass der Rat sich der Bedeutung des Erhalts der ethnischen, regionalen und lokalen Eigenheiten durchaus bewusst ist. [...] Es versteht sich nach Auffassung des Rats von selbst, dass alle Personen, die die Staatsangehörigkeit eines der Mitgliedstaaten der Union besitzen, gleiche Rechte und Freiheiten genießen müssen. Mit anderen Worten: Es darf aus keinem Grund und niemand gegenüber eine Diskriminierung wegen seiner Zugehörigkeit zu einer nationalen Minderheit stattfinden.

Der Rat hatte allein die Thematik der Nicht-Diskriminierung vor Augen, ohne an positive Diskriminierungsmaßnahmen zu denken. Dennoch war aber allein die Tatsache, dass menschenrechtliche Fragen Teil der Erweiterung waren, ein Fortschritt. Die Bedeutung der Wahrung der Menschenrechte und Grundfreiheiten zeigte sich nicht nur in den Kopenhagener Beitrittskriterien sondern sie schlug sich auch in den Verträgen nieder. Artikel 49 des Vertrags der Europäischen Union, der den rechtlichen und prozeduralen Rahmen zur Beitrittsmöglichkeit bildet, spiegelt die Aufwertung der Menschenrechte wieder, indem er an den Grundrechtsschutz gebunden wurde.

Da meiner Überzeugung nach der Schutz und die Rechte der Minderheiten einen unverzichtbaren Bestandteil der Menschenrechte darstellen, schrieb ich am 4. Juli 1997 an den damaligen Präsidenten der EU-Kommission Jacques Santer:

> Sehr geehrter Herr Präsident! Als Mitglied der deutschsprachigen Minderheit in Norditalien und als Mitglied des italienischen Abgeordnetenhauses habe ich mich immer schon sehr für die Problematik der Minderheiten engagiert. [...] Auch im Hinblick auf eine zukünftige Osterweiterung der Europäischen Union sollte das Problem der ethnischen Minderheiten

durch besondere Bestimmungen geregelt werden. Dies vorausgeschickt, bitte ich Sie, mir mitzuteilen, ob Sie eine solche Initiative von Seiten der Kommission in die Wege leiten würden.

Jacques Santer

Kommissionspräsident Santer antwortete in einem Brief am 3. September 1997, in dem er an die Rahmenkonvention des Europarats verwies aber vorerst konkrete Initiativen von Seiten der EU ausschloss:

Vor diesem Hintergrund hält es die Kommission gegenwärtig nicht für sinnvoll, dem Rat einen Vorschlag zum Schutz ethnischer Minderheiten zu unterbreiten. Ich möchte jedoch daran erinnern, dass die Union Bemühungen auf regionaler und internationaler Ebene zum Schutz und zur Förderung der Rechte der Angehörigen von Minderheiten ermutigt und unterstützt.

Die erste Präsidentschaft Österreichs im Rat der Europäischen Union schien mir von Anfang an eine Chance, eine neue Dynamik für die Verankerung der Minderheitenrechte zu schaffen. Der damalige Außenminister Wolfgang Schüssel, der in dieser Präsidentschaft eine Schlüsselrolle spielte, reagierte auf meinen Vorstoß zugleich positiv und realistisch:

In Zusammenhang mit Deinem Brief vom 3. November 1997 über mögliche Initiativen im Minderheitenschutz während der kommenden österreichischen EU-Präsidentschaft möchte ich Dir meine Vorstellungen hierzu kurz erläutern. Grundsätzlich ist es wohl möglich, während der Präsidentschaft Themen, die von besonderer Bedeutung erscheinen – und dazu zähle ich für Österreich auch die Menschenrechte im Allgemeinen und den internationalen Volksgruppenschutz im Besonderen – im Rahmen der EU verstärkt zu behandeln. Letztlich bleibt die Präsidentschaft jedoch Diener der Mitgliedstaaten.

Gemeinsame Vorhaben im Bereich der Menschenrechte bedürfen der Zustimmung aller EU-Mitgliedstaaten. Wie sich beispielsweise im Laufe der

Regierungskonferenz herauskristallisiert hat, war bereits dieser im Grunde unkontroversielle Aspekt in seiner Durchführung strittig. So konnte es beispielsweise keine Einigung über einen Beitritt der EU zur Europäischen Menschenrechtskonvention geben. Im Hinblick auf die bekannt recht unterschiedliche Haltung von verschiedenen EU-Mitgliedstaaten im Minderheitenbereich dürfte ein diesbezüglicher Vorstoß kaum Chancen auf Erfolg haben. Dein konkreter Vorschlag, den Minderheitenschutz in das Gemeinschaftsrecht zu übernehmen, erscheint mir daher in der näheren Zukunft nicht umsetzbar.

Wolfgang Schüssel

Optimistischer war Außenminister Schüssel, den Volksgruppenschutz im Bereich der Gemeinsamen Außen- und Sicherheitspolitik sowie in den Verhandlungen mit den Beitrittskandidaten zur Geltung bringen zu können.

Vor allem die Tatsache, dass man weder der 1999 in Kraft getretenen Amsterdamer Vertrag noch die Kopenhagener Beitrittskriterien einen explizit angeführten Katalog von Grund- und Freiheitsrechten aufwiesen, war als großes Manko zu interpretieren. Dieses Defizit wurde von der Union auch erkannt. Schon 1996 machte die EU-Kommission in ihrer Stellungnahme zur *Stärkung der politischen Union und Vorbereitung der Erweiterung*[16] darauf aufmerksam, dass die Union ihrer Verpflichtung auf die Grund- und Freiheitsrechte durch entsprechende Bestimmungen im Vertrag oder durch den Beitritt zur Europäischen Menschenrechtskonvention noch sichtbareren Ausdruck verleihen müsste.

Dies – so die Kommission – wäre vor allem angesichts der Erweiterung und Diversifizierung der Union gerechtfertigt. Daraufhin hatte der Rat der Europäischen Union ein Gutachten des Gerichtshofs der Europäischen Gemeinschaften zur Frage beantragt, ob der Beitritt der Europäischen Gemeinschaft zur Konvention zum Schutze der Menschenrechte und Grundfreiheiten vom 4. November 1950 mit dem Vertrag zur Gründung der Europäischen Gemeinschaft vereinbar sei. Bedauerlicherweise fiel damals das Gutachten negativ aus: Der Gerichtshof entschied am 28. März 1996, dass die Gemeinschaft beim gegenwärtigen Stand des Gemeinschaftsrechts nicht über die Zuständigkeit verfügt der Konvention beizutreten.

Damit waren einstweilen die unter dem Themenkreis »Grundrechte« diskutierten Vorschläge gescheitert. Die EU konnte der Europäischen Menschenrechtskonvention nicht beitreten.

Es nimmt somit nicht Wunder, dass die Staats- und Regierungschefs in Köln im Juni 1999 übereinkamen, dass es im gegenwärtigen Entwicklungsstand der Union – d.h. Erweiterung, Euro, GASP, etc. – erforderlich sei, eine Charta der Grundrechte zu erstellen. Das Europäische Parlament hatte dabei schon damals wiederholt eine Verfassung gefordert. Doch noch war es für eine europäische Verfassung verfrüht; eine Grundrechtecharta hingegen war der erste Schritt in die richtige Richtung.

Damit dieser Entwurf einer Charta ausgearbeitet werden konnte, beschloss der Europäische Rat, eine Ad-hoc-Instanz, einen sogenannten »Konvent« einzusetzen, der sich aus Vertretern unterschiedlicher Institutionen zusammensetzen sollte. Die – in dieser Form bis dahin einzigartige – Zusammensetzung dieses Gremiums, dessen Grundzüge bereits in Köln skizziert wurden, wurde auf der Tagung des Europäischen Rates am 15. und 16. Oktober 1999 in Tampere präzisiert. Die vom Europäischen Rat in Köln festgelegte Zielsetzung dieses Gremiums bestand in der Vorlage eines Entwurfs einer Charta rechtzeitig vor Ende 2000, während unter französischem Vorsitz die in Nizza vorgesehene Tagung des Europäischen Rates stattfinden sollte.

Ich setzte mich damals umgehend mit namhaften Experten in Verbindung, um Vorschläge für die Verankerung der Minderheitenrechte zu sammeln. Die Mitte Dezember startenden Arbeiten des Konvents, dem die Ausarbeitung der Grundrechtecharta oblag, haben meine Mitarbeiter und ich von Anfang an beobachtet und mit Vorschlägen und Interventionen begleitet. Am 13. Januar 2000 schrieb ich an die sechs Mitglieder des Konvents, die aus der EVP-Fraktion des Europäischen Parlaments stammen, und bat sie, sich ganz im Sinne der vom Europäischen Parlament verabschiedeten Berichte Bourlanges/Martin und Dury/Maij-Weggen für die Verankerung des Minderheitenschutzes in der Grundrechtecharta stark zu machen.

Sitzung der Intergruppe Minderheiten mit Experten am 7. Juli 2005 in Straßburg: von rechts nach links: Damian Terpin, politischer Sekretär der Slovenska Skupnost, Dr. Michl Ebner Co-Präsident der Intergruppe, Csaba Tabajdi, der sehr aktive Präsident der Intergruppe (3. und 4. von rechts)

An den Präsidenten des Konvents, den ehemaligen deutschen Bundespräsidenten Roman Herzog, richtete ich mehrere Schreiben mit konkreten Appellen und Formulierungsvorschlägen. Nach einem zufällig zustande gekommenen Gespräch mit Präsident Herzog im Flugzeug zwischen Brüssel und München unterbreitete ich ihm am 15. März 2000 brieflich drei Vorschläge für die Verankerung des Schutzes nationaler Minderheiten in der Charta. Meine Begründung lautete:

> Der Schutz der Grundrechte ist eines der wichtigsten Prinzipien der EU und eine unerlässliche Voraussetzung für ihre Legitimität. Der Schutz der Rechte nationaler, traditionell ansässiger Minderheiten wiederum hat sich in den vergangenen Jahren zu einer der ernstesten und handlungsbedürftigsten Themen im heutigen Europa entwickelt. Nationale Minderheiten stellen einen wertvollen und großen Reichtum Europas dar. Daher sollte der Schutz nationaler Minderheiten ein zentrales Anliegen des Konvents sein, der sich mit dem Entwurf einer Grundrechtecharta für die EU befasst.

Christoph Pan

Da die Widerstände aus einigen Mitgliedstaaten gewaltig sein würden, wandte ich mich am 16. Februar 2000 mit einem Schreiben an alle Mitglieder des Konvents und machte sie auf die Entschließungen des Europaparlaments aufmerksam. Am 15. Mai schrieb ich neuerlich an alle Mitglieder und sandte ihnen das höchst aufschlussreiche und informative Standardwerk von Professor Christoph Pan über die Volksgruppen in Europa. In dem viersprachigen Begleitbrief hieß es wörtlich:

> Die Wichtigkeit des Problems und die Größenordnung desselben empfehlen dringendst eine entsprechende Schutzklausel in die Grundrechtecharta der Europäischen Union aufzunehmen.

Ebenso hielt ich unsere SVP-Abgeordneten in der italienischen Abgeordnetenkammer und im italienischen Senat informiert und berichtete ihnen in einem Schreiben am 23. Mai 2000:

> Im gegenwärtig vorliegenden Entwurf einer Charta der Grundrechte für die Europäische Union, der von einem Gremium namens Konvent ausgearbeitet wurde, fällt unter den Titel »Gleichheit und Nichtdiskriminierung« in Artikel 22 lediglich das Diskriminierungsverbot nationaler Minderheiten. Ein aktiver Minderheitenschutz, wie ihn Artikel 6 der italienischen Verfassung vorsieht, ist bisher ausgeblieben. Trotzdem bietet die Grundrechtecharta eine einmalige Gelegenheit, die es zu nützen gilt, damit der Minderheitenschutz auch auf EU-Ebene in einem Katalog der Grund- und Freiheitsrechte verankert wird. [...] Um an der Rolle des Minderheitenschutzes weiterhin festzuhalten und nicht locker zu lassen, erscheint es sinnvoll, wenn auch Ihr in Eurer Funktion als Parlamentarier, mit den betreffenden Mitgliedern der italienischen Regierung und des italienischen Parlaments des Konvents Kontakt aufnehmen würdet, um diese für die Thematik zu sensibilisieren, sie von der Bedeutung des Themas zu überzeugen und sie zu mobilisieren.

Einen erneuten Kontakt mit den Mitgliedern des Konvents nahm ich am 26. Mai auf, indem ich ihnen in einem mehrsprachigen Brief konkrete Formulierungsvorschläge unterbreitete und zugleich an sie appellierte:

> Ein Geist der Toleranz, interkultureller Dialog, gegenseitiger Respekt und gegenseitiges Verständnis entstehen nicht spontan und von selbst. Es ist vielmehr notwendig, kulturelle Vielfalt als eine Quelle des Reichtums statt des Zwiespalts aufzufassen. Die Europäische Union mit ihren pluralistischen Demokratien sollte daher sowohl das Bewusstsein für die Anliegen nationaler Minderheiten als auch die Entwicklung eines Europas der kulturellen Identität und Vielfalt fördern.

Gerhard Schröder

Der Vertreter Österreichs und ehemalige Nationalratspräsident, Heinrich Neisser, wurde auch in diesem Sinne aktiv, doch schienen einige Mitgliedstaaten die Dringlichkeit des Anliegens noch immer nicht verstanden zu haben. Also richtete ich Anfang August 2000 nochmals eine Reihe von Briefen an einige Entscheidungsträger wie Bundeskanzler Schüssel, Ministerpräsident Jean-Claude Juncker oder Ministerpräsident Giuliano Amato. Als Beispiel sei mein Brief an den deutschen Bundeskanzler Gerhard Schröder zitiert:

> Sehr geehrter Herr Bundeskanzler! Am 28. Juni d. J. wurde der vollständige Text der Charta, den das Präsidium im Anschluss an die Beratungen des Konvents vorschlägt, veröffentlicht. Bedauerlicherweise hat das Präsidium in seinem Entwurf den Rechten von Minderheiten nicht die notwendige Aufmerksamkeit gewidmet. Damit wurden sowohl die neun Änderungsvorschläge, wie sie in der vom Präsidium vorgelegten Zusammenfassung der Änderungsvorschläge vom 14. Juni 2000 aufgelistet worden sind, als auch später eingereichte Vorschläge ignoriert. Ebenso blieb auch der Appell der Vertreter der Zivilgesellschaft unbeachtet. Dies ist umso unverständlicher, als der Schutz der Rechte autochthoner Minderheiten einen fundamentalen Bestandteil des internationalen Schutzes der Menschenrechte darstellt und nicht nur das Diskriminierungsverbot, sondern auch die Förderung der regionalen Vielfalt selbst in den Gemeinschaftsverträgen verankert sind (vgl. z. B. Artikel 13 und Artikel 151 EG-Vertrag). Somit würden die in den Verträgen festgelegten Zuständigkeiten und Aufgaben der Gemeinschaft und der Europäischen Union durch die Verankerung von Minderheitenrechten in der Charta weder vermehrt noch geändert. Will der Konvent gemäß dem Beschluss des Europäischen Rates von Köln »die überragende Bedeutung der Grundrechte und ihre Tragweite für die Unionsbürger« sichtbar in einer Charta verankern, so sollte auch der Schutz der Rechte der Minderheiten eine Selbstverständlichkeit darstellen. Dies wäre angesichts der Arbeiten des Europarats und aufgrund der bevorstehenden Erweiterung umso notwendiger. In meiner Funktion als Mitglied des Europäischen Parlaments und als Vertreter der Südtiroler Minderheit möchte ich Sie in diesem Zusammenhang freundlichst auffordern, Ihren Regierungsvertreter im Konvent für diese bedeutende Thematik zu sensibilisieren.

Von Mitgliedern des Konvents war damals zu erfahren, dass sich die konsultierten Vertreter der Beitrittskandidatenländer durchaus für eine Verankerung der Minderheitenrechte aussprachen. Dagegen kamen massive Widerstände aus Frankreich und Spanien. Ein hochrangiger Regierungsvertreter sprach mir gegenüber sogar von einer »minderheitenfeindlichen Haltung dieser Länder«. Vor dem Hinter-

Wolfgang Schüssel

grund dieser äußerst schwierigen Verhandlungsposition muss es schließlich doch als Erfolg gewertet werden, wenn der Grundrechtekonvent am Ende seiner Arbeiten sich neben einem allgemeinen Diskriminierungsverbot doch noch auch für einen Artikel zur Anerkennung der sprachlichen und kulturellen Vielfalt entschloss. Der österreichische Bundeskanzler Wolfgang Schüssel, der über seinen Vertreter im Konvent, Heinrich Neisser, meine Bemühungen unterstützt hatte, schrieb mir am 18. Oktober 2000:

> Wie Dir sicherlich bekannt ist, hat mein persönlicher Berater im Konvent zur Europäischen Grundrechtecharta bis zuletzt versucht, auf eine breite Zustimmung zur Aufnahme einer Bestimmung betreffend einen inhaltlichen Minderheitenschutz, wie dies Deinem Anliegen entsprechen würde, einzuwirken. Leider ist der nunmehrige Art. 22 der Grundrechtecharta weit hinter diesem Anliegen zurückgeblieben. Wenn auch damit das Ziel eines ausdrücklichen Minderheitenschutzes auf europäischer Ebene vorerst nicht erreicht werden konnte, so stellt die betreffende Formulierung in der Grundrechtecharta dennoch einen ersten positiven Schritt dar, auf den in Zukunft aufgebaut werden kann. Ich werde mich jedenfalls auch weiterhin für den Schutz der Volksgruppen – insbesondere auch auf europäischer Ebene – einsetzen.

Nach erfolgreicher Konventsarbeit proklamierte schließlich der Europäische Rat in Nizza gemeinsam mit dem Europäischen Parlament und der Europäischen Kommission im Dezember 2000 feierlich die Charta der Grundrechte der Europäischen Union. Allerdings blieb diese Charta vorerst leider unverbindlich. Ein zweiter Konvent 2002/03 und eine neue Regierungskonferenz 2007 nach den gescheiterten Verfassungsreferenden in Frankreich und den Niederlanden sollten sich mit der Frage beschäftigen, ob und gegebenenfalls auf welche Weise diese Charta in die Verträge aufgenommen werden könnte, um sie auch rechtlich bindend zu machen.

Zusammenfassend lässt sich festhalten: angesichts der Vielzahl und der komplementären Arbeitsweise der verschiedenen europäischen Organisationen hatte die EU bis 2000 keinen eigens ausgearbeiteten Grundrechtskatalog vorzuweisen. Die Entwicklungen der letzten Jahre – vor allem der eingeleitete Erweiterungsprozess sowie die Umgestaltung der Wirtschaftsgemeinschaft zur politischen Unon – zeigte allerdings, dass die Union zusehends in dieser Thematik tätig geworden ist. Menschenrechte sind heute für die EU zweifelsohne ein Thema.

Treffen der Intergruppe Minderheiten am 12. Mai 2005

Legt man besonderes Augenmerk auf die offizielle Begründung, wieso eine EU-Charta notwendig geworden war, dann fällt eine zentrale Argumentationslinie auf: sie griff immer wieder auf die Formulierung »im gegenwärtigen Entwicklungsstand« zurück. Damit waren einerseits die großen Neuerungen gemeint, wie die Einführung des Euro oder die Gemeinsame Außen- und Sicherheitspolitik (GASP), aber

v. a. die Erweiterung: Die Diskussion um die Grundrechte in der EU stand – mittels des Kopenhagener-Kriteriums – in direktem Zusammenhang mit der Osterweiterung der Union. Die Osterweiterung wiederum verlangte – ob man nun will oder nicht – einerseits eine Reform, andererseits auch eine Definition des – nennen wir es – »großen Zieles«, das man erreichen will.

Verfechter einer minimalen Reform hätten während der Verhandlungen um eine EU-Grundrechtecharta am liebsten nur die vier Freiheiten des Binnenmarkts verbrieft gesehen, also den freien Personen-, Dienstleistungs-, Waren- und Kapitalverkehr. Wäre es hingegen nach den Befürwortern einer maximalen und tiefgreifenden Reform gegangen, hätte das Ziel des ersten Konvents nicht nur die Ausarbeitung einer Menschenrechtscharta sein sollen, sondern ein regelrechter Verfassungsentwurf für die zukünftige Europäische Union, wozu schließlich der zweite Konvent Ende 2001 beauftragt wurde.

Auch wenn sich zu Beginn der Arbeiten die Geister schieden, so hatte doch ein entscheidender Prozess eingesetzt: Als der Grundrechtekonvent im Januar 2000 seine Arbeit aufnahm, begann die EU ernsthaft einen Text auszuarbeiten, der einen detailliert aufgelisteten Katalog von Grund- und Freiheitsrechten enthalten sollte. Damit hatte die Konstitutionalisierung der Europäischen Union begonnen und die EU wandelte sich definitiv von einer Wirtschafts- und Interessengemeinschaft zu einer Wertegemeinschaft der europäischen Völker und Bürger.

Die Frage allerdings, welche Rolle dabei den europäischen Sprachminderheiten zukommen sollte, blieb weitestgehend unbeantwortet. Der Schutz traditionell ansässiger, autochthoner Minderheiten hat sich in den vergangenen Jahren zu einer der bedeutendsten und handlungsbedürftigsten Fragen für das Europa des 21. Jahrhunderts entwickelt. Die ganze Tragödie auf dem Balkan geht letzten Endes auf einen gewaltsamen Umgang mit Minderheiten und auf ein Ignorieren ihrer Rechte zurück.

Es war daher von Anfang an klar, dass auf die eine oder andere Weise den Anliegen traditionell ansässiger Minderheiten bei der Ausarbeitung einer EU-Grundrechtscharta Rechnung getragen werden musste. Obwohl die Bedeutung des Schutzes der Rechte der Minderheiten offensichtlich ist, konnte sich der Konvent, der mit der Ausarbeitung der Charta betraut war, nicht zu einer einheitlichen Position durchringen. Nach Ansicht einiger Mitglieder des Konvents sollte allein ein allgemeines Diskriminierungsverbot ausreichen. Gegen Ende der Verhandlungen zeichnete sich eine Abkehr von dieser Haltung ab. Immer mehr Mitglieder erkannten die Bedeutung der Thematik und sprachen sich für eine Verankerung von Minderheitenrechten aus. Vertreter Frankreichs, Griechenlands und Spaniens sträubten sich aber gegen dieses Vorhaben, v.a. gegen die Aufnahme des Wortes »Minderheit« in die Charta. Letzten Endes entschied sich der Konvent für eine Kompromissformel: In dem Bewusstsein, dass die europäische Integration auf gegenseitigem Respekt und auf Toleranz beruht, entschloss man sich in Artikel 21 einerseits für ein Diskriminierungsverbot, in Artikel 22 andererseits für ein klares Bekenntnis zur kulturellen, religiösen und sprachlichen Vielfalt Europas. Damit sollten sich auch autochthone Minderheiten identifizieren.

Artikel 21 Nichtdiskriminierung

Diskriminierungen insbesondere wegen des Geschlechts, der Rasse, der Hautfarbe, der ethnischen oder sozialen Herkunft, der genetischen Merkmale, der Sprache, der Religion oder der Weltanschauung, der politischen oder sonstigen Anschauung, der Zugehörigkeit zu einer nationalen Min-

derheit, des Vermögens, der Geburt, einer Behinderung, des Alters oder der sexuellen Ausrichtung, sind verboten.
Im Anwendungsbereich des Vertrags zur Gründung der Europäischen Gemeinschaft und des Vertrags über die Europäische Union ist unbeschadet der besonderen Bestimmungen dieser Verträge jede Diskriminierung aus Gründen der Staatsangehörigkeit verboten.

Artikel 22 Vielfalt der Kulturen, Religionen und Sprachen
Die Union achtet die Vielfalt der Kulturen, Religionen und Sprachen.[17]

In der Charta der Grundrechte ist zum ersten Mal in der Geschichte der EU die Gesamtheit der bürgerlichen, politischen, wirtschaftlichen und sozialen Rechte der europäischen Bürger sowie aller im Hoheitsgebiet der Union lebenden Personen in einem einzigen Text zusammengefasst. So erfolgreich die Arbeiten des Konvents auch waren, so war doch auch die geringe Sensibilität vieler Mitglieder für die Anliegen der Minderheiten ein großer Mangel. Mit dem Beschluss, keine Gruppenrechte in die Charta aufzunehmen, sondern sich allein Individualrechten zu widmen, hatte man Minderheitenrechten – ebenso wie den Rechten der Kirchen – bereits eine Absage erteilt. Das Bekenntnis zur Vielfalt – so wichtig es auch sein mag – ist doch letzten Endes ein schwacher Trost für die Minderheiten. Vor allem auch deshalb, weil sie zu den größten Befürwortern des europäischen Einigungsprozesses zählen, von dem sie nicht nur die Lösung zwischenstaatlicher Konflikte erhoffen, sondern sich auch einen konstruktiven Beitrag zu Minderheitenfragen erwarten.

Trotz des gelungenen Gesamtentwurfes konnte der Konvent in diesem Punkt den Erwartungen traditionell ansässiger Minderheiten nicht gerecht werden.

Der Grundrechtskatalog, welcher die unveräußerlichen Rechte der rund 500 Millionen EU-Bürger gegenüber der

Union festschreibt, ist in sieben Kapitel gegliedert und hat insgesamt 54 Artikel. Auf eine allgemeine Präambel, in der darauf hingewiesen wird, dass die Völker Europas entschlossen sind, auf der Grundlage gemeinsamer Werte eine friedliche Zukunft zu teilen, folgen die einzelnen Abschnitte.

Kapitel I handelt von der »Würde des Menschen« und verankert das Recht auf Leben, auf Unversehrtheit, das Verbot unmenschlicher oder erniedrigender Behandlung sowie der Zwangsarbeit (Artikel 1–5).

Kapitel II ist den Freiheiten gewidmet und enthält das Recht auf Sicherheit, die Achtung des Privat- und Familienlebens, den Schutz personenbezogener Daten, das Recht auf eine Ehe und eine Familie, die Gedanken-, Gewissens- und Religionsfreiheit, die Freiheit der Meinungsäußerung und der Informationsfreiheit, die Versammlungs- und Vereinigungsfreiheit, die Freiheit von Kunst und Wissenschaft, das Recht auf Bildung, die Berufsfreiheit und das Recht zu arbeiten, die unternehmerische Freiheit, das Eigentums- und das Asylrecht sowie den Schutz bei Abschiebung, Ausweisung und Auslieferung (Artikel 6–19).

Kapitel III betrifft das Thema Gleichheit. Dazu sind die Artikel zur Gleichheit vor dem Gesetz, zur Nichtdiskriminierung, zur Vielfalt der Kulturen, Religionen und Sprachen, zur Gleichheit von Männern und Frauen, zu den Rechten des Kindes und älterer Menschen und zur Integration von Menschen mit Behinderung zu zählen (Artikel 20–26).

Kapitel IV handelt von der Solidarität in der Union, wozu das Recht auf Unterrichtung und Anhörung der Arbeitnehmerinnen und Arbeitnehmer im Unternehmen zählt, ebenso wie das Recht auf Kollektivverhandlungen und Kollektivmaßnahmen, das Recht auf Zugang zu einem Arbeitsvermittlungsdienst, der Schutz bei ungerechtfertigter Entlassung, gerechte und angemessene Arbeitsbedingungen, das Verbot der Kinderarbeit und Schutz der Jugendlichen am Arbeitsplatz, ein Artikel zum Familien- und Berufsleben, die soziale Sicherheit und soziale Unterstützung, der Gesundheitsschutz, der Zugang zu Dienstleistungen von allgemeinem wirtschaftlichen Interesse, der Umweltschutz und der Verbraucherschutz (Artikel 27–38).

Kapitel V betrifft die Bürgerrechte und beinhaltet das aktive und passive Wahlrecht bei den Wahlen zum Europäischen Parlament, das aktive und passive Wahlrecht bei den Kommunalwahlen, das Recht auf eine gute Verwaltung, das Recht auf Zugang zu Dokumenten, den Bürgerbeauftragten, das Petitionsrecht, die Freizügigkeit und Aufenthaltsfreiheit sowie den diplomatischen und konsularischen Schutz (Artikel 39–46).

Den justiziellen Rechten ist Kapitel VI gewidmet, welches das Recht auf einen wirksamen Rechtsbehelf und ein unparteiisches Gericht beinhaltet, die Unschuldsvermutung und Verteidigungsrechte, Grundsätze der Gesetzmäßigkeit und der Verhältnismäßigkeit im Zusammenhang mit Straftaten und Strafen sowie das Recht, wegen derselben Straftat nicht zweimal strafrechtlich verfolgt oder bestraft zu werden (Artikel 47–50).

Kapitel VII schließlich trägt den Titel »Allgemeine Bestimmungen«. Darin sind der Anwendungsbereich der Charta, die Tragweite der garantierten Rechte, das Schutzniveau und das Verbot des Missbrauchs der Rechte verankert (Artikel 51–54).

Damit stellt die Charta, trotz der bereits genannten Mängel bezüglich des Minderheitenschutzes oder der Rechte der Kirchen, einen historischen und politisch ehrgeizigen Text dar. Daher war der zweite Konvent 2002/03 auch mit der Beantwortung der Frage betraut, wie die Charta einen rechtlich verbindlichen Status erlangen könnte. Inzwischen ist die Charta der Grundrechte auch rechtsverbindlich geworden und seither kann von der EU zu Recht von einer Wertegemeinschaft basierend auf den Menschenrechten gesprochen werden.

Joseph von Komlossy am Präsidiumstisch bei dem Treffen der Intergruppe am 12. Mai 2005

Tätigkeitsbericht von Dr. Michl EBNER MEP über die ergriffenen Initiativen im Rahmen der Ausarbeitung einer Grundrechtecharta der Europäischen Union im Bereich

»Minderheitenschutz im Grundrechtekatalog«

	Zeitraum	Tätigkeit
Vorarbeit	3./4.6.1999	■ Europäischer Rat von Köln: Beschluss des Europäischen Rates zur Erarbeitung einer Charta der Grundrechte der Europäischen Union.
	15./16.10.1999	■ Europäischer Rat von Tampere: Beschluss zur Zusammensetzung und zum Arbeitsverfahren des Gremiums. Fortsetzung der Recherche.
November		■ Beginn einer detaillierten Textsammlung zum Thema Grundrechte in der EU (dazu zählen u.a. der Bericht der Expertengruppe »Grundrechte« unter dem Vorsitz von Spiros Simitis *Die Grundrechte der Europäischen Union verbürgen, es ist Zeit zum Handeln*, 1999; Entwurf einer Verfassung der EU, 1994, Entwurf eines Vertrags zur Gründung der Europäischen Union, 1984.
		■ Schreiben an Bojan Brezigar
	29.11.1999	■ Schreiben an Präsident Romedi Arquint (FUEV)
		■ Schreiben an Landesrat Dr. Bruno Hosp
		■ Schreiben an Prof. Christoph Pan
Dezember	13.12.1999	■ Korrespondenz mit Bojan brezigar: z.K. Zusammensetzung und Arbeitsweise des *Konvents*.
		■ Korrespondenz mit Präsident Romedi Arquint (FUEV): z.K. Zusammensetzung und Arbeitsweise des *Konvents*.
		■ Korrespondenz mit Landesrat Dr. Bruno Hosp: z.K. Zusammensetzung und Arbeitsweise des *Konvents*.
		■ Korrespondenz mit Prof. Christoph Pan: z.K. Zusammensetzung und Arbeitsweise des *Konvents*.

Dezember		■ Korrespondenz mit Abg. Karel Smolle: z.K. Zusammensetzung und Arbeitsweise des *Konvents*. ■ Korrespondenz mit Mag. Rudi Vouk: z.K. Zusammensetzung und Arbeitsweise des *Konvents*. ■ Korrespondenz mit Dr. Siegfried Brugger: z.K. Zusammensetzung und Arbeitsweise des *Konvents*.
	17.12.1999	■ Erste Tagung des *Konvents*, der seine Tätigkeit aufnimmt. Die Entwicklung der Arbeit des Gremiums wird von Anfang an verfolgt. ■ Zugleich wird die Arbeit im EP des Ausschusses für konstitutionelle Fragen zum Thema *Erarbeitung einer Charta der Grundrechte der Europäischen Union* beobachtet.
Jänner	10.01.2000	■ Kontaktaufnahme mit dem Büro von MEP Iñigo Méndez de Vigo, stellvertretender Vorsitzender der Gruppe des Europäischen Parlaments. ■ Kontaktaufnahme mit dem Rat der Europäischen Union zwecks Beschaffung des ersten Sitzungsprotokolls. (fundamental.rights@consilium.eu.int)
	13.01.2000	■ Briefe an die sechs EVP-Mitglieder im Konvent (Méndez de Vigo, Cederschiöld, Cornillet, Friedrich, Kirkhope, Maij-Weggen).
	21.01.2000	■ Korrespondenz mit Bojan brezigar: z.K. Liste der Mitglieder. ■ Korrespondenz mit Präsident Romedi Arquint: z.K. Liste der Mitglieder. ■ Korrespondenz mit Landesrat Bruno Hosp: z.K. Liste der Mitglieder. ■ Korrespondenz mit Prof. Christoph Pan: z.K. Liste der Mitglieder. ■ Korrespondenz mit Abg. Karel Smolle: z.K. Liste der Mitglieder. ■ Korrespondenz mit Mag. Rudi Vouk: z.K. Liste der Mitglieder. ■ Korrespondenz mit Mag. M. Pipp: z.K. Liste der Mitglieder.

Jänner		■ Korrespondenz mit Dr. Siegfried Brugger: z.K. Liste der Mitglieder. ■ Korrespondenz mit Landeshauptmann Dr. Luis Durnwalder: z.K. Liste der Mitglieder.
Februar	16.02.2000	■ Beginn der Korrespondenz mit Bundespräsident a.D. Prof. Dr. Roman Herzog, Vorsitzender des *Konvents*. ■ An alle Mitglieder des *Konvents* geht ein Schreiben, in dem auf den Standpunkt des Europäischen Parlaments bezüglich Minderheitenschutz hingewiesen wird und die Mitglieder aufgefordert werden, sich der Thematik zu widmen. ■ Kontaktaufnahme mit Nationalratspräsident a.D. Dr. Heinrich Neisser, dem die Infrastruktur des Brüsseler Büros bei Bedarfsfall zur Verfügung gestellt wird.
	29.02.2000	■ Zwei Änderungsanträge im Rahmen des Ausschusses zum Bericht Duff/Voggenhuber über die Ausarbeitung einer Charta der Grundrechte der Europäischen Union eingebracht – ein Antrag wurde abgelehnt, einer für hinfällig erklärt.
	1./2. und 24./25.02.2000	■ Teilnahme von Dr. Markus Warasin, Mitarbeiter in Sachen Minderheitenschutz, an der II. und III. Sitzung des *Konvents*.
März	15.03.2000	■ Nachdem von Präs. Dr. Roman Herzog keine Antwort erhalten wurde, ergeht ihm ein weiteres Schreiben mit einer Kopie des Briefes vom Februar. ■ Artikel in der ZIS: *EU – Reichtum durch Vielfalt,* in dem auf die Bedeutung der kulturellen Vielfalt in der Union eingegangen wird. ■ Analyse des Texts der Gesellschaft für bedrohte Völker *Für eine pluralistische Union*. ■ Pressemitteilung: *Europaparlamentarier Michl Ebner fordert Minderheitenschutz* (erschienen u.a. in der Dolomiten vom 31. März 2000).

März		▪ Zwei weitere Pressemittelungen in englischer Sprache zu den Themen *Protection of the rights of national minorities – The Information Society offers new possibilities und The protection of the rights of national minorities and the draft charter of fundamental rights of the European Union.*
	16.03.2000	▪ Änderungsantrag gemeinsam mit Frau Morgan und Colom i Naval zum Bericht Duff/Voggenhuber im Rahmen der ersten Lesung im Plenum – wurde angenommen.
	17.03.2000	▪ Brief an den Präsidenten des Südtiroler Landtages Hermann Thaler zum Thema »Minderheitenschutz«.
	27.03.2000	▪ Brief an Frau Morgan (Vorsitzende der *Intergruppe Minderheiten* des EU-Parlaments) wegen gemeinsamer Initiative zum Minderheitenschutz.
		▪ Recherche bei der Europäischen Akademie im Zusammenhang mit Minderheitenschutz und Grundrechtecharta. Bezugspersonen: Gabriel Toggenburg und Günther Rautz.
		▪ Beschaffung von Informationsmaterialen zum Autonomiestatut und zur Südtirolautonomie in englischer Sprache für ungarische und rumänische Praktikanten im EP.
		▪ Kontaktaufnahme mit Herrn Bojan Brezigar wegen Liste minderheitenfreundlicher Volksvertreter.

April	3.04.2000	▪ Weiteres Schreiben an Präs. Dr. Roman Herzog.
	3./4.04.2000	▪ Teilnahme von Dr. Markus Warasin an der VII. Sitzung des *Konvents*. Erörterung eines ersten Vorschlags für Artikel zu sozialen Rechen.
		▪ Dossier Duff/Voggenhuber für Prof. Christoph Pan.
	14.04.2000	▪ Korrespondenz mit GfbV.
	17.04.2000	▪ Korrespondenz mit Präsident Romedi Arquint: z.K. EBLUL-Statement zur Grundrechtecharta.
		▪ Korrespondenz mit Landesrat Dr. Bruno Hosp: z.K. EBLUL-Statement zur Grundrechtecharta.

April		■ Korrespondenz mit Prof. Christoph Pan: z.K. EBLUL-Statement zur Grundrechtecharta.
		■ Korrespondenz mit Mag. M. Pipp: z.K. EBLUL-Statement zur Grundrechtecharta.
	18.04.2000	■ Einlangen der Stellungnahme von Prof. Pan zum EBLUL-Vorschlag.
	19.04.2000	■ Einlangen der Stellungnahme der FUEV zum EBLUL-Vorschlag.
	25.04.2000	■ Brief an MEP Frau Eluned Morgan wegen gemeinsamer Initiative zum Minderheitenschutz.
		■ Mehrere persönliche und telefonische Gespräche mit MEP Herrn Bernd Posselt.
	26.04.2000	■ Stellungnahme der Eurac zum Minderheitenschutz von Herrn Gabriel Toggenburg.
		■ Schreiben von Herrn Andreas Selmeci, der sich dafür bedankt, dass die GfbV das Büro in Brüssel benutzen durfte.
		■ Artikel für den Kurier *Die Konstitutionalisierung der EU*
		■ Artikel für die Franziskanerzeitung *Signum* zum Thema *Grundrechte in der EU*
		■ Kurzes Gespräch mit Präsident Herzog zum Thema.

Mai	2.05.2000	■ Ausführliches Schreiben von der GfbV (2. Reaktion auf EBLUL-Vorschlag)
	3./4.05.2000	■ Teilnahme von Dr. Markus Warasin an der IX. Sitzung des *Konvents*. Fortsetzung der Beratungen über soziale Rechte und Beginn der Beratungen über horizontale Fragen (Anwendungsbereich, Einschränkungen, etc.)
	3.05.2000	■ Gespräch mit Prof. Neisser.
	15.05.2000	■ Brief an alle Mitglieder des Konvents (in vier Sprachen) sowie Übermittlung des Buches von Univ.-Prof. Dr. Christoph Pan mit dem Titel *Die Volksgruppen in Europa – ein Handbuch.*
		■ Dritter Brief an den Vorsitzenden des *Konvents* Dr. Roman Herzog.

Mai		■ Brief an Herrn Selmeci, in dem wir uns für die deutschen und englischen Exemplare der schriftlichen Stellungnahme der GfbV International zur Anhörung durch den Grundrechte-Konvent bedanken.
	19.05.2000	■ Dr. Neisser überreicht einen ersten Entwurf der Charta (Artikel 31–50, politische und soziale Rechte).
	23.05.2000	■ Brief an Herrn Bojan Brezigar (z.K. FUEV).
		■ Brief an die SVP-Abgeordneten in der italienischen Abgeordnetenkammer und im italienischen Senat über *Minderheitenschutz im Rahmen der Charta der Grundrechte für die EU*. Bitte zum Intervenieren bei italienischen Mitgliedern des Konvents.
		■ Brief an MEP Eluned Morgan über *The protection of minorities within the draft Charter of fundamental rights of the European Union*.
	26.05.2000	■ Mehrmalige Kontaktaufnahme mit Herrn Bojan Brezigar wegen Liste minderheitenfreundlicher Volksvertreter.
	31.05.2000	■ Brief an alle Mitglieder des Konvents (in vier Sprachen), in dem nochmals auf die zentrale Bedeutung des Minderheitenschutzes im heutigen Europa hingewiesen wird.
		■ Mehrfaches Urgieren bei MEP Herrn Bernd Posselt. Dieser teilt mit: • Schreiben an Präsident Dr. Roman Herzog (will mit ihm auch persönlich sprechen); • schriftliche und mündliche Kontaktaufnahme mit MEP Herrn Ingo Friedrich; • Kontaktaufnahme mit der Bundestagsfraktion CDU/CSU; • will sich auch mit Ministerpräsident Edmund Stoiber treffen, damit die bayrische Staatskanzlei aktiv wird.

Juni		■ Verfassungsvergleich der EU-Mitgliedstaaten bezüglich Minderheitenschutz.
	5./6.06.2000	■ Teilnahme von Dr. Markus Warasin an der X. Sitzung des *Konvents*.

Juni		■ Dr. Neisser ist aktiv geworden und hat mit mehreren Mitgliedern sowie mit dem Präsidenten Dr. Roman Herzog gesprochen. ■ Artikel für den Kurier zum Thema *Die Bedeutung der EU-Grundrechtecharta für den Minderheitenschutz in Europa.* ■ Artikel für die ZIS Minderheitenschutz – Eine Frage der europäischen politischen Kultur.
	16.06.2000	■ Vortrag vor dem Landesverband Hessen der Paneuropa-Jugend Deutschland e.V. zum Thema *Entwicklungen eines Europäischen Volksgruppenrechts: Beitrag und Erwartung Südtirols.*
	13./15.06.2000	■ Strassburg-Woche: Gespräche mit den Abgeordneten Paciotti, Friedrich, Grosch, Rack, Posselt sowie Teilnahme an der Intergruppe *Minderheiten*.
	17.06.2000	■ Telefonat mit Büro des Landeshauptsmanns: Nachfrage, ob er bereits in der Angelegenheit tätig geworden ist.
	19.06.2000	■ Korrespondenz mit den Abgeordneten Grosch, Ferrer, Morgan und Fraga, mit der Aufforderung, die jeweiligen Regionalpräsidenten zu animieren, damit diese die Konventsmitglieder für das Thema sensibilisieren. ■ Kontaktaufnahme mit Hochkommissar für Minderheiten, Max van der Stoel sowie mit Erhard Busek.
	28.–30.06.2000	■ Teilnahme von Dr. Markus Warasin an der XII. Sitzung des *Konvents*.
Juli	10./11. & 17.–19.07.2000	■ Teilnahme von Dr. Markus Warasin an der XIII. und XIV. Sitzung des *Konvents*.
	24.07.2000	■ Brief an Max van der Stoel, Hoher Kommissar für Nationale Minderheiten der OSZE.
August	7.08.2000	■ Briefe mit erneuter Aufforderung um Unterstützung für Minderheitenrechte an Bundeskanzler Schüssel, Bundeskanzler Schröder, an Premier Juncker, Ministerpräsidenten Amato sowie an die Mitglieder Rodotà, Dehousse, Altmaier, Friedrich,

August		Griffith, Einem, Holubek, Barros Moura, Azevedo, Rack, Voggenhuber, Bonde und Brauneder. Brief an die österreichische Außenministerin Frau Benita Ferrero-Waldner.
		■ Zweimaliger Kontakt mit Herrn Ingo Friedrich (MEP); Präsident Herzog soll auch über Ministerpräsident Stoiber für den Minderheitenschutz sensibilisiert werden.
	28.08.2000	■ Treffen mit Herrn Méndez de Vigo (MEP). Dieser wird sich als Vorsitzender der Delegation der Europaparlamentarier im Konvent für den Minderheitenschutz engagieren.
	28. und 30.08.	■ Nach Kontaktaufnahme am 27. Juli mit Herrn Otto von Dellemann (Kolpingwerk Südtirol), weitere Korrespondenz, damit das Internationale Kolpingwerk in Sachen Minderheitenschutz beim Konvent tätig wird.
		■ Brief an Herrn Frick, Koordinator der Arbeitsgruppe der Vereine für Ortsnamenregelung, wegen Ortsnamenregelung und Minderheitenschutz in der Charta.

September		■ Zweimaliger Kontakt mit Herrn Ingo Friedrich (MEP); Präsident Herzog soll auch über Ministerpräsident Stoiber für den Minderheitenschutz sensibilisiert werden.
	11./12.09.2000	■ Teilnahme von Dr. Markus Warasin an der XIV. Sitzung des Konvents.
	14.09.2000	■ Erarbeitung einer Erklärung für das Internationale Kolpingwerk zum Schutz der Rechte autochthoner Minderheiten und Übermittlung an Herr von Dellemann.
	18.09.2000	■ Brief an Präsidenten Romano Prodi zur Unterstützung des Minderheitenschutzes von Seiten der Kommission im Konvent.
		■ Antwortschreiben an Herrn Brauneder, stellvertretendes Mitglied im Konvent.

September		■ Brief an Herrn G. Jansson, Vorsitzender der Delegation der Mitglieder der nationalen Parlamente im Konvent. ■ Brief an Herrn H. Neisser, österreichischer Regierungsvertreter im Konvent.
Oktober	10.10.2000	■ Serie von Zeitungsartikeln zur Entstehung und Bedeutung einer EU-Grundrechtscharta • Die Menschenrechte: Ein zivilisatorischer Maßstab auf internationaler Ebene • Der europäische Menschenrechtsraum • Menschenrechte in der Europäischen Union • Die Frage der Grundrechte im Zusammenhang mit der Erweiterung der EU • Der Entwurf einer Charta der Grundrechte der Europäischen Union • Die Konstitutionalisierung der Europäischen Union • Minderheitenschutz • Der Grundrechtskatalog
	20.10.2000	■ Brief an den Koordinator der Arbeitsgruppe der Vereine für Ortsnamenregelung, Herrn Dr. Bruno Frick.

Liste von Personen mit denen u. a. in Sachen Grundrechtecharta ein oder mehrere persönliche Gespräche bzw. Treffen stattgefunden haben:

Mitglieder des Konvents:

a) Miglieder des Europäischen Parlaments

- MdEP Méndez DE VIGO (Stellvertr. Vorsitzender des Konvents zur Grundrechtecharta)
- MdEP Charlotte CEDERSCHIÖLD
- MdEP Ingo FRIEDRICH
- MdEP Hanja MAIJ-WEGGEN
- On. Elena PACIOTTI
- On. Rocco BUTTIGLIONE
- MdEP Konstantinos HATZIDAKIS
- MdEP Peter MOMBAUR
- MdEP Reinhard RACK

b) Vertreter der nationalen Parlamente

- On. Andrea MANZELLA
- Ehem. Min. Harald OFNER
- Abg. Willi BRAUNEDER

c) Vertreter der Regierungen

- BPräs.a.D. Roman HERZOG (Vorsitzender des Konvents)
- NRatsabg. Heinrich NEISSER
- On. Stefano RODOTÀ

d) Vertreter der EU-Kommission

- Antonio VITTORINO (Kommissar)

e) Europäischer Gerichtshof

- Dr. Siegbert ALBER (Europäischer Gerichtshof)

Andere:

- Präsident der EU-Kommission Romano Prodi
- MdEP Eluned MORGAN (Vorsitzende der *Intergruppe Regional- und Minderheitensprachen*)
- MdEP Koldo GOROSTIAGA (Mitglied der *Intergruppe Regional- und Minderheitensprachen*)
- Bojan BREZIGAR (Präsident des *Büros für Weniger Verbreitete Sprachen* – EBLUL)

7 Minderheiten und die EU-Erweiterung

Im Juni 1993 beschloss der Europäische Rat in Kopenhagen, dass die assoziierten Länder Mittel- und Osteuropas (MOEL[18]) Mitglieder der europäischen Union werden können. Ein eventueller Beitritt sollte an die folgenden Kriterien gebunden sein:

> Als Voraussetzung für die Mitgliedschaft muss der Beitrittskandidat
>
> - eine institutionelle Stabilität als Garantie für demokratische und rechtsstaatliche Ordnung, für die Wahrung der Menschenrechte sowie die Achtung und den Schutz von Minderheiten verwirklicht haben;
> - sie erfordert ferner eine funktionsfähige Marktwirtschaft sowie die Fähigkeit, dem Wettbewerbsdruck und den Marktkräften innerhalb der Union standzuhalten;
> - die Mitgliedschaft setzt ferner voraus, dass die einzelnen Beitrittskandidaten die aus einer Mitgliedschaft erwachsenden Verpflichtungen übernehmen und sich auch die Ziele der politischen Union sowie der Wirtschafts- und Währungsunion zu eigen machen können.[19]

Die Kriterien für den Beitritt betrafen demnach eine institutionelle Stabilität, demokratische und rechtsstaatliche Ordnung, die Wahrung der Menschenrechte und Minderheitenschutz – also die sogenannte politisch-menschenrechtliche Dimension; eine funktionsfähige Marktwirtschaft und wirtschaftliche Reife – d. h. die wirtschaftliche Dimension; und schließlich die Übernahme des rechtlichen Besitzstandes der EU sowie ihrer Ziele – eine rechtliche und prozedurale Dimension.

Nachdem die Länder Mittel- und Osteuropas mit der Europäischen Union sogenannte »Europa-Abkommen« unterzeichnet hatten, stellten sie den Antrag auf den Beitritt.

Darüber hinaus waren neben den zehn mittel- und osteuropäischen Staaten auch Zypern und Malta an den Beitrittsverhandlungen beteiligt.

Die Beitrittskandidaten und die EU

Land	Europa-Abkommen bzw. Assoziationsabkommen (Zypern, Malta, Türkei)	Beitrittsantrag	Beitritt
Bulgarien	März 1993	14.12.1995	01.01.2007
Estland	Juni 1995	24.11.1995	01.05.2004
Ungarn	Dezember 1991	31.03.1994	01.05.2004
Lettland	Juni 1995	13.10.1995	01.05.2004
Litauen	Juni 1995	08.12.1995	01.05.2004
Malta	April 1971	Juli 1990	01.05.2004
Polen	Dezember 1991	05.04.1994	01.05.2004
Tschechische Rep.	Oktober 1993	17.01.1996	01.05.2004
Rumänien	Februar 1993	22.06.1995	01.01.2007
Tschechoslowakei	Dezember 1991		
Slowakei	Oktober 1993	27.06.1995	01.05.2004
Slowenien	Juni 1996	10.06.1996	01.05.2004
Türkei	Dezember 1964	April 1987	noch offen
Zypern	Juni 1973	Juli 1990	01.05.2004
Kroatien	Oktober 2001	Februar 2003	2005
Mazedonien	noch offen	März 2004	noch offen
Türkei	1963	1987	noch offen

Im Dezember 1995 beschloss der Europäische Rat auf seiner Tagung in Madrid, die Beitrittsverhandlungen sechs Monate nach Abschluss der für das Jahr 1996 vorgesehenen Regierungskonferenz zu beginnen. Die Europäische Kommission wurde hingegen aufgefordert, regelmäßig Stellungnahmen zu den einzelnen Beitrittsanträgen auszuarbeiten.

Selbstverständlich spielte auch das Europäische Parlament, als das einzige direkt legitimierte politische EU-Gremium, eine aktive Rolle in diesem Prozess. In seiner Entschließung zur »Agenda 2000«, einem umfassenden Orientierungspaket der EU-Kommission von 1997, war das EP der Auffassung,

> dass alle Beitrittskandidaten, die das in Kopenhagen festgesetzte Kriterium einer gefestigten demokratischen Ordnung, der Wahrung der Menschenrechte und des Schutzes von Minderheiten derzeit erfüllen, das Recht haben, zur gleichen Zeit den verstärkten Beitritts- und Verhandlungsprozess aufzunehmen, dass aber die Intensität der Verhandlungen und der Zeitplan für ihren Abschluss davon abhängen, inwieweit jedes beitrittswillige Land die Voraussetzungen für den Beitritt erfüllt.[20]

Einem Beitritt um jeden Preis wurde damit eine klare Absage erteilt. Politische Skonti sollte es keine geben, denn sie hätten den gesamten Integrationsprozess gefährden können. Im Hinblick auf die Beitrittsvorbereitung maß dabei das EP insbesondere nachstehenden Bereichen große Bedeutung bei:

- Ratifizierung und Durchführung von Rechtsnormen im Bereich der Menschenrechte,
- rechtliche Verantwortlichkeit von Polizei, Militär und Geheimdiensten,
- Achtung der Rechte von Minderheiten,
- Recht auf freie Meinungsäußerung und Freiheit der Medien,
- Abschaffung der Todesstrafe, wo diese noch existiert,
- Abschaffung von Folter und Misshandlung;

- Anerkennung des Grundsatzes der Wehrdienstverweigerung aus Gewissensgründen,
- Anerkennung und Förderung des gemeinnützigen Sektors als wichtiger Partner bei der Aufgabe, die Achtung der Menschenrechte ständig zu verbessern.

Anders als die EU-Kommission oder der Europäische Rat legte somit das Europäische Parlament vorwiegend Wert auf die menschenrechtliche Dimension des Erweiterungsprozesses, der unmissverständlich auch den Minderheitenschutz mit einschloss.

Somit betrifft die politisch-menschenrechtliche Dimension der Beitrittskriterien auch die Achtung und den Schutz von Minderheiten. Die Integration von Minderheiten ist vor allem in Mittel- und Osteuropa ein wichtiger Aspekt für den Konsolidierungserfolg der dortigen Transformationsgesellschaften. Es handelt sich hierbei – anders als in den meisten westeuropäischen Minderheitensituation – nicht nur um die Anerkennung kultureller Vielfalt, sondern das Minderheitenproblem stellt in manchen mittel- und osteuropäischen Beitrittsländern vor allem auch ein erhebliches sicherheitspolitisches Risiko dar. Dies wurde vor allem mit dem Ausbruch der Jugoslawienkrise und dem Zusammenbruch der ehemaligen Sowjetunion deutlich. Die EU tat somit gut daran, dieser Thematik ihre Aufmerksamkeit zu widmen und den Erweiterungsprozess nicht allein auf wirtschaftliche Fragenkomplexe zu reduzieren.

In vielen damals beitrittswilligen Ländern und heutigen Mitgliedstaaten leben Minderheiten, deren befriedigende Eingliederung in die Gesellschaft eine Voraussetzung für demokratische Stabilität ist. Das Rahmenübereinkommen zum Schutz nationaler Minderheiten des Europarats schützt dabei die individuellen Rechte von Personen, die Minderheitsgruppen angehören. Es ist weitgehend dem Druck der EU zu verdanken, wenn zwischen 1995 und 1997 alle Beitrittskandidaten diese Rahmenkonvention unterzeichnet, und wenn alle Beitrittskandidaten außer Lettland die Konvention zwischen 1995 und 2003 ratifiziert haben.

Wer die Situation in den Beitrittskandidaten unter die Lupe nimmt sieht, dass die Minderheitensituationen von Land zu Land recht unterschiedlich sind. So gibt es beispielsweise eine Ländergruppe, in der der Anteil der Bevölkerung, der sich mit der Titularnation identifiziert, bei 92 Prozent oder höher liegt. Zu dieser Gruppe zählen die Tschechische Republik, Polen, Ungarn und Slowenien. Auf der anderen Seite gibt es eine Ländergruppe, die teilweise weiterhin ethnischem Stammesdenken und partikularistischen Interessen verhaftet geblieben ist und somit mit kultureller Vielfalt wenig anzufangen weiß; andererseits allerdings in politischer oder ökonomischer Hinsicht doch gute Konsolidierungserfolge aufzuweisen haben. Dazu gehören die baltischen Republiken, die Slowakei, Rumänien und Bulgarien.

Trotz dieser Einteilung leben aber in allen Ländern Mittel- und Osteuropas Minderheiten, deren Eingliederung in die Gesellschaft eine Voraussetzung für die gesellschaftliche Stabilität ist. In Estland etwa machen sie 38 Prozent (davon 30% Russen) der Bevölkerung aus, in Lettland 44 Prozent (davon 34% Russen), in Litauen 20 Prozent (davon 9% Russen und 7% Polen), in Polen 1,3 Prozent (davon 400.000 Deutsche, 300.000 Ukrainer und 250.000 Russen), in der Slowakei 18 Prozent (davon 11% Ungarn und 5% Roma), in Ungarn 6 Prozent (davon 4 bis 5% Roma), in Rumänien 13 Prozent (davon 8% Ungarn und 4% Roma) und in Bulgarien 14 Prozent (davon 9% Türken und 5% Roma).

Es nimmt daher nicht Wunder, wenn sich das Europäische Parlament über Jahre hinweg immer wieder aufmerksam den Minderheiten und Minderheitensprachen Europas gewidmet hat. Diese Haltung behielt es auch bei der größten EU-Erweiterungrunde – der sogenannten Osterweiterung – bei. Von den zahlreichen Initiativen (Resolutionen, schriftlichen Anfragen an Rat und EU-Kommission) sei an diesem Punkt stellvertretend auf die parlamentarische Anfrage der bundesdeutschen Europaparlamentarierin Feleknas Uca von der Konföderalen Fraktion der Vereinigten Europäischen Linken/Nordische Grüne Linke verwiesen. Am 27. Februar 2002 stellte sie an die Europäische Kommission zum Thema »Kulturelle und sprachliche Recht von Minderheiten in den EU-Beitrittsländern« folgende Frage:

> Eine Bedingung für die demokratische Stabilität ist die Integration von ethnischen und religiösen Minderheiten in die Gesellschaft. Von diesem Ziel sind einige EU-Beitrittsländer noch entfernt, wie z. B. die Türkei, die den ethnischen und religiösen Minderheiten keine Rechte gewährt.
>
> - Das Rahmenübereinkommen des Europarates zum Schutz nationaler Minderheiten soll die individuellen Rechte von Angehörigen von Minderheitengruppierungen feststellen. Welche EU-Beitrittskandidaten haben dieses Rahmenabkommen ratifiziert und umgesetzt?
> - Wie schätzt die Kommission die Lage der ethnischen und religiösen Minderheiten in den EU-Beitrittsländern ein?
> - Werden die kulturellen Rechte der Minderheiten in den EU-Beitrittsländern gewährt? Wird das Recht auf muttersprachlichen Unterricht im Erziehungswesen der Beitrittskandidaten berücksichtigt?
> - Sind die Umsetzung der Rahmenkonvention zum Schutz nationaler Minderheiten und die Europäische Charta zum Schutz von Regional- und Minderheitensprachen ein Maßstab für die Beitrittsverhandlungen?[21]

Im Namen der EU-Kommission antwortete Kommissar Günther Verheugen, zuständiges Kommissionsmitglied für

Erweiterungsfragen, am 30. April 2002 auf die Fragen der Europaparlamentarierin wie folgt:

Günther Verheugen

Zu den politischen Kriterien von Kopenhagen gehören die »Achtung und der Schutz von Minderheiten«. Der Europäische Rat erinnerte auf seiner Tagung in Luxemburg am 12. und 13. Dezember 1997 daran, dass die Erfüllung der am 21. und 22. Juni 1993 in Kopenhagen festgelegten politischen Kriterien eine Voraussetzung für die Aufnahme von Beitrittsverhandlungen darstellt.

Bei der Bewertung der von den Beitrittskandidaten bezüglich dieser Kriterien gemachten Fortschritte legt die Kommission besonderen Wert auf die Achtung und Umsetzung der verschiedenen in der Rahmenkonvention des Europarats zum Schutz nationaler Minderheiten festgelegten Prinzipien. Mit Ausnahme von Lettland und der Türkei haben alle Beitrittskandidaten diese Konvention ratifiziert. Es sei angemerkt, dass noch nicht alle Mitgliedstaaten die Konvention ratifiziert haben.

Die Kommission bewertet die Fortschritte, die die Kandidatenländer bei der Erfüllung der Kriterien von Kopenhagen machen, seit 1997: zunächst in den Stellungnahmen von 1997, seitdem in den Regelmäßigen Berichten. Im November 2001 kam die Kommission in ihrem »Strategiepapier«[22] zu folgendem Schluss: »Die politischen Kriterien von Kopenhagen werden von allen Bewerberländern, mit denen derzeit Verhandlungen geführt werden, erfüllt. Die Türkei erfüllt diese Kriterien noch nicht.«

Die regelmäßige Beurteilung der von den Beitrittskandidaten bei der Erfüllung der politischen Kriterien von Kopenhagen gemachten Fortschritte hat zu positiven Entwicklungen in allen Kandidatenländern geführt, auch in Bezug auf die Achtung der Rechte von Minderheiten und den Schutz von Minderheiten. Estland und Lettland beispielsweise sind bei der Integration von Nichtstaatsangehörigen weiter vorangekommen und erfüllen die Empfehlungen der Organisation für Sicherheit und Zusammenarbeit in Europa (OSZE) bezüglich Staatsbürgerschaft und Einbürgerung; es ist jedoch darauf zu achten, dass bei der Umsetzung der bestehenden Sprachgesetzgebung alle internationalen Standards beachtet werden. Außerdem wird von Lettland erwartet, die Wahlgesetzgebung im Jahr 2002 den internationalen Standards anzupassen. Rumänien hat neue Rechtsvorschriften angenommen, mit denen der Gebrauch von Minderheitensprachen ausgeweitet wird, und in der Slowakei wurden bedeutende Anstrengungen unternommen, um die Rechte von Minderheiten stärker zu schützen.

Was die Roma-Bevölkerung angeht, so ist ihre Diskriminierung in zahlreichen Kandidatenländern noch immer weit verbreitet, und ihre Lebensumstände sind weiterhin schwierig. Gleichzeitig geben jedoch einige Entwicklungen Anlass zur Zuversicht: In allen Kandidatenländern, in denen die Roma einen nennenswerten Anteil der Bevölkerung stellen, wurden nationale Aktionspläne aufgestellt, um die Schwierigkeiten anzugehen, und manche Länder haben das dafür zur Verfügung stehende Budget aufgestockt. Auch die PHARE-Mittel in diesem Bereich sind beträchtlich erhöht worden.

Die Rechte religiöser Minderheiten werden in den Bewerberländern, mit denen Verhandlungen geführt werden, weitgehend geachtet, und die Regierungen schränken die Glaubensfreiheit nicht ein. In einigen Fällen stehen neue Rechtsvorschriften zu den Konfessionen noch aus.

Im Rahmen des Bildungssystems in diesen zwölf Beitrittsländern wird auch weitgehend Unterricht in den Minderheitensprachen erteilt – in Estland zum Beispiel sieht das Grund- und Sekundarschulgesetz auch weiterhin Unterricht in russischer Sprache vor. Lettland unterstützt als Unterrichtssprachen sowohl Lettisch als auch Russisch und acht andere Minderheitensprachen und setzt auf Grundschulebene ein zweisprachiges Unterrichtsprogramm um, das letztendlich zur Verwendung von Lettisch auf Sekundarschulebene führen soll. Weitere Beispiele sind Rumänien, wo zurzeit 5 Prozent der Bildungseinrichtungen in einer Minderheitensprache unterrichten, und die Slowakei, die im Juni 2001 die Europäische Charta der Regional- und Minderheitensprachen ratifiziert hat.

Die EU-Kommission ging in ihrer Antwort zwar ausführlich auf einige Aspekte der Frage der EU-Abgeordneten ein, dennoch ignorierte sie völlig den letzten Teil der Frage, nämlich inwieweit die Umsetzung der Rahmenkonvention zum Schutz nationaler Minderheiten und die Europäische Charta zum Schutz von Regional- und Minderheitensprachen ein Maßstab für die Beitrittsverhandlungen sind. Da diese beiden Dokumente die einzigen Rechtsinstrumente des Europarats sind, die ausdrücklich den Volksgruppenschutz sowie den Schutz und die Förderung des reichen sprachlichen Erbes der Regional- und Minderheitensprachen beinhalten, sollten sie auch zweifelsohne als Maßstab dienen. Warum dem jedoch bedauerlicherweise nicht so war, verrät eine Randbemerkung des Kommissars am Ende des zweiten Absatzes:

> Es sei angemerkt, dass noch nicht alle Mitgliedstaaten die Konvention ratifiziert haben.

Die EU-Kommission konnte schwerlich von den Beitrittskandidaten die Einhaltung jener menschenrechtlichen und sprachrechtlichen Standards des Europarats einfordern, die noch nicht von allen EU-Mitgliedstaaten ratifiziert und umgesetzt wurden. Da der Minderheitenschutz aber dennoch als Kriterium für den Beitritt vorgegeben war, wurde offensichtlich von den Beitrittskandidaten mehr erwartet als von den Mitgliedern. Eine solche undurchsichtige Vorgehensweise war nicht in Ordnung und ich hatte diesen Umstand wiederholt bei zahlreichen Gelegenheiten angeprangert!

Als problematisch ist darüber hinaus auch die Tatsache zu erachten, dass nach dem EU-Beitritt keine regelmäßigen Berichte mehr zu den Fortschritten der Beitrittskandidaten publiziert werden. Der Beitritt ist vollzogen, die Berichte scheinen sich folglich zu erübrigen. Dennoch stellten aber die Berichte das einzige Mittel zur Kontrolle dar. Die ehemalige Situation der »kontrollierten Kandidatur« wurde durch eine »unkontrollierten Mitgliedschaft« ersetzt; ein Umstand, der baldmöglichst überdacht werden sollte.

Denn es ist einerseits politisch nicht zumutbar, dass die Bürger Europas einem Erweiterungsprojekt zustimmen und dieses unterstützen, wenn die Folge davon ein rechtsfreier oder rechtsverwässerter Raum wird. Andererseits ist eine derartig unsensible Vorgehensweise auch rechtlich fragwürdig: Unsere relativ hohen aber durchaus noch ausbaufähigen menschenrechtlichen Standards können nicht einfach einem übereilten und nur technisch begriffenen Erweiterungsprozess Platz machen. Es wäre durchaus sinnvoll, wenn in diesem Zusammenhang auf den Kontrollmechanismus des Europarats zurückgriffen werden könnte. Der Europarat verfasst bekanntlich regelmäßige Berichte zu den erzielten Fortschritten bei der Umsetzung der Minderheiten-Rahmenkonvention und der Sprachencharta. Diese Berichte könnten beispielsweise auch an die EU-Institutionen zur Kenntnis weitergeleitet werden, wobei sich anschließend der Menschenrechtsausschuss des Europäischen Parlaments damit befassen könnte. Damit wäre wenigstens ein Mindestmaß an Transparenz erlangt.

Dr. Ebner, Co-Präsident der Intergruppe Minderheiten, Philip Blair, Leiter des zuständigen Sekretariats des Europarates für Regional und Minderheitensprachen und sein Mitarbeiter Antonio Bultrimi (v.r.n.l) im Europäischen Parlament in Straßburg.

8 Minderheiten und Demokratie: Die Minderheitenfrage als demokratischer Gradmesser in Europa

Minderheitenschutz ist Teil der Menschenrechte und die Menschenrechte sind wiederum Fundament und kritischer Maßstab der Demokratie. Demokratische Systeme bauen auf die Wahrung der Menschenrechte auf, wobei die Menschenrechte auch Auskunft geben über den Demokratisierungsgrad des jeweiligen politischen Systems. In keinem Teil der Welt ist der Schutz der Menschenrechte einem derartig entwickelten Regelsystem unterworfen wie in Europa. Die Minderheitenfrage ist für unseren Kontinent daher zweifelsohne ein demokratischer Gradmesser, ein Prüfstein dessen, was wir allgemein als das demokratische Europa bezeichnen.

Ein Blick auf eine ethnographische Karte Europas genügt, um sich davon überzeugen zu können, dass es kaum ein Land ohne nationale Minderheiten gibt. Darüber hinaus gibt es auch kein Land, in dem es in der Gegenwart oder in der Vergangenheit nicht zu erheblichen und schwerwiegenden Auseinandersetzungen zwischen einer Mehrheit und einer Minderheit gekommen ist. Während autoritäre oder totalitäre Regime in der Vergangenheit oftmals versuchten, die kulturelle Vielfalt innerhalb der nationalen Grenzen zugunsten einer Einheitskultur zu beseitigen, haben nur rudimentär entwickelte demokratische Systeme oftmals darauf abgezielt, Minderheiten zu kontrollieren und sie systematisch von der Partizipation und der Teilhabe von politischer und ökonomischer Macht auszuschließen. Viele Demokratien in Europa müssen sich daher vorwerfen lassen, dass ihr Umgang mit Minderheiten in der Vergangenheit oder gegenwärtig mehr als nicht menschenrechtskonform war bzw. ist.

Minderheiten/Volksgruppen in Europa[23]

I. Volksgruppen und Minderheiten in der EU-27						
Staaten		Jahr	Einwohner	Titular-Nation %	Volksg./ Mind.	Angehör.
1.	Belgien	2001	10.263.414	keine	4	9.159.109
2.	Bulgarien	2001	7.928.901	81,1	12	1.368.812
3.	Dänemark	2000	5.330.020	95,1	4	123.024
4.	Deutschland	2004	82.500.800	90,9	4	214.000
5.	Estland	2000	1.370.052	66,5	12	416.964
6.	Finnland	2000	5.181.000	92,4	6	345.286
7.	Frankreich	1999	58.518.395	85,8	8	5.026.000
8.	Griechenland	2001	10.939.771	97,4	7	229.000
9.	Irland	2002	3.917.203	99,4	1	23.681
10.	Italien	2001	56.305.000	93,9	12	3.428.100
11.	Lettland	2000	2.456.264	55,8	11	985.024
12.	Litauen	2001	3.483.972	83,5	10	539.143
13.	Luxemburg	2001	439.764	99,4	1	2.500
14.	Malta	2004	401.000	96,0	0	0
15.	Niederlande	2001	15.987.075	92,6	3	520.000
16.	Österreich	2001	8.032.926	87,0	6	172.000
17.	Polen	2002	38.230.000	96,7	13	1.246.400
18.	Portugal	2001	10.355.824	98,8	3	122.000
19.	Rumänien	2002	21.680.974	89,3	18	2.307.786
20.	Schweden	2000	8.882.792	86,5	4	606.000
21.	Slowakei	2001	5.379.455	85,8	11	704.315
22.	Slowenien	2002	1.964.036	83,1	4	12.427
23.	Spanien	2001	40.847.371	70,6	6	9.005.272
24.	Tschechien	2001	10.292.933	89,9	11	357.237
25.	Ungarn	2001	10.174.000	89,2	13	1.096.000
26.	Verein. Königreich	2001	58.789.194	98,5	6	883.300
27.	Zypern	2001	1.023.044	74,9	1	256.644
EU-27			**480.675.180**		**191**	**39.150.024**

II. Volksgruppen und Minderheiten im restlichen Europa						
1.	Albanien	2001	3.069.275	95,7	5	132.000
2.	Andorra	2005	81.222		0	0
3.	Bosnien-Herzegowina	2001	3.364.825	keine	6	3.322.963
4.	Island	2008	313.376	96,5	0	0
5.	Kosovo	2000	2.000.000	88,0	7	260.000
6.	Kroatien	2001	4.437.460	89,6	13	331.383
7.	Liechtenstein	2006	35.168		0	0
8.	Mazedonien	2002	2.022.547	64,2	6	703.573
9.	Moldawien	2004	3.388.071	78,2	9	738.594
10.	Monaco	2006	32.000		0	0
11.	Montenegro	2003	622.000	43,2	6	304.987
12.	Norwegen	2001	4.523.861	93,9	4	86.000
13.	Russland (Europ.Teil)	2002	102.642.400	77,1	45	23.566.947
14.	San Marino	2007	30.726		0	0
15.	Schweiz	2000	7.288.010	keine	6	6.661.471
16.	Serbien	2003	7.498.001	82,8	11	888.651
17.	Türkei	2000	67.844.900	89,1	14	7.383.000
18.	Ukraine	2001	48.457.000	77,5	23	10.433.812
19.	Vatikanstadt	2006	932		0	0
20.	Weißrussland	1999	10.045.000	81,1	7	1.786.000
Restliches Europa			**267.696.774**		**162**	**56.599.381**

III. Volksgruppen und Minderheiten in Europa					
EU-27		480.675.180		191	39.150.024
Restliches Europa (20)		267.696.774		162	56.599.381
Europa-47		748.371.954		353	95.749.405

Die letzte Hoffnung für Minderheiten stellen in diesem Zusammenhang oft internationale Organisationen dar, deren Politik auf die Anerkennung der Vielfalt abzielt, um Formen der friedlichen Koexistenz zu etablieren. Die wechselseitige Anerkennung der Differenz und der Vielfalt zwischen Mehrheit und Minderheit ist die einzige realistische und langfristig erfolgreiche Perspektive für eine friedliche Konfliktlösung. Daher gibt es von Seiten internationaler Organisationen zahlreiche Bemühungen, mittels vertrauensbildender Maßnahmen, der Förderung des wechselseitigen Verständnisses sowie der Ausarbeitung von Konfliktlösungsmodellen die Voraussetzungen für eine friedliche Koexistenz zu schaffen. Allerdings ist ihr Einfluss begrenzt, da viele Staaten die Minderheitenfrage als »innere Angelegenheit« definieren und folglich eine Einflussnahme von außen als Einmischung in innere Angelegenheiten zurückweisen. So ist die Bereitschaft von Seiten der Zentralregierungen den Volksgruppenschutz ernst zu nehmen, gerade dort am geringsten, wo Minderheitenrechte am dringlichsten wären. Bei denkbar schlechten Rahmenbedingungen können aus Minderheitenkonflikten leicht zwischenstaatliche Konflikte von eminenter internationaler Relevanz werden. Denken wir nur an die fundamentalen Veränderungen seit dem Ende des Kalten Krieges: In den vergangenen zehn Jahren sind drei multinationale Staaten – die Sowjetunion, Jugoslawien und die Tschechoslowakei – zerbrochen, 24 neue sind daraus entstanden, allein 16 davon in Europa. Dabei handelte es sich nicht um irgendwelche politische Randerscheinungen, sondern um Ereignisse von großer und weitreichender Wirkung, zu der unter anderem auch die EU-Osterweiterung zählt.

Von den zahlreichen relevanten Dokumenten internationaler Organisationen zum Minderheitenschutz sei hier eines genannt, das durchaus Aufmerksamkeit verdient. Es handelt sich dabei um die sogenannten »Lund-Empfehlungen über die wirksame Beteiligung nationaler Minderheiten am öffentlichen Leben«, die 1999 vom Hohen Kommissar der OSZE für nationale Minderheiten veröffentlicht wurden. Der Hohe Kommissar wurde von den OSZE-Staaten auf ihrem Gipfeltreffen in Helsinki 1992 mit dem Mandat eingesetzt, zum frühestmöglichen Zeitpunkt für »Frühwarnung« und »Frühmaßnahmen« im Hinblick auf Spannungen bezüglich Fragen nationaler Minderheiten zu sorgen. Dabei wurde ihm auch ermöglicht, Expertengruppen einzuberufen und Empfehlungen an die OSZE-Mitgliedstaaten auszusprechen, um das friedliche Zusammenleben zwischen Mehrheiten und Minderheiten zu fördern. Den Lund-Empfehlungen waren 1996 die Den Haag-Empfehlungen und 1998 die Oslo-Empfehlungen über bildungs- bzw. sprachpolitische Fragen vorausgegangen. Die Lund-Empfehlungen schließlich thematisierten erneut demokratiepolitische Fragen im Zusammenhang mit dem Minderheitenschutz.

OSZE: Organisation für Sicherheit und Zusammenarbeit in Europa, an der 56 Staaten mitwirken. Die OSZE ist darum bemüht mit verschiedenen Organen und Institutionen zur friedlichen Regelung von Streitfällen, zur Konfliktverhütung und Krisenbewältigung sowie zur europäischen Zusammenarbeit beizutragen.

Zentrale Aussage bildet dabei die These, dass die wirksame Beteiligung nationaler Minderheiten am öffentlichen Leben ein wesentlicher Bestandteil einer friedlichen und demokratischen Gesellschaft ist. Zu diesem Zweck werden von der OSZE diverse Maßnahmen auf nationaler, regionaler und lokaler Ebene gefordert, die vom Wahlrecht bis zur Selbstverwaltung reichen und den nationalen Minderheiten die Teilnahme am politischen Entscheidungsprozess nicht nur erleichtern sondern zuallererst sichern sollen. Schließlich zielen die Empfehlungen darauf ab, die Einbindung von Minderheiten in das Staatsgefüge zu erleichtern und ihnen die Wahrung ihrer eigenen Identität und ihrer Besonderheiten zu ermöglichen. Hier zeigt sich einmal mehr deutlich, dass eine konstruktive Minderheitenpolitik nicht in der Schaffung neuer Grenzen liegen kann, sondern in der vollen Nutzung des demokratiepolitischen Potentials der Menschenrechte. Diese effiziente Nutzung setzt allerdings – das darf nicht vergessen werden – einen Prozess des Verantwortungs- und Loyalitätstransfers und das aktive Engagement aller beteiligten Parteien voraus, der Mehrheit ebenso wie der Minderheit.

Die Lund-Empfehlungen bauen weiters auf den Grundprinzipien und -regeln des Völkerrechts auf, wie Achtung der Menschenwürde, Gleichberechtigung und Nichtdiskriminierung, die die Rechte nationaler Minderheiten auf die Teilnahme am öffentlichen Leben und die Ausübung anderer politischer Rechte berühren. Dabei wird davon ausgegangen, dass Staaten dazu verpflichtet sind, international anerkannte Menschenrechte und die Rechtsstaatlichkeit zu achten, durch welche die vollständige Entwicklung der Bürgergesellschaft unter der Voraussetzung von Toleranz, Frieden und Wohlstand erst ermöglicht wird.

Aus den Empfehlungen geht klar hervor, dass Minderheitenrechte als Ergänzung und nicht als Ersatz klassischer Menschenrechte verstanden werden, da sie der Realisierung von Gleichheit und Gerechtigkeit und der Anerkennung der kulturellen Identität von Individuen als einem Wert an sich dienen. Es wird dabei davon ausgegangen, dass der Schutz persönlicher Identität eine Grundvoraussetzung für das Funktionieren demokratischer Gesellschaften ist. Für die Mehrheitsbevölkerung ist dies in der Regel eine unhinterfragte Selbstverständlichkeit. Für Minderheiten allerdings bedarf es des besonderen Schutzes, um ihre Identität wahren zu können.

Interessant ist dabei die ursprüngliche Motivation der OSZE zum Minderheitenschutz. Die Gründungsdokumente der OSZE wollen – ähnlich wie jene der Vereinten Nationen – den Weltfrieden und die internationale Sicherheit fördern und stärken, indem sie freundschaftliche und kooperative Beziehungen zwischen gleichermaßen souveränen Staaten, welche die Menschenrechte einschließlich der Rechte der Angehörigen von Minderheiten achten, entwickeln. In diesem Kontext wird anerkannt, dass die Missachtung der Menschenrechte einschließlich der Minderheitenrechte wesentlich zu einer Destabilisierung staatlicher Souveränität und zu einer negativen Beeinflussung zwischenstaatlicher Beziehungen führen kann. Dies wiederum gefährdet den Weltfrieden und die internationale Sicherheit. Minderheitenschutz ist dabei nicht ein Akt der Nächstenliebe, sondern sicherheitspolitisches Kalkül, eine konkrete demokratiepolitische Maßnahme mit erheblichem Mehrwert nicht nur für die Minderheit sondern auch für die Mehrheit. Es gibt in diesem Rahmen nicht Gewinner und Verlierer; Minderheitenschutz ist kein Nullsummenspiel – ganz im Gegenteil: Die konstruktive Konfliktbewältigung wird als Zugewinn für alle Beteiligten und somit als produktive demokratiepolitische Erfahrung verstanden.

Während die OSZE Minderheitenschutz als politisch-praktische Notwendigkeit definiert, um Sicherheitsrisiken zu vermindern und eine produktive Konfliktkultur zu fördern, basiert die Perspektive des Europarats hauptsächlich auf menschenrechtlichen Aspekten. Von den verschiedenen Dokumenten des Europarats seien in diesem Kontext vor allem die *Europäische Rahmenkonvention zum Schutz nationaler Minderheiten* sowie die *Europäische Charta für Regional- oder Minderheitensprachen* erwähnt.

Die Rahmenkonvention enthält völkerrechtlich verbindliche Grundsätze zum Schutz nationaler Minderheiten, wobei sie die Staaten sowohl zu Maßnahmen des Schutzes als auch zur Förderung verpflichtet und jegliche Form der Diskriminierung einer Person wegen ihrer Zugehörigkeit zu

Europarat: internationale Organisation europäischer Staaten zur Wahrung des gemeinsamen europäischen Erbes und zur Förderung des wirtschaftlichen und sozialen Fortschritts, Sitz: Strassburg; gegründet auf der Londoner Konferenz von 1949. Gründungsmitglieder waren Belgien, Dänemark, Frankreich, Großbritannien, Irland, Italien, Luxemburg, Niederlande, Norwegen und Schweden. Bis 2009 stieg die Zahl der Mitgliedsländer auf 47. Organe: Beratende Versammlung (wählt die Mitglieder des Europäischen Gerichtshofs für Menschenrechte), Ministerkomitee (die Außenminister der Mitgliedstaaten oder ihre Stellvertreter), Kongress der Gemeinden und Regionen Europas sowie Generalsekretariat.

Europarat

einer nationalen Minderheit verbietet. Ebenso wird die Assimilierung von Angehörigen nationaler Minderheiten gegen deren Willen untersagt. In erster Linie zielt die Rahmenkonvention auf eine Verpflichtung der Vertragsstaaten zum Schutz der Freiheitsrechte der Europäischen Menschenrechtskonvention ab, die für Angehörige nationaler Minderheiten primäre Bedeutung haben, darunter beispielsweise Versammlungs- und Vereinigungsfreiheit, Meinungsfreiheit, Gedanken-, Gewissens- und Religionsfreiheit. Das Übereinkommen steht auch Nicht-Mitgliedstaaten des Europarates zum Beitritt offen und ist seit dem 1. Februar 1998 in Kraft.

Von besonderem Interesse ist auch die *Europäische Charta für Regional- und Minderheitensprachen,* deren wesentliche Zielsetzungen kultureller Natur sind. Ihr Hauptzweck ist die Erhaltung und Förderung der sprachlichen Vielfalt als eines der wertvollsten Elemente des europäischen Kulturlebens, wobei sie zu einer Verbesserung der Möglichkeiten, Regional- oder Minderheitensprachen in Bildung, Rechtsprechung, Verwaltung, Medien, Kultur und Wirtschaft zu benützen, beitragen soll. Die Sprachencharta entstand auf Initiative der Ständigen Konferenz der lokalen und regionalen Gebietskörperschaften, die 1984 die Idee vorbrachte, einen Entwurf für einen Text vorzubereiten, der den Schutz des sprachlichen und damit auch kulturellen Reichtums Europas zum Gegenstand hatte. Sie liegt seit dem 5. November 1992 zur Unterzeichnung durch die Staaten auf und trat am 1. März 1998 in Kraft. Sie stellt einen wichtigen Schritt für die Entfaltung der sprachlichen Menschenrechte in Europa dar. Zur Zeit der Ausarbeitung meines Berichts für das EP stand im Europarat das Sekretariat der Sprachencharta unter der Leitung von Philip Blair, der augrund seiner herausragenden Kompetenz und seines Ansehens gemeinsam mit seinen sachverständigen Mitarbeitern – allen voran Antonio Bultrini, der wiederholt der Minderheitensprachenintergruppe es EPs mit Rat und Tat zur Seite stand – wesentlich zum Erfolg der Charta beigetragen hat.

Die Sprachencharta gilt somit zu Recht als Referenztext für Europas Regional- und Minderheitensprachgemeinschaften.

Korrespondenz mit den Regierungen der Mitgliedstaaten

Neben meinem auf einen bestimmten Zeitraum konzentrierten Engagement im Grundrechtekonvent oder bei den Beitrittsverhandlungen hatte ich über die 15 Jahre im EP auch eine regelmäßige Korrespondenz mit den Regierungen und den zuständigen Ministerien in den Mitgliedstaaten, den Beitrittskandidaten und europäischen Drittstaaten geführt. Dabei war es mein Anliegen, für die Europäische Charta der Regional- und Minderheitensprachen sowie für die Rahmenkonvention zum Schutz der nationalen Minderheiten des Europarates zu werben. Ausgehend von der Tatsache, dass die EU selbst keine einschlägigen Verpflichtungen zum Minderheitenschutz oder zur Förderung der Minderheitensprachen besitzt, wohl aber der Europarat diese Instrumente ausgearbeitet hatte, versuchte ich bei den EU-Mitgliedstaaten für die Unterzeichnung oder Ratifizierung der Sprachencharta und der Minderheitenrahmenkonvention zu sensibilisieren. Denn alle EU-Mitgliedstaaten sind auch Mitgliedstaaten des Europarats und eine übereinstimmende Position der EU-Mitglieder im Europarat konnte nur im Interesse der EU liegen.

Ich erinnere mich dabei zum Beispiel an Polen, das 2004 der EU beigetreten ist. Als Land mit mehreren Sprachminderheiten und größtes Beitrittsland, hatte es dort einige Jahre gedauert, bis es auch die Europäische Charta für Regional- oder Minderheitensprachen unterzeichnete, ratifizierte und sie dort in Kraft treten konnte. Ich hatte schon vor mehr als einem Jahrzehnt mit den polnischen Behörden ich Kontakt aufgenommen. Am 24. Juli 1997 hatte ich dem polnischen Außenminister und dafür geworben, dass auch in Polen baldmöglichst die Charta in Kraft treten konnte.

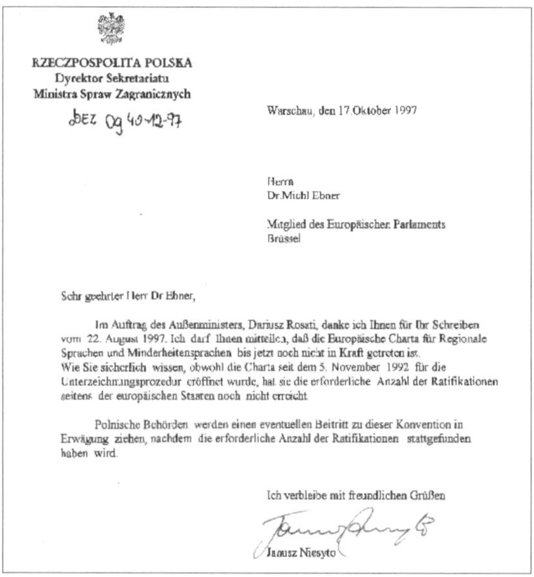

RZECZPOSPOLITA POLSKA
Dyrektor Sekretariatu
Ministra Spraw Zagranicznych
bez 09 40-12-97

Warschau, den 17.Oktober 1997

Herrn
Dr.Michl Ebner

Mitglied des Europäischen Parlaments
Brüssel

Sehr geehrter Herr Dr Ebner,

Im Auftrag des Außenministers, Dariusz Rosati, danke ich Ihnen für Ihr Schreiben vom 22. August 1997. Ich darf Ihnen mitteilen, daß die Europäische Charta für Regionale Sprachen und Minderheitensprachen bis jetzt noch nicht in Kraft getreten ist.
Wie Sie sicherlich wissen, obwohl die Charta seit dem 5. November 1992 für die Unterzeichnungsprozedur eröffnet wurde, hat sie die erforderliche Anzahl der Ratifikationen seitens der europäischen Staaten noch nicht erreicht.

Polnische Behörden werden einen eventuellen Beitritt zu dieser Konvention in Erwägung ziehen, nachdem die erforderliche Anzahl der Ratifikationen stattgefunden haben wird.

Ich verbleibe mit freundlichen Grüßen

Janusz Niesyto

Ich hielt ab damals regelmäßig den Kontakt zu den verschiedenen polnischen Regierungen. 2003 unterzeichnete das Land die Charta, und nach langem Warten und weiterer Korrespondenz zwischen Warschau und Brüssel wurde die Charta schließlich im Februar 2009 ratifiziert, um im Juni desselben Jahres in Kraft zu treten.

Ein Beispiel, in dem die rege Korrespondenz bisher leider noch keine Früchte gezeigt hat, ist Belgien. Die Regierungswechsel und die komplizierte Kompetenzaufteilung zwischen Staat und Regionen war dabei ein wesentliches Hindernis, wie das Schreiben des ehemaligen Außenministers Karel De Gucht bestätigt:

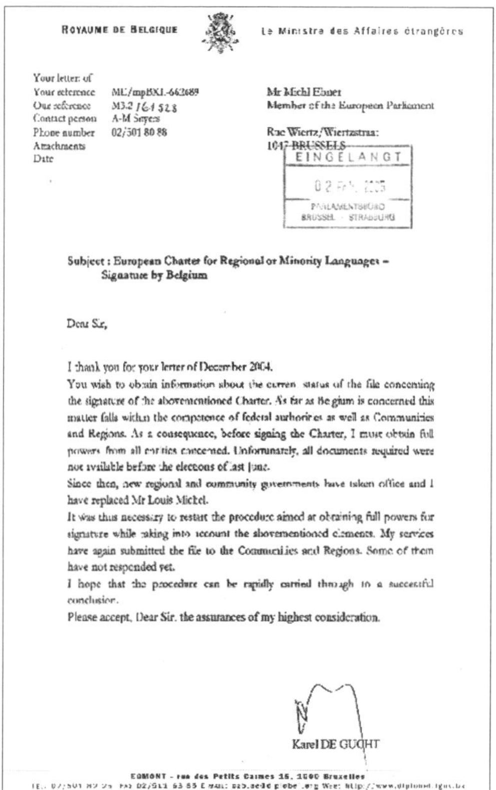

ROYAUME DE BELGIQUE — Le Ministre des Affaires étrangères

Your letter of
Your reference ML/mpBXL-662689
Our reference M3.2 / 64 528
Contact person A-M Seyers
Phone number 02/501 80 88
Attachments
Date

Mr Michl Ebner
Member of the European Parliament

Rue Wiertz/Wiertzstraat
1047 BRUSSELS

EINGELANGT
02 FAN 2005
PARLAMENTSBÜRO
BRÜSSEL · STRASBURG

Subject : European Charter for Regional or Minority Languages – Signature by Belgium

Dear Sir,

I thank you for your letter of December 2004.
You wish to obtain information about the current status of the file concerning the signature of the abovementioned Charter. As far as Belgium is concerned this matter falls within the competence of federal authorities as well as Communities and Regions. As a consequence, before signing the Charter, I must obtain full powers from all entities concerned. Unfortunately, all documents required were not available before the elections of last June.
Since then, new regional and community governments have taken office and I have replaced Mr Louis Michel.
It was thus necessary to restart the procedure aimed at obtaining full powers for signature while taking into account the abovementioned elements. My services have again submitted the file to the Communities and Regions. Some of them have not responded yet.
I hope that the procedure can be rapidly carried through to a successful conclusion.
Please accept, Dear Sir, the assurances of my highest consideration.

Karel DE GUCHT

EGMONT - rue des Petits Carmes 15, 1000 Bruxelles

Die Korrespondenz mit dem EU-Gründungsmitglied Frankreich war mir immer ein besonderes Anliegen. Frankreich galt gemeinsam mit der Bundesrepublik Deutschland immer als Motor der europäischen Einigung und die Aussöhnung der Franzosen und Deutschen war in der Tat eine der größten Errungenschaften der politischen Entscheidungsträger dieser beiden Länder. Außerdem hatte sich Frankreich aufgrund des Siegeszugs der englischen Sprache international immer wieder für die Unterstützung der Sprachlichen Vielfalt ausgesprochen. Es sollte doch auch möglich sein, die Franzosen von dem Wert der sprachlichen Vielfalt im eigenen Land zu überzeugen.

Am 22. November 1995 antwortete mir der damalige französische Außenminister, Hervé de Charette, auf mein entsprechendes Drängen noch, dass eine Unterzeichnung der »Europäischen Charta für Regional- und Minderheitensprachen« des Europarats von Frankreich nicht ins Auge gefasst werden könne. Er begründete dies mit »Schwierigkeiten verfassungsmäßiger und finanzieller Natur«. Einige Aspekte der Charta seien »mit den Prinzipien der Unteilbarkeit der Republik und der Gleichheit der Bürger vor dem Gesetz« schwer vereinbar. Der Außenminister erinnerte daran, dass gemäß der französischen Verfassung »das Französische die Sprache der Republik« sei.

Hervé de Charette

Doch geraten die Dinge im Mai 1999 etwas in Bewegung, nachdem die französische Regierung am 7. Mai die Charta unterzeichnet hatte. Die nicht unwesentliche Modifizierung dies ursprünglichen französischen Haltung offenbart ein Brief, den mir am 5. Mai 1999 – also 2 Tage vor der Unterzeichnung – der damalige französische Außenminister Hubert Védrine sandte:

Gemäß dem Grundsatz der Gleichheit aller Bürger vor dem Gesetz, der auf eine zweihundertjährige Tradition zurückgeht ... kennt das französische Rechtssystem, wie auch die politische, soziale und kulturelle Organisation des Landes, die Vorstellung von »Minderheiten« innerhalb des französischen Volkes nicht. Dem entsprechend muss die Frage des Schutzes der Regionalsprachen in Frankreich getrennt von jener der nationalen Minderheiten betrachtet werden, und die Regierung bemisst, inwieweit die Sprachen in Frankreich eine Bereicherung für die nationale Kultur darstellen. Aus diesem Grund betreibt Frankreich bereits seit mehreren Jahren eine Politik der Förderung der Regionalsprachen und befürwortet in diesem Rahmen vollständig die Zielsetzung, die ihre Autoren der Europäischen Charta für Regional- und Minderheitensprachen zugewiesen haben.

François Fillon

Seither verharrte die Diskussion in Frankreich in einer Sackgasse. Auch noch während meines letzten Briefwechsels mit dem französischen Premier François Fillon, schilderte mir dieser den traditionellen französischen Standpunkt: Die Verfassung der Republik Frankreichs sei mit der Charta des Europarats unvereinbar, doch sei man darum bemüht, die französischen Regionalsprachen am Leben zu erhalten. Da war es ein schwacher Trost, wenn Premier Fillon in seinem Schreiben mitteilte, dass aufgrund jüngster Reformen Regionalsprachen als Kulturerbe Frankreichs Eingang in die Verfassung gefunden hatten. Es wäre wünschenswert gewesen, wenn diese große Nation auch hinsichtlich ihrer Minderheitensprachen und deren Anerkennung im europäischen Rechtsraum Größe bewiesen hätte.

Konstruktiver war der Ansatz, wie in die Regierung der Niederlande hinsichtlich der Rahmenkonvention zum Schutz nationaler Minderheiten verfolgte. Die Niederlande hatten am 1. Februar 1995 die Rahmenkonvention unterzeichnet. Im Briefwechsel mit dem niederländischen Außenminister wurde mir dabei wiederholt mitgeteilt, dass die Niederlan-

Le Premier Ministre

Paris, le 22 SEP. 2008

Monsieur le Député,

Vous m'avez fait part de l'intérêt que vous portez à la reconnaissance des langues régionales de France.

J'ai pris bonne note de votre démarche.

Comme vous le savez, le Gouvernement français a organisé, pour la première fois sous la Vème République, un débat parlementaire sur cette question. A cette occasion, Madame Christine ALBANEL, Ministre de la culture et de la communication, a pu réaffirmer l'attachement de notre pays à son patrimoine linguistique ainsi que la volonté du Gouvernement de le protéger et de le valoriser.

Elle a exposé à la représentation nationale les raisons pour lesquelles une ratification de la « Charte européenne des langues régionales et minoritaires » n'est pas possible en droit. En effet, le Conseil Constitutionnel a clairement indiqué dans sa décision du 15 juin 1999 que la reconnaissance d' « un droit imprescriptible à parler une langue régionale » inscrit dans le Préambule de ce texte, portait atteinte au principe constitutionnel d'indivisibilité de la République, d'égalité devant la loi et d'unité du peuple français. Le Gouvernement n'entend pas revenir sur ces principes.

De plus, compte tenu de la très grande diversité de langues, une application de l'ensemble des dispositions de cette charte engendrerait quantité de difficultés d'ordre pratique et institutionnel et aurait un coût financier considérable.

Un cap juridique et symbolique important a été franchi avec la reconnaissance dans la Constitution de l'appartenance des langues régionales au patrimoine de la France à l'occasion de la révision constitutionnelle du 23 juillet 2008.

Nous allons à présent clarifier l'ensemble de notre législation en la matière qui, depuis la loi Deixonne de 1951, comporte de nombreux textes qu'il faut inventorier. Une circulaire rappelant l'Etat de droit sur cette question va être préparée par Madame Christine ALBANEL pour m'être prochainement soumise pour signature.

Au-delà de cette clarification, nous avons besoin d'un cadre de référence afin de mettre en cohérence le droit existant et d'offrir de nouvelles perspectives de développement de ces langues en proposant des mesures concrètes dans le domaine de l'enseignement, des médias, des services publics, de la signalisation, de la toponymie, tout en se conformant aux valeurs de la République. Nous avons voulu que ce cadre de référence prenne la forme d'un texte de loi élaboré à partir d'un dialogue constant avec la représentation nationale.

Comme vous pouvez le constater, la France s'est engagée dans une politique résolue et raisonnée en faveur de ses langues régionales et de leur vitalité.

Je vous prie de croire, Monsieur le Député, à l'assurance de mes sentiments les meilleurs.

François FILLON

de alles daran setzten, um die parlamentarische Ratifikation baldmöglichst abzuschließen. Der damalige Außenminister van Mierlo unterstrich aber auch die langwierigen parlamentarischen Verfahren. Und die Rahmenkonvention konnte tatsächlich erst ein Jahrzehnt nach der Unterzeichnung – am 16. Februar 2005 – in den Niederlanden ratifiziert werden.

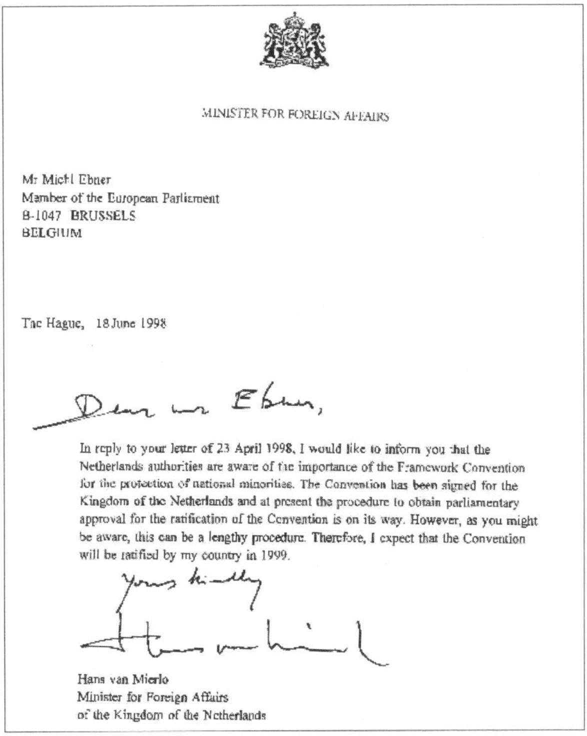
MINISTER FOR FOREIGN AFFAIRS

Mr Michl Ebner
Member of the European Parliament
B-1047 BRUSSELS
BELGIUM

The Hague, 18 June 1998

Dear Mr Ebner,

In reply to your letter of 23 April 1998, I would like to inform you that the Netherlands authorities are aware of the importance of the Framework Convention for the protection of national minorities. The Convention has been signed for the Kingdom of the Netherlands and at present the procedure to obtain parliamentary approval for the ratification of the Convention is on its way. However, as you might be aware, this can be a lengthy procedure. Therefore, I expect that the Convention will be ratified by my country in 1999.

Yours kindly

Hans van Mierlo
Minister for Foreign Affairs
of the Kingdom of the Netherlands

Natürlich war es mir auch wichtig, mit Drittländern den Kontakt zu halten, um auch sie von den Grundsätzen und Werten, die in der Charta oder in der Rahmenkonvention verankert waren, zu überzeugen.

Ich stand beispielsweise mit der Regierung der Russischen Föderation über mehrere Jahre hinweg in Kontakt. Die Russen hatten schon sehr früh die Bedeutung der sprachlichen

Vielfalt auf ihrem Territorium entdeckt und sich noch vor ihrem Beitritt zum Europarat am 28. Februar 1996 verpflichtet, die Europäische Charta für Regional- oder Minderheitensprachen zu unterzeichen. Dies taten sie dann auch am 10. Mai 2001. Doch wie mir das russische Außenministerium wiederholt mitteilte, stellt es für die Russische Föderation eine besondere Herausforderung dar, die nationale Gesetzgebung an die Bedingungen der Charta anzupassen. Obwohl die russischen Behörden bis heute daran arbeiten, hat Russland die Charta noch nicht ratifiziert.

MISSION OF THE RUSSIAN FEDERATION
TO THE EUROPEAN COMMUNITIES
****

Boulevard du Régent, 31-33 tel (02) 512-36-10
1000 Bruxelles, Belgique fax (02) 513-76-49
e-mail: misrusce@coditel.net

Москва, "20" января 2005 года

Уважаемый господин Эбнер,

Как Вам известно, при вступлении в Совет Европы Россия взяла на себя обязательство подписать и ратифицировать Хартию региональных языков или языков меньшинств. Была проведена большая подготовительная работа, и в соответствии с распоряжением Президента Российской Федерации В.В.Путина 10 мая 2001 года в Страсбурге Российская Федерация подписала Хартию.

Подготовка к ратификации Хартии ведется специально созданной под эгидой Министерства культуры и массовых коммуникаций Российской Федерации рабочей группой. В ее состав включены представители федеральных и региональных органов исполнительной власти. Процесс ратификации Хартии непрост, поскольку для приведения в соответствие отдельных положений российского законодательства к существующим международным стандартам требуется определенное время.

Хартия может быть вынесена на ратификацию в Государственную Думу Федерального Собрания Российской Федерации только тогда, когда будут созданы для этого все условия, включая необходимую законодательную базу.

С уважением,

Заместитель Министра В.Чижов

ПРЕДСЕДАТЕЛЮ ДЕЛЕГАЦИИ СЛОВЕНИИ
В ЕВРОПЕЙСКОМ ПАРЛАМЕНТЕ
Г-НУ МИХЛЮ ЭБНЕРУ

г.Брюссель

Erfolgreicher waren die Bemühungen in der Ukraine, das am 9. November 1995 Mitglied des Europarats wurde. Seit das Land am 2. Mai 1996 die Charta unterzeichnet hatte, stand ich mit der ukrainischen Regierung in Kontakt. Im Jänner 2005 erhielt ich ein Schreiben vom ukrainischen Außenministerium mit dem Versprechen, baldmöglichst die Charta zu ratifizieren. Kurz darauf kam es am 19. September 2005 zur Ratifikation der Charta durch die Ukraine.

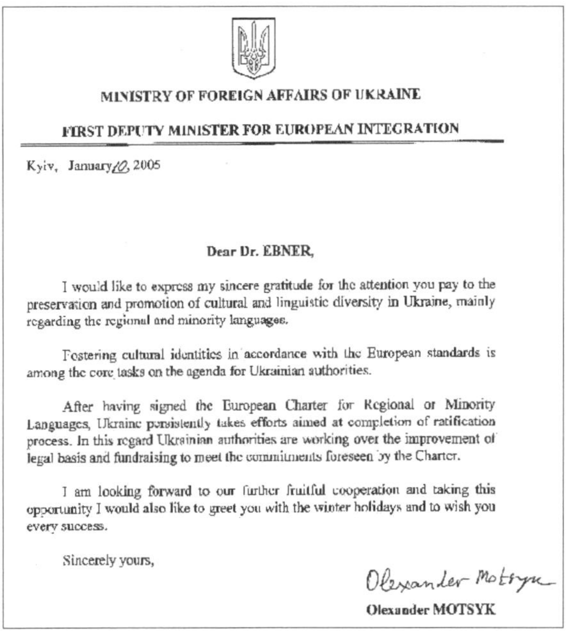

MINISTRY OF FOREIGN AFFAIRS OF UKRAINE

FIRST DEPUTY MINISTER FOR EUROPEAN INTEGRATION

Kyiv, January 10, 2005

Dear Dr. EBNER,

I would like to express my sincere gratitude for the attention you pay to the preservation and promotion of cultural and linguistic diversity in Ukraine, mainly regarding the regional and minority languages.

Fostering cultural identities in accordance with the European standards is among the core tasks on the agenda for Ukrainian authorities.

After having signed the European Charter for Regional or Minority Languages, Ukraine persistently takes efforts aimed at completion of ratification process. In this regard Ukrainian authorities are working over the improvement of legal basis and fundraising to meet the commitments foreseen by the Charter.

I am looking forward to our further fruitful cooperation and taking this opportunity I would also like to greet you with the winter holidays and to wish you every success.

Sincerely yours,

Olexander Motsyk

Olexander MOTSYK

Außer Zweifel steht, dass seit dem In-Kraft-Treten der der Rahmenkonvention zum Schutz nationaler Minderheiten am 1. Jänner 1998 und der Europäischen Charta für Regional- oder Minderheitensprachen am 1. März 1998 ein Umdenken in vielen europäischen Staaten stattgefunden hat. Die folgende Tabelle ist ein Beweis für die Erfolgsgeschichte dieser beiden wichtigen Instrumente zum Schutz der Minderheiten und ihrer Sprachen.

EU-Mitgliedstaaten:[24]

	Rahmenkonvention zum Schutz nationaler Minderheiten	
EU-Mitgliedstaaten	*Unterzeichnung*	*Ratifizierung*
Belgien	31/7/2001	
Bulgarien	9/10/1997	7/5/1999
Dänemark	1/2/1995	22/9/1997
Deutschland	11/5/1995	10/9/1997
Estland	2/2/1995	6/1/1997
Finnland	1/2/1995	3/10/1997
Frankreich		
Griechenland	22/9/1997	
Irland	1/2/1995	7/5/1999
Italien	1/2/1995	3/11/1997
Lettland	11/5/1995	6/6/2005
Littauen	1/2/1995	23/3/2000
Luxembourg	20/7/1995	
Malta	11/5/1995	10/2/1998
Niederlande	1/2/1995	16/2/2005
Österreich	1/2/1995	31/3/1998
Polen	1/2/1995	20/12/2000
Portugal	1/2/1995	7/5/2002
Rumänien	1/2/1995	11/5/1995
Schweden	1/2/1995	9/2/2000
Slovakei	1/2/1995	14/9/1995
Slovenien	1/2/1995	25/3/1998
Spanien	1/2/1995	1/9/1995
Tschechische Republik	28/4/1995	18/12/1997
Ungarn	1/2/1995	25/9/1995
Vereinigtes Königreich	1/2/1995	15/1/1998
Zypern	1/2/1995	4/6/1996

Beitrittskandidaten:

EU-Beitrittskandidaten	*Unterzeichnung*	*Ratifizierung*
Kroatien	6/11/1996	11/10/1997
Die ehemalige jugoslawische Republik Mazedonien	25/7/1996	10/4/1997
Türkei	-	-

	Europäische Charta für Regional- oder Minderheitensprachen		
n Kraft getreten am	*Unterzeichnung*	*Ratifizierung*	*in Kraft getreten am*
1/9/1999			
1/2/1998	5/11/1992	8/9/2000	1/1/2001
1/2/1998	5/11/1992	16/9/1998	1/1/1999
1/2/1998			
1/2/1998	5/11/1992	9/11/1994	1/3/1998
	7/5/1999		
1/9/1999			
1/3/1998	27/6/2000		
1/10/2005			
1/7/2000			
	5/11/1992	22/6/2005	1/10/2005
1/6/1998	5/11/1992		
1/6/2005	5/11/1992	2/5/1996	1/3/1998
1/7/1998	5/11/1992	28/6/2001	1/10/2001
1/4/2001	12/5/2003	12/2/2009	1/6/2009
1/9/2002			
1/2/1998	17/7/1995	29/01/2008	1/5/2008
1/6/2000	9/2/2000	9/2/2000	1/6/2000
1/2/1998	20/2/2001	5/9/2001	1/1/2002
1/7/1998	3/7/1997	4/10/2000	1/1/2001
1/2/1998	5/11/1992	9/4/2001	1/8/2001
1/4/1998	9/11/2000	5/11/2006	1/3/2007
1/2/1998	5/11/1992	26/4/1995	1/3/1998
1/5/1998	2/3/2000	27/3/2001	1/7/2001
1/2/1998	12/11/1992	26/8/2002	1/12/2002

Kraft getreten am	*Unterzeichnung*	*Ratifizierung*	*in Kraft getreten am*
1/2/1998	5/11/1997	5/11/1997	1/3/1998
1/2/1998	25/7/1996		
-	-	-	-

Anerkennung der Vielfalt als Motor des europäischen Integrationsprozesses

Die vertrauensbildende Anerkennung der Differenz zwischen Minderheit und Mehrheit ist zentrales Element der oben genannten internationalen Instrumente und lässt eine bemerkenswerte Parallelität zum europäischen Integrationsprozess erkennen. Die europäische Vereinigung begann ja nicht in einer Zeit des Wohlstands, sondern in der unmittelbaren Nachkriegszeit, in der sowohl sicherheitspolitische und menschenrechtliche als auch mit dem Wiederaufbau verbundene Fragen im Mittelpunkt standen. Nach zwei Weltkriegen, die als europäische Kriege begonnen hatten, war die Forderung nach »Nie wieder Krieg« der einzig gangbare und konstruktive Weg für die Zukunft unseres Kontinents. Vor nunmehr über fünfzig Jahren schlug der damalige französische Außenminister Robert Schuman in einer Rede vor, die französische und deutsche Kohle- und Stahlindustrie zusammenzulegen und eine europäische Organisation zu gründen, die anderen Ländern offen

Die Schuman-Erklärung vom 9. Mai 1950

stehen sollte. Das Gemeinschaftliche und die Offenheit waren damals wie heute zentrale Bausteine der europäischen Integration. Die Erklärung vom 9. Mai 1950 wurde somit zur Geburtsstunde des modernen Europas und gehört zweifelsohne zu den großen, weitreichendsten und daher historischen Leistungen des vergangenen Jahrhunderts. Mit ihr begann das europäische Aufbauwerk, das von den Grundwerten unserer Zivilisation, also von der Erhaltung des Friedens, von wirtschaftlichem und sozialem Fortschritt, von der Achtung der Menschenwürde sowie vom Prinzip der Rechtsstaatlichkeit geleitet wird.

Die Situation im Frühjahr 1950 war dabei alles andere als einfach. Der europäische Kontinent stand bekanntlich am Rande eines Abgrunds. Zwei Weltkriege hatten ganze Städte und Landstreifen dem Erdboden gleich gemacht und der Beginn des Kalten Krieges barg neuerlich die Gefahr eines militärischen Konflikts zwischen West und Ost. Europas zentrale Herausforderung bestand damals darin, Fehler der Vergangenheit nicht mehr zu wiederholen und den Grundstein für einen dauerhaften Frieden zwischen ehemals verfeindeten Nationen zu schaffen. Mit

Jean-Baptiste Nicolas Robert Schuman
(* 29. Juni 1886 in Luxemburg; † 4. September 1963 in Scy-Chazelles bei Metz) war ein deutsch-französischer Politiker luxemburgisch-lothringischer Abstammung.
Nach der französischen Annexion von Elsass-Lothringen 1919 nahm Schuman die französische Staatsangehörigkeit an und wurde für die Republikanische Union Lothringen (Union Republicaine Lorraine) Abgeordneter Lothringens in der französischen Nationalversammlung. Von 1928 bis 1936 war Schuman Vorsitzender des Ausschusses für Elsass-Lothringen und zeitweilig Vizepräsident des Abgeordnetenhauses. Das Abgeordnetenmandat behielt er bis zu seiner Verhaftung durch die Gestapo 1941 während des Zweiten Weltkrieges bei. Nach seiner Verhaftung wurde er in Metz und in Neustadt an der Weinstraße festgehalten, bis ihm schließlich 1942 die Flucht gelang.
Nach Kriegsende wurde Schuman Ministerpräsident von Frankreich und bereitete als französischer Außenminister den Weg zur Schaffung der Montanunion (Schuman-Plan) vor. Später war Schuman Präsident des Europäischen Parlaments. Er gilt zusammen mit Jean Monnet als Gründervater der Europäischen Union.

dem Projekt eines gemeinschaftlichen Europas schuf Robert Schuman die idealen Voraussetzungen, diesen Herausforderungen zu begegnen.

Überblickt man die 50 Jahre europäischer Integration, so erweist sich die Geschichte der Europäischen Union als Erfolgsstory: Ehemals durch Kriege verfeindete Völker haben heute eine gemeinsame Währung, gemeinsame Institutionen und gemeinsame Zukunftsperspektiven. Fünfzig Jahre gemeinschaftliches Europa – das sind auch fünfzig Jahre Solidarität, Wohlstand und Frieden. Jean Monnets Ideal, nicht Staaten zu vereinigen, sondern Menschen zusammenzubringen, wird auch in Zukunft nichts an seiner Innovationskraft einbüßen.

Entscheidend für die europäische Integration war somit von Beginn an die Anerkennung der Vielfalt. Die einzelnen beitrittswilligen Nationen sind dazu angehalten, einander zu achten und zu respektieren, die kulturelle Vielfalt als Mehrwert und Reichtum zu verstehen. Nichtsdestotrotz gibt es auch einen einheitlichen institutionellen Rahmen, gemeinsame Politiken sowie einen gemeinsamen Rechtsraum.

Durch diese Methode der Vergemeinschaftung und gegenseitigen Anerkennung konnten Jahrhunderte alte Ressentiments und Feindschaften überwunden und eine konstruktive Kooperationskultur aufgebaut werden. Gewaltsame zwischenstaatliche Konflikte, einst an der Tagesordnung der europäischen Politik, gibt es nicht mehr.

In Bezug auf die zahllosen ungelösten oder nur mangelhaft einer Lösung zugeführten Minderheitenfragen besteht die entscheidende Herausforderung nunmehr darin, dass die EU-Mitgliedstaaten nicht nur vis-á-vis ihrer nationalen Partner kulturelle Vielfalt als Bereicherung auffassen, sondern auch innerhalb ihrer eigenen Grenzen zur selben Überzeugung kommen. Europäisierung bedeutet in diesem

Kontext auch Regionalisierung, eine stärkere Anerkennung und Wertschätzung regionaler und lokaler Vielfalt. Minderheiten- und Volksgruppenschutz kann in diesem Zusammenhang gar nicht zu einer Ziehung neuer Grenzen führen; ja die Schaffung neuer Grenzen wird von vorne herein bereits ausgeschlossen, da der Schutz regionaler Vielfalt als Teil des europäischen Aufbauwerkes verstanden wird. Ganz im Gegenteil: Der Volksgruppenschutz und die Förderung der Regional- und Minderheitensprachen bieten einen oftmals leichtfertig übersehenen, aber unerlässlichen Mehrwert für den europäischen Integrationsprozess, denn sie können oft Brücken zwischen den Völkern sein.

Am aussichtsreichsten hingegen stehen in diesem Zusammenhang die Chancen für eine europäische Kulturpolitik, die auch die Förderung der Minderheitensprachen mit einschließt. In diesem Kontext war für die jüngsten Entwicklungen vor allem die Debatte am 3. Juni 2003 im Europäischen Parlament in Straßburg aufschlussreich. Damals wurde von Europaparlamentarier Bernd Posselt (EVP-ED) folgende Frage an die EU-Kommission gestellt:

> Wie bereitet die Kommission auf dem Gebiet der Pflege und Förderung von Minderheitensprachen die EU-Osterweiterung vor, und welche Rolle spielen in den Überlegungen Sprachminderheiten, deren Sprachen in anderen EU-Mitgliedstaaten Mehrheitssprachen sind?

Kommissarin Viviane Reding antwortete im Namen der Europäischen Kommission auf die Frage wie folgt:

Viviane Reding

> In Beantwortung der Anfrage des Abgeordneten Posselt möchte ich sagen, dass die Kommission sich an die vom Europarat in seiner Europäischen Charta der Regional- oder Minderheitensprachen aufgestellte Definition der Regional- und Minderheitensprachen hält. Als Regio-

nal- und Minderheitensprachen gelten demnach – ich zitiere – »Sprachen, die herkömmlicherweise in einem bestimmten Gebiet eines Staates von Angehörigen dieses Staates gebraucht werden, die eine Gruppe bilden, deren Zahl kleiner ist als die der übrigen Bevölkerung des Staates, und die sich von der (den) Staatssprache(n) unterscheiden«. Unter diese Definition fallen demnach auch die Sprachen, die in einem Land Minderheitensprachen und in einem anderen Mehrheitssprachen sind.
Was die Förderung von Regional- oder Minderheitensprachen in der Union betrifft, so finanziert die Kommission das Europäische Büro für Sprachminderheiten sowie die Mercator-Forschungszentren. Deren Arbeitsprogramm für 2003–2004 sieht vor, in den künftigen Ländern der Union Informationsaktivitäten über die europäische Politik in diesen Bereichen durchzuführen. Es werden auch Veranstaltungen zu diesem Thema durchgeführt wie die Konferenz am 26. und 27. Mai in Bozen über beispielhafte Praktiken bei der Förderung der Sprachenvielfalt in einem erweiterten Europa.
Das Europäische Büro für Sprachminderheiten hat ebenfalls damit begonnen, in den neuen Mitgliedstaaten die Bildung von repräsentativen nationalen Ausschüssen von Sprachminderheiten, wie sie bereits in den jetzigen fünfzehn Mitgliedstaaten der Union bestehen, vorzubereiten. Es ist anzumerken, dass die künftigen Mitgliedstaaten bereits jetzt die gleichen Möglichkeiten wie die Fünfzehn hinsichtlich der Regional- und Minderheitensprachen besitzen, d. h. die Finanzierung von Initiativen durch die bestehenden Programme. Einige dieser Programme – Sokrates, Leonardo da Vinci – stehen des Weiteren bereits allen Beitrittsländern offen. Weiterhin wird die Euromosaik-Studie über das Produktions- und Reproduktionspotenzial von Minderheitensprachgruppen auf die neuen Mitgliedstaaten ausgedehnt.

Die Antwort der EU-Kommission ist von großer politischer Bedeutung, denn sie zeigt die Eckpfeiler auf, auf denen die gesamten Minderheitensprachpolitik der EU ruht: von der Definition her orientiert sich die EU am Europarat, die Kontakte zu den europäischen Minderheiten wiederum werden über das Europäische Büro für Sprachminderheiten (EBLUL) und über die Forschungszentren des Mercator-Netzwerkes geknüpft. Informationsaktivitäten, Konferenzen oder andere Projekte werden wiederum vom EBLUL in Kooperation mit nationalen, regionalen oder lokalen Behörden durchgeführt und von der EU finanziell mitgetragen. Die Projektförderung schließlich erfolgt nicht über ein eigenes Minderheitensprachenprogramm, sondern über die großen bereits existierenden Kultur- und Bildungsprogramme der Europäischen Union.

So jedenfalls schilderte die damalige Kommissarin die Situation. In meinem legislativen Bericht hatte ich daher versucht, die notwendigen politischen und rechtlichen Rahmenbedingungen zu setzen, um auf der Grundlage der von der Kommission geschilderten Konstellation ein möglichst sprachminderheitenfreundliches Umfeld in Europa auszubauen.

Inzwischen hat sich vieles verändert, manches, wenn auch nicht alles, zum Guten. Wie oben beschrieben (Kapitel 2) hatte ich auf die Kompetenzübertragung an die Europäische Beobachtungsstelle für Rassismus und Fremdenfeindlichkeit in Wien mit der Bekämpfung von Diskriminierungen aufgrund der Zugehörigkeit zu einer Sprachgruppe und/oder einer nationalen Minderheit verzichtet, um einen Kompromiss mit meinen Kollegen erzielen zu können. Dieser Weg hatte sich als äußerst sinnvoll erwiesen, denn die EU hat in der Zwischenzeit ohnedies die ehemalige Antidiskriminierungsstelle zu einer Grundrechteagentur ausgebaut, zu der auch Minderheitenfragen gehören. Ich hatte diesbezüglich am 12. November 2007 eine schriftliche Anfrage an die Kommission gestellt, und am 17. Dezember 2007 eine entsprechende Antwort erhalten:

Schriftliche Anfrage, Betrifft: Minderheitenschutz in der EU
Kann der amtierende Rat mitteilen, ob er während seiner Präsidentschaft Stellungnahmen zum Schutz der traditionell ansässigen Minderheiten in der EU und zur Zukunft der EU-Agentur für Grundrechte vorsieht und diese in sein Halbjahresprogramm aufnehmen wird?

Antwort

Der Herr Abgeordnete sei daran erinnert, dass die Entscheidung über die Einstufung einer Gruppe als Minderheit von den Mitgliedstaaten gemäß ihrem einzelstaatlichen Recht und unter umfassender Achtung der Grundrechte getroffen wird.

Infolgedessen und vor dem Hintergrund, dass die Agentur der Europäischen Union für Grundrechte ausschließlich innerhalb des Anwendungsbereichs des Gemeinschaftsrechts tätig werden sollte (1), zählt der Schutz nationaler Minderheiten nicht direkt zu den Fragen, mit denen sie befasst ist. Da die Agentur jedoch an die bestehende Europäische Stelle zur Beobachtung von Rassismus und Fremdenfeindlichkeit angelehnt ist, wird sie sich auch weiterhin mit den Erscheinungen von Diskriminierung, Rassismus, Fremdenfeindlichkeit und Antisemitismus und folglich mit dem Schutz der Rechte von Personen, die Minderheiten angehören, sowie mit der Gleichstellung der Geschlechter als wesentlichen Elementen für den Schutz der Grundrechte beschäftigen.

Der Vorschlag für eine Entscheidung des Rates zur Durchführung der Verordnung (EG) Nr. 168/2007 hinsichtlich der Annahme eines Mehrjahresrahmens für die Agentur der Europäischen Union für Grundrechte für den Zeitraum 2007–2012, auf den sich der Herr Abgeordnete bezieht, wird derzeit von den Gremien des Rates geprüft. Das Parlament wurde ersucht, eine Stellungnahme zu dem Vorschlag abzugehen (Verfahren CNS/2007/0189). Unbeschadet der Ergebnisse der Prüfung möchte der Rat darauf hinweisen, dass zu den thematischen Aufgabengebieten der Agentur, die in dem vorgeschlagenen Mehrjahresrahmen angeführt werden, auch die Diskriminierung aus Gründen des Geschlechts, der Rasse oder der ethnischen Herkunft, der Religion oder der Weltanschauung, einer Behinderung, des Alters oder der sexuellen Ausrichtung und die Diskriminierung von Angehörigen von Minderheiten gehören.

Eine Wende gab es auch was die Forderung der Schaffung einer Sprachenagentur betraf. Hier zog es die Kommission vor, eine derartige Agentur abzulehnen, zugleich aber auch nicht mehr nur auf das EBLUL zu setzen. Stattdessen entschied sie sich für den Aufbau eines neuen Netzwerkes. Auch was das mehrjährige Sprachenprogramm betraf, das vom Europäischen Parlament auf der Grundlage meines Berichts gefordert wurde, reagierte die Kommission nicht entsprechend.

Zwei schriftliche Anfragen von Huber Pirker (EVP-ED, ÖVP, Österreich) und von mir, sowie die zugehörigen Antworten bestätigen den Sinneswandel der Kommission:

Schriftliche Anfrage von Huber Pirker (EVP-ED, ÖVP, Österreich), Betrifft: Erarbeitung einer europäischen Sprachenpolitik

Hubert Pirker

Vermehrt wurde die Europäische Kommission dazu aufgefordert (z.B. in der Resolution 2007–08 der Delegiertenversammlung der Föderalistischen Union Europäischer Volksgruppen vom 18. Mai 2007 in Tallinn), ein eigenes EU-Förderprogramm zur Sprachenvielfalt unter besonderer Berücksichtigung der Regional- oder Minderheitensprachen zu etablieren, um somit eine effektive, projektorientierte Förderung der Regional- oder Minderheitensprachen zu gewährleisten. Das FUEV-Dokument stellt fest, dass es seit der formaljuristischen Zurückweisung einer eigenen Haushaltslinie für die Regional- oder Minderheitensprachen durch den Europäischen Gerichtshof bisher keine Initiativen von Seiten der Kommission gegeben hat, eine neue rechtliche Grundlage zu schaffen. Für die Übergangszeit wird die Kommission dazu aufgefordert, sicher zu stellen, dass die Regional- oder Minderheitensprachen und hier vor allem die Klein- und Kleinstsprachen entsprechend ihren Bedürfnissen im neuen Integrierten Programm Lebenslanges Lernen der EU berücksichtigt werden.
Die Kommission wird aufgefordert mitzuteilen,

1. ob sie die Schaffung einer angemessenen rechtlichen Grundlage zur Förderung der Sprachenvielfalt und des Sprachenlernens, inklusive der europäischen Regional- und Minderheitensprachen, plant und
2. wie sie in der gegenwärtigen Situation ohne rechtliche Grundlage dafür Sorge tragen will?

Antwort von Herrn Orban im Namen der Kommission

Leonard Orban

Die rechtliche Grundlage für den Gebrauch der Amtssprachen bildet die mehrfach geänderte Verordnung Nr. 1/58. Allerdings sollte bedacht werden, dass die Förderung von Sprachen eine gemeinsame Verantwortung mit der Kommission darstellt, die den Austausch vorbildlicher Verfahren verbessert und beispielhafte Maßnahmen unterstützt. In ihrer Mitteilung von 2005 mit dem Titel »Eine neue Rahmenstrategie für Mehr-

sprachigkeit« bekundet die Kommission ihre Absicht, ein für alle Sprachen günstiges Klima zu fördern. Die Kommission teilt mit dem Parlament das Engagement für die Förderung der sprachlichen Vielfalt.
Die angekündigte Mitteilung zum Thema Mehrsprachigkeit wird den strategischen Ansatz darlegen, den die Kommission zwecks weiterer Stärkung der verschiedenen politischen Aspekte verfolgen will. Zusammen mit der offenen Koordinierungsmethode bildet dies eine solide Grundlage für das oben genannte Ziel.
Die Kommission glaubt, dass die Fördermöglichkeiten, die das Programm für lebenslanges Lernen (2007–2013) für alle Sprachen einschließlich der weniger verbreiteten vorsieht, den erzielten Fortschritt deutlich machen. Projekte zugunsten der Regional- und Minderheitensprachen zählten in der Aufforderung zur Einreichung von Vorschlägen 2007 zu den Prioritäten der Schwerpunktaktivität »Sprachen« des Programms.
In diesem Zusammenhang wurde ein Projekt ausgewählt, das die Entwicklung eines Netzes zur Förderung der Sprachenvielfalt zum Gegenstand hat. Diesem Projekt wurde eine Finanzhilfe in Höhe von 447 535 EUR zur Förderung der Sprachenvielfalt in einem mehrsprachigen Europa gewährt, mit dem Ziel, die gemeinsame Nutzung vorhandener vorbildlicher Verfahren und die Entwicklung neuer und innovativer Ideen im gesamten Bereich der Bildungs- und Sprachplanung in den Kontexten Regional- und Minderheitensprachen, indigene und grenzübergreifende Sprachen, kleinere Landessprachen und weniger verbreitete Sprachen zu erleichtern. Das Netz umfasst 17 Partner, darunter auch mit Regionalsprachen und weniger verbreiteten Sprachen befasste Partner.
In der Aufforderung zur Einreichung von Vorschlägen 2008 haben Projekte Vorrang, die den Erwerb von Kenntnissen in wenig verbreiteten europäischen Sprachen fördern und/oder für diese Sprachen sensibilisieren.

Ähnlich ausgerichtet war auch meine schriftliche Anfrage, wobei die Kommission erneut denselben Standpunkt vertrat:

Schriftliche Anfrage, Betrifft: Erarbeitung einer europäischen Sprachenpolitik

Die Föderalistische Union Europäischer Volksgruppen (FUEV) ist die bedeutendste Dachvereinigung der nationalen Minderheiten in Europa. Durch ihr konsequentes Bekenntnis zu Demokratie und Recht, ihre beharrliche Arbeit für einen besseren Schutz der Volksgruppen und ihr Eintreten

für den friedlichen Dialog gilt sie als vielfach respektierter Gesprächspartner der Regierungen und Parlamente in vielen Staaten Europas und in den europäischen und internationalen Institutionen.
In der Resolution der FUEV-Delegiertenversammlung vom 18. Mai 2007 in Tallinn (Resolution 2007–08) tritt sie für eine nachhaltige Förderung der Regional- oder Minderheitensprachen durch die Europäische Union ein. Sie bedauert, dass die EU-Kommission entgegen der Empfehlung des Europäischen Parlaments, der in Auftrag gegebenen Machbarkeitsstudie und entgegen dem Anraten der FUEV die Grundforderungen der europäischen Minderheiten mit Blick auf die zukünftige Förderung der Regional- oder Minderheitensprachen nicht umgesetzt hat.
Zugleich fordert die FUEV-Delegiertenversammlung die EU-Kommission auf, gemeinsam mit den Organisationen der Regional- oder Minderheitensprachen eine stringente und nachhaltige Sprachenpolitik und Sprachförderung für die Regional- oder Minderheitensprachen zu entwickeln.
Inwieweit hat die Kommission bereits die Initiative dazu ergriffen, um gemeinsam mit den Mitgliedsländern sowie den autochthonen, nationalen Minderheiten/Volksgruppen in Europa eine entsprechende Sprachenpolitik zu erarbeiten?

Antwort
In ihrer Mitteilung aus dem Jahr 2005, »Eine neue Rahmenstrategie für Mehrsprachigkeit«[25], ruft die Kommission die Mitgliedstaaten auf, nationale Strategien zur Förderung der Mehrsprachigkeit festzulegen, die auch Regional- und Minderheitensprachen berücksichtigen. Die Mitteilung zum Thema Mehrsprachigkeit, die im Jahr 2008 angenommen werden soll, legt den strategischen Ansatz zur weiteren Stärkung verschiedener politischer Aspekte dar. Zusammen mit der offenen Methode der Koordinierung bildet dies eine solide Grundlage für die bereits genannte Zielsetzung.

Als eine der Hauptmaßnahmen im Aktionsplan »Förderung des Sprachenlernens und der Sprachenvielfalt« (Aktion III.1.1.) organisierte die Kommission im Jahr 2006 eine europäische Konferenz über Regional- und Minderheitensprachen in den Bildungssystemen[26]. Dies bot den Repräsentanten von Sprachminderheiten die außergewöhnliche Gelegenheit, sich zu treffen, bewährte Verfahren auszutauschen und Themen im Zusammenhang mit Regional- und Minderheitensprachen zu diskutieren.

Im Anschluss an die Präsentationen und Arbeitsgruppen wurde eine Empfehlung an die Kommission zur Finanzierung von Projekten und Netzen für diese Sprachen als Priorität im Rahmen des neuen Integrierten Programms für lebenslanges Lernen 2007–2013 formuliert. Die Kommission bot entsprechende Finanzierungsmöglichkeiten in der ersten Aufforderung zur Einreichung von Vorschlägen im Jahr 2007 an. Projekten zu Regional- und Minderheitensprachen wurde dabei Vorrang eingeräumt.

Aus den eingereichten Finanzhilfeanträgen wurde ein Projekt für die Entwicklung eines Netzes zur Förderung der Sprachenvielfalt ausgewählt. Dieses Projekt wird vom »Welsh Language Board« koordiniert und erhielt zur Förderung der Sprachenvielfalt vor dem Hintergrund eines mehrsprachigen Europas Zuschüsse in Höhe von 447 535 EUR. In diesem Netz sollen bestehende bewährte Verfahren zugänglich gemacht sowie in den Bereichen Bildung und Sprachplanung neue und innovative Ideen für Regional- und Minderheitensprachen, indigene und grenzübergreifende Sprachen, kleinere Landessprachen und weniger verbreitete Sprachen entwickelt werden. 17 Partner sind diesem Netz angeschlossen, darunter das Europäische Büro für die weniger verbreiteten Sprachen, das »Office de la langue bretonne«, das »Institut d'études occitanes« und das »Irish Language Board«.

In der Aufforderung zur Einreichung von Vorschlägen für das Jahr 2008 wird Projekten zur Stärkung des Erwerbs von Kenntnissen in wenig verbreiteten europäischen Sprachen und Sensibilisierung für diese Sprachen Vorrang gegeben.

Der Bericht der Kommission über die Durchführung des Aktionsplans[27] legt die wichtigsten Ergebnisse auf europäischer und nationaler Ebene dar. Die Kommission berücksichtigt, dass die Mitgliedstaaten Anstrengungen unternommen haben, um eine beträchtliche Anzahl der im Aktionsplan dargelegten Ziele zu erreichen und sprachenfreundliche Gemeinschaften zu schaffen.

Die EU-Kommission wurde in den vergangenen fünf Jahren nicht müde gegen eine eigene Sprachenagentur und ein mehrjähriges Förderprogramm, und für ein loses und variables Netzwerk mit unregelmäßiger Finanzierung zu argumentieren. Nimmt man allerdings die Forderung meines Bericht als Grundlage, hat die EU-Kommission es in den vergangenen Jahren auf schändliche Weise verpasst, die existierenden Möglichkeiten innerhalb der bestehenden Programme gemeinsam mit dem EBLUL weiter auszuschöpfen. Stattdessen wurde das Amt eines EU-Kommissars für Sprachenvielfalt geschaffen, ohne realen Mehrwert für die Förderung der europäischen Vielfalt der Sprachen, inklusive Regional- und Minderheitensprachen.

9 Der neue Vertrag von Lissabon als Basis zur Förderung der sprachlichen Vielfalt Europas?

Weder in den EG-Verträgen, noch in den EU-Verträgen von Maastricht, Amsterdam oder Nizza war der Minderheitenschutz verankert. Der neue Vertrag von Lissabon weist hingegen eine ganze Reihe von »minderheitenfreundlichen« Passagen auf und enthält eine Reihe von für Minderheitensprachgemeinschaften interessante Aspekte. Er ist eigentlich in zwei Teile gegliedert, und zwar in den Vertrag über die Europäische Union (VEU) und den Vertrag über die Arbeitsweise der Europäischen Union (VAEU).[28] Bereits in seiner Präambel geht der Text auf die Frage nach friedlicher Koexistenz trotz Wertepluralität ein, und verweist auf das kulturelle, religiöse und humanistische Erbe Europas, aus dem sich die unverletzlichen und unveräußerlichen Rechte des Menschen sowie Freiheit, Demokratie, Gleichheit und Rechtsstaatlichkeit als universelle Werte entwickelt haben.

Artikel 2 VEU schreibt bezüglich der Werte der Union folgendes fest:

> Die Werte, auf die sich die Union gründet, sind die Achtung der Menschenwürde, Freiheit, Demokratie, Gleichheit, Rechtsstaatlichkeit und die Wahrung der Menschenrechte einschließlich der Rechte der Personen, die Minderheiten angehören. Diese Werte sind allen Mitgliedstaaten in einer Gesellschaft gemeinsam, die sich durch Pluralismus, Nichtdiskriminierung, Toleranz, Gerechtigkeit, Solidarität und die Gleichheit von Frauen und Männern auszeichnet.

Zum ersten Mal in der Geschichte der EU findet damit ein Bekenntnis zu Minderheitenrechten Eingang in die EU-Verträge. Ein Schritt, der vor allem der italienischen Ratspräsidentschaft während des zweiten Halbjahres 2003 und vor allem dem persönlichen Einsatz von Außenminister Franco Frattini zu verdanken war. Dies ist vor allem vor dem Hintergrund neuer Erweiterungen von Bedeutung, denn Artikel 49 VEU schreibt fest, dass die Union allen europäischen Staaten offen steht, die die in Artikel 2 genannten Werte achten und sich verpflichten, ihnen gemeinsam Geltung zu verschaffen. Die Wahrung der Minderheitenrechte ist somit unabdingbarer Grundsatz und Voraussetzung für die Mitgliedschaft in der Union. Wie oben erwähnt, kam es während der italienischen Ratspräsidentschaft zum entscheidenden Durchbruch, der ohne das Engagement der Mitgliedstaaten Italien und Ungarn undenkbar gewesen wäre.

Darüber hinaus findet sich im Vertrag von Lissabon auch ein Bekenntnis zur sprachlichen Vielfalt. So hält Artikel 3.3 VEU zu den Zielen der Europäischen Union unter anderem fest:

> Die Union [...] wahrt den Reichtum ihrer kulturellen und sprachlichen Vielfalt und sorgt für den Schutz und die Entwicklung des kulturellen Erbes Europas.

Artikel 4.2 VEU enthält erstmals auch einen unmissverständlich Bezug zur regionalen und kommunalen Selbstverwaltung, wodurch die Beziehung zwischen Union und Mitgliedstaaten durch die regionale und kommunale Komponente erweitert und bereichert wird:

> Die Union achtet die Gleichheit der Mitgliedstaaten vor den Verträgen und ihre jeweilige nationale Identität, die in ihren grundlegenden politischen und verfassungsmäßigen Strukturen einschließlich der regionalen und lokalen Selbstverwaltung zum Ausdruck kommt. Sie achtet die grundlegenden Funktionen des Staates, insbesondere die Wahrung der territorialen

Unversehrtheit, die Aufrechterhaltung der öffentlichen Ordnung und den Schutz der nationalen Sicherheit. Insbesondere die nationale Sicherheit fällt weiterhin in die alleinige Verantwortung der einzelnen Mitgliedstaaten.

Der Verfassungsvertrag, der von den Franzosen und Niederländern in einem Referendum abgelehnt worden war, hatte ursprünglich unter dem Kapitel Unionsbürgerschaft auch vorgesehen, dass Unionsbürgerinnen und Unionsbürger das Recht haben »sich in einer der Sprachen der Verfassung an die Organe und die beratenden Einrichtungen der Union zu wenden und eine Antwort in derselben Sprache zu erhalten.« Diese Formulierung wurde zwar im Vertrag von Lissabon nicht mehr aufgenommen, doch bleibt diese Recht dennoch erhalten. Denn die irische Ratspräsidentschaft hatte bereits im ersten Halbjahr 2004 erreicht, dass die EU-Verfassung – und später auch der Vertrag von Lissabon – auch Übersetzungen in Regional- und Minderheitensprachen vorsieht, soweit dies die Mitgliedstaaten wünschen – eine bisher einmalige Anerkennung der Sprachenvielfalt Europas. Auf der Grundlage dieses Artikels hat die Spanische Regierung bereits die Verwendung des Katalanischen, des Baskischen und des Gallizischen im öffentlichen Schriftverkehr zwischen EU-Bürgern und EU-Institutionen ermöglicht. Eine konkrete Ausformulierung enthält dieses »Sprachenrecht« in Artikel 55 zu den rechtlich verbindlichen Fassungen und Übersetzungen des Vertrags von Lissabon, der in diesem Kontext lautet:

Dieser Vertrag ist in einer Urschrift in bulgarischer, dänischer, deutscher, englischer, estnischer, finnischer, französischer, griechischer, irischer, italienischer, lettischer, litauischer, maltesischer, niederländischer, polnischer, portugiesischer, rumänischer, schwedischer, slowakischer, slowenischer, spanischer, tschechischer und ungarischer Sprache abgefasst,

> wobei jeder Wortlaut gleichermaßen verbindlich ist; er wird im Archiv der Regierung der Italienischen Republik hinterlegt; diese übermittelt der Regierung jedes anderen Unterzeichnerstaats eine beglaubigte Abschrift. Dieser Vertrag kann ferner in jede andere von den Mitgliedstaaten bestimmte Sprache übersetzt werden, sofern diese Sprache nach der Verfassungsordnung des jeweiligen Mitgliedstaats in dessen gesamtem Hoheitsgebiet oder in Teilen davon Amtssprache ist. Die betreffenden Mitgliedstaaten stellen eine beglaubigte Abschrift dieser Übersetzungen zur Verfügung, die in den Archiven des Rates hinterlegt wird.

Kulturpolitische Richtlinien – einschließlich einer Referenz zur regionalen Vielfalt – finden sich in Artikel 167 VAEU:

> (1) Die Union leistet einen Beitrag zur Entfaltung der Kulturen der Mitgliedstaaten unter Wahrung ihrer nationalen und regionalen Vielfalt sowie gleichzeitiger Hervorhebung des gemeinsamen kulturellen Erbes.
> [...]
> (4) Die Union trägt bei ihrer Tätigkeit aufgrund anderer Bestimmungen der Verträge den kulturellen Aspekten Rechnung, insbesondere zur Wahrung und Förderung der Vielfalt ihrer Kulturen.

Artikel 165 VAEU wiederum geht auf die bildungspolitischen Kompetenzen der Union ein, wobei Sprachenpolitik einerseits klar in den Kompetenzbereich der Mitgliedstaaten eingeordnet wird, andererseits aber Förderung des Sprachenlernens als Ziel der Unionspolitik definiert wird:

> 1) Die Union trägt zur Entwicklung einer qualitativ hoch stehenden Bildung dadurch bei, dass sie die Zusammenarbeit zwischen den Mitgliedstaaten fördert und die Tätigkeit der Mitgliedstaaten unter strikter Beachtung der Verantwortung der Mitgliedstaaten für die Lehrinhalte und die Gestaltung des Bildungssystems sowie der Vielfalt ihrer Kulturen und Sprachen erforderlichenfalls unterstützt und ergänzt.
> [...]
> 2) Die Tätigkeit der Union hat folgende Ziele:
> a) Entwicklung der europäischen Dimension im Bildungswesen, insbesondere durch Erlernen und Verbreitung der Sprachen der Mitgliedstaaten.

Schließlich sieht Artikel 238 VAEU nicht mehr Einstimmigkeit im Bereich der Kulturpolitik vor. Damit ist in Zukunft eine Vetopolitik vereinzelter Mitgliedstaaten gegen Minderheitensprachen ausgeschlossen. Es handelt sich hierbei um einen Schlüsselartikel. Die Kulturpolitik der EU dient der Unterstützung der Kulturpolitik der Mitgliedstaaten, oder anders formuliert: kulturpolitische Maßnahmen auf europäischer Ebene dürfen kulturpolitischen Maßnahmen in den Mitgliedstaaten nicht zuwider laufen. Weil es sich bei der Kulturpolitik um den besonders sensiblen Bereich nationaler Identitäten handelt, bestanden die Mitgliedstaaten bisher darauf, kulturpolitische Maßnahmen immer einstimmig zu ergreifen. Dies führte aber zu einer durchaus befremdenden und nicht unbedingt nachvollziehbaren Situation, dass erfolgversprechende Initiativen aufgrund des Vetos von einem oder zwei Mitgliedstaaten fallen gelassen wurden. Mit der Abschaffung der Einstimmigkeit zugunsten der qualifizierten Mehrheit erhält endlich auch die EU-Kulturpolitik den Stellenwert, der ihr zusteht.

Es sei allerdings daran erinnert, dass die qualifizierter Mehrheit nicht so ohne weiteres zu erreichen ist, sie aber ein transparentes und solides System der europäischen Entscheidungsfindung bei Abstimmungen im Ministerrat darstellt:

> Als qualifizierte Mehrheit gilt eine Mehrheit von mindestens 55 Prozent derjenigen Mitglieder des Rates, die die beteiligten Mitgliedstaaten vertreten, sofern die von ihnen vertretenen Mitgliedstaaten zusammen mindestens 65 Prozent der Bevölkerung der beteiligten Mitgliedstaaten ausmachen.
> Für eine Sperrminorität bedarf es mindestens der Mindestzahl von Mitgliedern des Rates, die zusammen mehr als 35 Prozent der Bevölkerung der beteiligten Mitgliedstaaten vertreten, zuzüglich eines Mitglieds; andernfalls gilt die qualifizierte Mehrheit als erreicht.

Durch den Vertrag von Lissabon wird auch die die Grundrechte-Charta durch einen verweisenden Artikel in den Mitgliedsländern rechtsverbindlich. Artikel 6 VEU hebt die Grundrechte-Charta auf den Rang der EU-Verträge.

> (1) Die Union erkennt die Rechte, Freiheiten und Grundsätze an, die in der Charta der Grundrechte der Europäischen Union vom 7. Dezember 2000 in der am 12. Dezember 2007 in Straßburg angepassten Fassung niedergelegt sind; die Charta der Grundrechte und die Verträge sind rechtlich gleichrangig.

Mit der Grundrechte-Charta werden erstmals im Detail Grund- und Menschenrechte für einen EU-Vertragstext rechtlich verbindlich, und mit ihnen auch Sprachen- und Minderheitenrechte. So geht beispielsweise Artikel 21 auf das Diskriminierungsverbot aufgrund der Sprache ein und besagt:

> Diskriminierungen insbesondere wegen des Geschlechts, der Rasse, der Hautfarbe, der ethnischen oder sozialen Herkunft, der genetischen Merkmale, der Sprache, der Religion oder der Weltanschauung, der politischen oder sonstigen Anschauung, der Zugehörigkeit zu einer nationalen Minderheit, des Vermögens, der Geburt, einer Behinderung, des Alters oder der sexuellen Ausrichtung sind verboten.[29]

Doch damit nicht genug: Artikel 22 spricht von der Achtung der Kulturen, Religionen und Sprachen von Seiten der Union, und stellt dabei die sprachliche Vielfalt erneut in einen positiven Kontext.

Wie oben erwähnt, findet erstmals in der Geschichte der EG/EU der Begriff »Minderheiten« bzw. »nationale Minderheiten« Eingang in die Vertragstexte (Artikel 2 VEU bzw. 21 Grundrechte-Charta). Dennoch gibt es auch zwei Wermutstropfen, denn der EU wurde nicht die Kompetenz übertragen gegen Diskriminierungen aufgrund der Sprache oder der Zugehörigkeit zu einer nationalen autochthonen Minderheiten vorzugehen und darüber hinaus fehlen auch Gruppenrechte. Dadurch entsteht eine skurrile Widersprüchlichkeit: Der neue Vertrag von Lissabon unterstreicht den Wert der Sprachenvielfalt und die Charta der Grundrechte der Europäischen Union verbietet im Prinzip Diskriminierungen aufgrund der Sprache oder der Zugehörigkeit zu einer nationalen autochthonen Minderheiten, allerdings sieht der Lissabon-Vertrag nicht vor, dass die EU in der Praxis konkret dagegen vorgehen kann. Folglich nehmen weder Artikel 10 VAEU noch Artikel 19 VAEU Bezug auf Diskriminierungen aufgrund der Sprache oder der Zugehörigkeit zu einer nationalen Minderheit.[30] Der EU-Vertrag und die Charta der Grundrechte verbieten etwas in der Theorie, für dessen Umsetzung die EU selbst aber in der Praxis keine Kompetenz erhält.

Dennoch bietet der neue EU-Vertrag auch ein bisher ungekanntes Potential: Mit Artikel 6 VEU wird die Mitgliedschaft der EU in der Europäischen Konvention zum Schutz der Menschenrechte und Grundfreiheiten des Europarats angestrebt. Eine logische Folge könnte im Anschluss daran die Unterzeichnung und Ratifizierung weiterer menschenrechtsrelevanter Dokumente des Europarats sein, wie jene der Europäischen Charta für Regional- oder Minderheitensprachen oder der Europäischen Rahmenkonvention zum Schutz nationaler Minderheiten.

Der Grundstein für all diese minderheitenfreundlichen Artikel wurden während der Ausarbeitung des europäischen Verfassungsvertrags gelegt. Die eineinhalb Jahre, während der die europäische Verfassung ausgearbeitet wurde, gehören sicherlich zu den interessantesten meiner bisher 15-jährigen Tätigkeit im Europäischen Parlament. Ich hatte mich damals von Anfang an mit Vertretern verschiedener Institutionen auf europäischer, nationaler, regionaler und lokaler Ebene, mit Mitgliedern verschiedener Parteien und Repräsentanten der Zivilgesellschaft in Verbindung gesetzt und den Versuch unternommen, die zahlreichen Initiativen zu unterstützen und – wann immer gewünscht – zu koordinieren. Ich selbst hatte mich dabei innerhalb der Thematik »Minderheitenfrage« auf folgende Hauptbereiche konzentriert:

Minderheitenschutz

Zum einen war ich davon überzeugt, dass die vom Europäischen Rat im Juni 1993 festgelegten Kriterien von Kopenhagen eins zu eins in die zukünftige Verfassung übernommen werden sollten. Damals hatte der Europäische Rat beschlossen, ein Land könne nur Mitglied der EU werden, wenn es unter anderem die Menschenrechte wahrt und die Minderheiten achtet und schützt. Die Kopenhagener Beitrittsbedingungen dienten ein Jahrzehnt lang als Grundlagen für den Erweiterungsprozess. Mit der neuen EU-Verfassung drohte in dieser Hinsicht eine gefährliche Wende, der der Europäische Konvent, der sich auch Vertretern des Europäischen Parlaments, der EU-Kommission sowie der Regierungen und der Parlamente der Mitgliedstaaten bzw. Beitrittskandidaten zusammensetzte, schien für zukünftige Erweiterungsrunden ein neues Kriterium einführen zu wollen. Ja selbst die letzte Fassung des Konventstextes, der vom Konventspräsidenten Valéry Giscard d'Estaing am 18. Juli 2003 der italienischen Ratspräsidentschaft in Rom übergeben worden war, enthielt das Beitrittskriterium Minderheitenschutz nicht mehr! Artikel 57 des damaligen Konventstextes legte die Kriterien und

Verfahren für den Beitritt zur Union fest und bestimmte lapidar:

> Die Union steht allen europäischen Staaten offen, die die in Artikel 2 genannten Werte achten und sich verpflichten, ihnen gemeinsam Geltung zu verschaffen.

Ein Blick aber auf den genannten Artikel 2 enttäuscht, denn dort war kein Wort von Minderheitenschutz zu lesen:

> Artikel 2: Die Werte der Union
> Die Werte, auf die sich die Union gründet, sind die Achtung der Menschenwürde, Freiheit, Demokratie, Gleichheit, Rechtsstaatlichkeit und die Wahrung der Menschenrechte; diese Werte sind allen Mitgliedstaaten in einer Gesellschaft gemeinsam, die sich durch Pluralismus, Toleranz, Gerechtigkeit, Solidarität und Nichtdiskriminierung auszeichnet.

Seit den Stellungnahmen von 1997 zu den Anträgen der mittel- und osteuropäischen Länder auf Mitgliedschaft hat die Kommission in den alljährlich erstellten regelmäßigen Berichten die Fortschritte der Bewerberländer, einschließlich Maltas, der Türkei und Zyperns, im Hinblick auf die Erfüllung der Kopenhagener Kriterien bewertet. Um zu beurteilen, in welchem Umfang ein Bewerberland die politischen Kriterien erfüllt, beschrieb die Kommission nicht nur die einzelnen Institutionen (Legislative, Exekutive, und Judikative), sondern prüfte auch die in der Praxis gewährten Rechte und Freiheiten. Im Bereich der Menschenrechte untersuchte die Kommission, inwieweit die Bewerberländer die Bestimmungen der wichtigsten Menschenrechtskonventionen und insbesondere der Europäischen Konvention zum Schutz der Menschenrechte und Grundfreiheiten achteten und anwandten. In Bezug auf die Achtung der Minderheitenrechte und den Schutz der Minderheiten untersuchte die Kommis-

Gemischte Parlamentarische Ausschüsse: Die Mitglieder des Europäischen Parlaments kommen in den Gemischten Parlamentarischen Ausschüssen regelmäßig mit ihren Kollegen aus den Beitrittsländern zusammen. Sie dienen dazu, die parlamentarische Überwachung aller bilateralen Beziehungen sicherzustellen und die Fortschritte bei den Beitrittsvorbereitungen und -verhandlungen im Einzelnen zu untersuchen. Die Gemischten Parlamentarischen Ausschüsse verabschieden gemeinsame Erklärungen und Empfehlungen, die die erzielten Fortschritte und die Verpflichtungen im Hinblick auf die künftige Arbeit widerspiegeln.

sion insbesondere die Einhaltung der Grundsätze des Rahmenübereinkommens des Europarats zum Schutz nationaler Minderheiten. Diese Detailkontrolle war nur durch das oben genannte Kriterium von Kopenhagen möglich. Und selbst der Europäische Rat beschloss in seiner Erklärung von Laeken am 15. Dezember 2001, als die EU-Mitgliedstaaten den Konvent einberiefen, dass »die einzige Grenze, die die Europäische Union zieht, die der Demokratie und der Menschenrechte ist. Die Union steht nur Ländern offen, die ihre Grundwerte, wie freie Wahlen, Achtung der Minderheiten und der Rechtsstaatlichkeit, teilen.«[31] Umso sonderbarer erschien es mir, dass nun der Verfassungsentwurf diese Voraussetzung für den EU-Beitritt mit keinem Wort erwähnte. Hier bestand offensichtlich klarer Handlungsbedarf. Als Vorsitzender des Gemischten Parlamentarischen Ausschusses EU-Slowenien machte ich wiederholt auf diesen Umstand aufmerksam.

Franco Frattini

Der Durchbruch in dieser Thematik kam während der italienischen Ratspräsidentschaft bei einer Klausurtagung der Minister in Neapel am 25. November und ist als einzigartiger Erfolg in der rechtlichen Verankerung des Minderheitenschutzes im EU-Recht zu werten. Der Vorschlag des italienischen Vorsitzenden, Außenminister Franco Frattini, mit dem ich damals in ständigem Kontakt stand, kam zum richtigen Zeitpunkt und bewirkte letzten Endes, dass die Achtung und der Schutz Angehöriger von Minderheiten bei zukünftigen EU-Erweiterungen verfassungsrechtlich verankert ist. Im Vergleich zum Konventstext liest sich heute der Vertrag von Lissabon daher wesentlich minderheitenfreundlicher:

Konventsentwurf für den Vertrag über eine Verfassung für Europa:	Vertrag von Lissabon Vertrag über die Europäische Union
Artikel 2: Die Werte, auf die sich die Union gründet, sind die Achtung der Menschenwürde, Freiheit, Demokratie, Gleichheit, Rechtsstaatlichkeit und die Wahrung der Menschenrechte; diese Werte sind allen Mitgliedstaaten in einer Gesellschaft gemeinsam, die sich durch Pluralismus, Toleranz, Gerechtigkeit, Solidarität und Nichtdiskriminierung auszeichnet.	Artikel 2: Die Werte, auf die sich die Union gründet, sind die Achtung der Menschenwürde, Freiheit, Demokratie, Gleichheit, Rechtsstaatlichkeit und die Wahrung der Menschenrechte ***einschließlich der Rechte der Personen, die Minderheiten angehören.*** Diese Werte sind allen Mitgliedstaaten in einer Gesellschaft gemeinsam, die sich durch Pluralismus, Nichtdiskriminierung, Toleranz, Gerechtigkeit, Solidarität ***und die Gleichheit von Frauen und Männern*** auszeichnet.

Anerkennung der sprachlichen und kulturellen Vielfalt

Zum anderen war für mich die Diskussion um die Anerkennung der sprachlichen und kulturellen Vielfalt Europas, inklusive der Regional- und Minderheitensprachen, ein wichtiges Anliegen. Schon im ersten Konvent, der mit der Ausarbeitung der Grundrechtecharta beauftragt worden war, konnte nach langem Ringen erreicht werden, dass die EU sich in einem eigenen Artikel dazu verpflichtet, die Vielfalt der Kulturen, Religionen und Sprachen zu achten.

Diese Grundrechtecharta sollte daher unverändert in neuen Vertragsreformen aufgenommen werden.und in jenem Artikel integriert werden, der auf die Ziele der Union eingeht. Zugleich sollten Initiativen der EU im Bereich der Kulturpolitik in Zukunft mit qualifizierter Mehrheit entschieden werden und nicht mehr einstimmig. Da die Kulturpolitik der EU ohnedies nur zum Bereich der Unterstützungs-, Koordinierungs- und Ergänzungsmaßnahmen zählt, und nicht in den Kompetenzbereich der EU fällt, verhinderte das Einstimmigkeitsprinzip im Rat positive Initiativen zugunsten der Regional- und Minderheitensprachen. Alle drei Forderungen,

- sowohl die unveränderte Aufnahme der Grundrechtecharta in den Verfassungsvertrag,
- als auch die Verankerung der Achtung der Sprachenvielfalt als Ziel der Union
- und die Einführung der qualifizierten Mehrheit in der Kulturpolitik,

konnten verwirklicht werden, und zwar noch während der Arbeiten des Konvents und nicht erst während der Regierungskonferenz. Ich führte damals sehr gute Kontakte mit zahlreichen Mitgliedern des Konvents und des Konventsvorsitzes, wobei hier vor allem die Arbeiten des italienischen Vizepräsidenten des Konvents, Giuliano Amato, und des ehemaligen slowenischen Außenministers Lojze Peterle lobend hervorgehoben werden muss. Amato war für eine Stärkung der Regionen sensible und Peterle vertrat im Vorstand des Konvents die Stimme der Beitrittskandidaten und hatte immer ein offenes Ohr für die Anliegen der Sprachminderheiten. Ganz anders verhielt es sich bei den Vorsitzenden des Grundrechtekonvents und des Verfassungskonvents, beim ehemaligen deutschen Bundespräsidenten Roman Herzog und beim ehemaligen französischen Präsidenten Valéry Giscard d'Estaing, die sich in diesen Fragen desinteressiert zeigten.

Ein weiterer Aspekt, der mir besonders am Herzen lag, war eine Änderung der Rechtsgrundlage der Antidiskriminierungspolitik der EU.

Die in Nizza beschlossene revidierte Fassung des EG-Vertrages sieht in Artikel 13 Absatz 1 folgendes vor:

> (1) Unbeschadet der sonstigen Bestimmungen dieses Vertrags kann der Rat im Rahmen der durch den Vertrag auf die Gemeinschaft übertragenen Zuständigkeiten auf Vorschlag der Kommission und nach Anhörung des Europäischen Parlaments einstimmig geeignete Vorkehrungen treffen, um Diskriminierungen aus Gründen des Geschlechts, der Rasse, der ethnischen Herkunft, der Religion oder der Weltanschauung, einer Behinderung, des Alters oder der sexuellen Ausrichtung zu bekämpfen.

Erstmals verankert wurde dieser Artikel im Gemeinschaftsrecht mit dem Vertrag von Amsterdam 1997. Doch zur Verwunderung breiter Kreise der Zivilgesellschaft und auch der Politik konnte der Kampf von Seiten der EU gegen Diskriminierungen aufgrund der Zugehörigkeit zu einer nationalen Minderheit oder aufgrund der Sprache nicht aufgenommen werden. Dies führte sogar soweit, dass Nichtregierungsorgansiationen, die sich seit Jahrzehnten gegen Diskriminierungen aller Art stark machten, an den Programmen der EU nicht teilnehmen konnten, weil sie beispielsweise Diskriminierungen aufgrund der Zugehörigkeit zu einer nationalen Minderheit oder aufgrund der Sprache bekämpften. Dennoch, die Interpretation der EU-Kommission schloss klar aus, dass derartige Diskriminierungsfälle in den Bereich »Diskriminierungen aus Gründen der ethnischen Herkunft« fallen würden. Doch war für mich eine derartige inkonsequente Antidiskriminierungspolitik nicht einleuchtend. In meiner Funktion als Mitglieds des Europäischen Parlaments stellte ich daher an die EU-Kommission am 8. Januar 2002 folgende schriftliche Anfrage:

> Auf der Grundlage des Aktionsprogramms der Gemeinschaft zur Bekämpfung von Diskriminierungen 2001–2006 fordert die Generaldirektion Beschäftigung und Soziales zur Einreichung von Vorschlägen gegen Diskriminierung (VP/2001/19) auf. Konkret geht es um die »Unterstützung auf europäischer Ebene tätiger NRO-Dachorganisationen, die diskriminierte Menschen repräsentieren und für deren Rechte eintreten.«
> Das Hauptziel besteht darin, einen »Beitrag zur Bekämpfung von Diskriminierungen aus Gründen der Rasse oder der ethnischen Herkunft, der Religion oder der Weltanschauung, einer Behinderung, des Alters oder der sexuellen Ausrichtung« zu leisten.
> Zu Recht bekämpft die Gemeinschaft vielfältige Formen der Diskriminierung und bezieht sich dabei unter anderem auf Artikel 2 der Allgemeinen Erklärung der Menschenrechte (UNO 1948), die Diskriminierungen aufgrund von »Rasse, Farbe, Geschlecht, Sprache, Religion, politischer oder sonstiger Überzeugung, nationaler oder sozialer Herkunft, Eigentum, Geburt oder sonstigen Umständen« ablehnt.
> Kann die Europäische Kommission bestätigen, dass die obengenannte Aufforderung trotz der umfassenden Begriffsbestimmung von »ethnischer Herkunft« Sprachminderheiten ausschließt?
> Wenn ja, kann die Kommission begründen, warum ein Aktionsprogramm, das Diskriminierungen bekämpfen soll, 40 Millionen Angehörige von Sprachminderheiten ignoriert/ausschließt/übergeht/diskriminiert, die teilweise täglich Diskriminierungen auf Grund ihrer Sprache ausgesetzt sind? Noch dazu finden diese Diskriminierungen auch in Bereichen wie »Beschäftigung, Bildung, Bereitstellung von Gütern und Dienstleistungen sowie Sozialschutz« statt, eben jene Bereiche, die dieses Aktionsprogramm selbst nennt.
> Ist die Kommission der Meinung, dass europäische Bürger nicht Diskriminierungen aufgrund ihrer Sprache unterworfen sein können?[32]

Die damals für Sozialpolitik zuständige griechische EU-Kommissarin Anna Diamantopoulou antwortete im Namen der EU-Kommission am 1. Februar 2002 wie folgt:

Das Aktionsprogramm zur Bekämpfung von Diskriminierungen stützt sich auf Artikel 13 EG-Vertrag. Gemäß diesem Artikel kann die Gemeinschaft »geeignete Vorkehrungen treffen, um Diskriminierungen aus Gründen des Geschlechts, der Rasse, der ethnischen Herkunft, der Religion oder der Weltanschauung, einer Behinderung, des Alters oder der sexuellen Ausrichtung zu bekämpfen.« Diskriminierung aufgrund der Sprache wird in diesem Artikel nicht erwähnt. Maßnahmen zur Bekämpfung von Diskriminierungen aufgrund der Sprache können somit nicht im Rahmen des Programms gefördert werden. Weder in Artikel 13 EG-Vertrag noch in Richtlinie 2000/43/EG[33] deckt der Begriff »Diskriminierung aus Gründen der ethnischen Herkunft« den Aspekt der Diskriminierung aufgrund der Sprache ab. Gleiches gilt für andere internationale Rechtsinstrumente.[34] Folglich richtet sich die Aufforderung zur Einreichung von Vorschlägen VP/2001/019 nicht an nichtstaatliche Organisationen, die sich für die Förderung der Regional- und Minderheitensprachen in Europa einsetzen.
Die Achtung der sprachlichen und kulturellen Vielfalt wurde unlängst in Artikel 22 der Charta der Grundrechte der Europäischen Union verankert. Darin heißt es: »Die Union achtet die Vielfalt der Kulturen, Religionen und Sprachen.« Auf Initiative des Parlaments, das mehrere Entschließungen zu diesem Thema angenommen hat, hat die Union Maßnahmen zum Schutz und zur Förderung der Regional- und Minderheitensprachen Europas auf den Weg gebracht. Die Maßnahmen zugunsten der Regional- und Minderheitensprachen sind in unterschiedlichen Bereichen angesiedelt. Insbesondere ist auch eine Bezuschussung der Betriebskosten des Europäischen Büros für Sprachminderheiten vorgesehen. Darüber hinaus finanziert die Gemeinschaft verschiedene Initiativen, die den betreffenden Sprachen zugute kommen. Nähere Informationen können unter folgender Internetadresse abgerufen werden: http://europa.eu.int/comm/education/langmin_de.html. Schließlich ist in diesem Zusammenhang auch auf das Europäische Jahr der Sprachen (2001) hinzuweisen, in dessen Rahmen ebenfalls zahlreiche Initiativen zugunsten der Regional- und Minderheitensprachen finanziert wurden. Informationen über das Europäische Jahr finden sich unter: http://www.eurolang2001.org/eyl/common/home.asp?LANG=DE.[35]

Damit unterstrich die EU-Kommission einmal mehr aufs Deutlichste, dass in ihrer Interpretation der Rechtsbasis für die Antidiskriminierungspolitik sprachliche Diskriminierung nicht abgedeckt werden konnte. Dasselbe galt auch für Diskriminierungen aufgrund der Zugehörigkeit zu einer nationalen Minderheit. Folglich musste auch Artikel 13 des EG-Vertrags um die Begriffe »Sprache« und »nationale Minderheit« erweitert werden.

Am 29. Januar 2002 hatte ich eine zweite schriftliche Anfrage zu dieser Thematik an die EU-Kommission gestellt, die darauf abzielte zu erörtern, wie die Kommission gegebenenfalls zu einem Änderungsvorschlag bzw. zu einer Ausdehnung der Rechtsbasis von Artikel 13 stehen würde:

> Der Europäische Konvent arbeitet gegenwärtig an einem Verfassungsvertrag für die Europäische Union der Zukunft. Unter anderem befürwortet er die Einbeziehung der Charta der Grundrechte in die EU-Verträge sowie den Beitritt der Union zur Europäischen Menschenrechtskonvention (EMRK). Beide Menschenrechtstexte verbieten Diskriminierungen unter anderem aufgrund der Sprache sowie der Zugehörigkeit zu einer nationalen Minderheit (Artikel 21 Grundrechtecharta, Artikel 14 EMRK).
> Im Gegensatz dazu finden beide Diskriminierungsgründe in Artikel 13 des EG-Vertrags keine Berücksichtigung. Folglich werden sie auch im Aktionsprogramm zur Bekämpfung von Diskriminierungen ignoriert.
> Der Kommission werden daher folgende Fragen gestellt:
> - Befürwortet die Kommission eine Änderung von Artikel 13 EG-Vertrag, um das Prinzip einer umfassenden Nicht-Diskriminierung nicht zu einem bloßen Lippenbekenntnis verkommen zu lassen, sondern ihm auch in den EU-Programmen sichtbareren und konkreten Ausdruck zu verleihen.
> - Ist die Kommission gewillt, mittels ihrer Vertreter im Konvent diese Thematik aufzugreifen?
> - Wird die Kommission über Möglichkeiten und Alternativen nachdenken, wie – unabhängig von der Konventsdebatte – die Prävention bzw. Bekämpfung von Diskriminierungen aufgrund der Sprache oder der Zugehörigkeit zu einer nationalen Minderheit in ihren Initiativen berücksichtigt werden könnten?[36]

Die Debatte wurde in der EU-Kommission zu Chefsache erklärt weshalb auf diese zweite Anfrage Kommissionspräsident Romano Prodi am 3. März 2003 wie folgt erwiderte:

Die Kommission unterstützt die Einbeziehung des Grundsatzes der Nichtdiskriminierung in die künftige Verfassung der Union im Rahmen der Tätigkeiten des Konvents. Darüber hinaus unterstützt sie auch die Einbeziehung der Charta der Grundrechte in den Verfassungstext, womit Artikel 21 der Charta in Verfassungsrang erhoben würde. Es obliegt dem Präsidium des Konvents, Vorschläge für Bestimmungen der künftigen Verfassung zu unterbreiten. In dem Vorschlag des Präsidiums für Artikel 6 wird jede Diskriminierung aus Gründen der Staatsangehörigkeit verboten. Nach Auffassung der Kommission gilt es, bei der Einbeziehung verschiedener aktueller Bestimmungen in die Verfassung, die wie die Artikel 12 und 13 EG-Vertrag und Artikel 21 der Charta der Grundrechte den Grundsatz der Nichtdiskriminierung betreffen, die Kohärenz des Gesamtwerks zu wahren.

Bei dem Verbot der Diskriminierung aufgrund der Sprache oder der Zugehörigkeit zu einer nationalen Minderheit handelt es sich um einen allgemeinen Grundsatz des Gemeinschaftsrechts, den die Kommission gemäß Artikel 6 EU-Vertrag jedenfalls bei ihren Initiativen berücksichtigen muss. Dieser allgemeine Grundsatz wurde in Artikel 21 der Charta klar zum Ausdruck gebracht.

Die Kommission stimmt vollkommen mit dem Herrn Abgeordneten im Hinblick auf die Berücksichtigung der Prävention und Bekämpfung von Diskriminierungen aufgrund der Sprache oder der Zugehörigkeit zu einer nationalen Minderheit sowie der anderen in Artikel 21 der Charta aufgeführten Fälle in ihren Initiativen überein.

Die Kommission weist darauf hin, dass alle Vorschläge für Rechtsakte und alle Regelungen, die vom Kollegium angenommen werden, systematisch bei ihrer Erstellung einer vorherigen Überprüfung ihrer Vereinbarkeit mit der Charta unterliegen. Diese Überprüfung wird durch die Einführung eines besonderen Erwägungsgrundes in jedem Vorschlag deutlich, der einen unmittelbaren Bezug zu den Grundrechten aufweist.[37]

Selbstverständlich waren beide Antworten nicht ganz zufrieden stellend. Einerseits hatte ich mir erhofft, die Kommission würde in der Auslegung ihrer Rechtsgrundlage seit der Erstellung der Grundrechtecharta einen inklusiven Ansatz verfolgen. Die Kommissarin verwies in ihrer Antwort selbst auf den in der Grundrechtecharta verankerten Grundsatz der sprachlichen und kulturellen Vielfalt. Zugleich war sie aber nicht bereit, ihre Antidiskriminierungspolitik zu überdenken. Meine Überzeugung wiederum war es, dass die 2000 feierlich proklamierte Grundrechtecharta es notwendig machte, Rechtsgrundlagen, wie jene der Antidiskriminierungspolitik aus dem Jahre 1997, zu überdenken. Mit der Grundrechtecharta hatte die Union offensichtlich einen Schritt nach vorne getan; folglich musste veraltete Rechtsgrundlagen an die neu geschaffenen Prinzipien angeglichen werden.

Aufschlussreicher war die Antwort des Kommissionspräsidenten Prodi. Er sagte unmissverständlich, dass es nach Auffassung der Kommission bei der Einbeziehung verschiedener Nichtdiskriminierungs-Bestimmungen in die Verfassung gelte, die Kohärenz des Gesamtwerks zu wahren. Wenn also Artikel 21 der Charta der Grundrechte Diskriminierungen aufgrund der Sprache oder der Zugehörigkeit zu einer nationalen Minderheit verbot, mussten dies auch Artikel 12 und 13 des EG-Vertrags vorsehen, so meine Schlussfolgerung.

Antonio Vitorino

Ich forderte daher in einem persönlichen Schreiben den für Innen- und Justizpolitik zuständigen portugiesischen Kommissar, Antonio Vitorino, der auch die EU-Kommission im Verfassungskonvent vertrat, auf, sich für die Kohärenz der Bestimmungen des Antidiskriminierungsverbots einzusetzen. Dieser antwortete mir

> I would like to stress that while Article 21 of the Charter establishes the principle of non-discrimination, Article 13 of the EC Treaty creates a competence to act.
> Your proposal [to put Article 13 in phase with Article 21] has therefore the consequence that it will extend the competences of the European Community related to Article 13 of the Treaty.[38]

Vitorino machte darauf aufmerksam, worauf es wirklich ankam: Die Antidiskriminierungsbestimmung in Artikel 21 der Grundrechtecharta verankert ein Prinzip, während Artikel 13 des EG-Vertrags der EU eine konkrete Handlungskompetenz überträgt. Offenbar lag hierin das Problem: Die EU-Mitgliedstaaten waren für das Lippenbekenntnis bereit, die EU solle im Prinzip keine Diskriminierungen aufgrund der Sprache oder der Zugehörigkeit zu einer nationalen Minderheit zulassen. Zugleich waren sie aber nicht bereit, der EU die Kompetenz zu übertragen, gegen eventuelle Diskriminierungsfälle vorzugehen, denn dies konnte leicht dazu führen, dass einige Mitgliedstaaten sich plötzlich unverhofft auf der Anklagebank wieder finden würden.

Ich hatte damals auch den für Regionalpolitik zuständigen französischen EU-Kommissar Michel Barnier kontaktiert, der gemeinsam mit Vitorino die Kommission im Verfassungskonvent vertrat. Seine Reaktion unterschied sich von jener Vitorinos:

> En effet, l'article 21 de la Charte et l'article 13 du traité CE font partiellement double emploi. La Commission recommande, vous le savez, l'intégration de la Charte dans le traité constitutionnel, ce qui justifie certainement une adaptation de l'article 13. [...] Dans ce contexte, j'ai pris note avec intérêt du texte que vous proposez, qui répond bien à l'objectif recherché.[39]

Michel Barnier

Stärker als Vitorino in seinem Schreiben oder Präsident Prodi in seiner Antwort sprach sich der in der Zwischenzeit unter Chirac zum französischen Außen- und später unter Sarkozy Landwirtschaftsminister avancierte sich Barnier für eine Anpassung von Artikel 13 EGV an Artikel 21 der Grundrechtecharta aus.

Und Zustimmung hatte ich auch vom ehemaligen Präsidenten des Europäischen Parlaments, dem Sozialdemokraten Klaus Hänsch, erfahren. Er war damals Mitglied im Präsidium des Verfassungskonvents und antwortete auf meinen Vorschlag wie folgt:

> Ich teile Ihre Meinung, dass die Aufnahme der Grundrechtecharta in den Verfassungsvertrag von zentraler Bedeutung sein wird und stimme Ihnen zu, dass der Konvent sich auch eventuellen Änderungen von Verfassungsbestimmungen zuwenden muss, um sie mit dem Inhalt der Charta abzustimmen. Ich nehme daher Ihren Hinweis gern mit in die weiteren Beratungen auf.[40]

Bedauerlicherweise erreichte weder der Verfassungskonvent noch die anschließende Regierungskonferenz die von mir wiederholt geforderte Angleichung. Während in den übrigen Themenkomplexen – wie oben erwähnt – erstaunlich viel erreicht wurde, konnte in der Frage der Antidiskriminierungspolitik einfach kein Durchbruch gelingen. Der Grund dafür lag wohl in der realpolitischen Analyse, die Kommissar Vitorino mir in seinem Schreiben mitgeteilt hatte.

Als umso wichtiger und erfolgreicher musste daher das Erreichte betrachtet werden. Und dass so viel erreicht werden konnte, obwohl im Konvent so zahlreiche und voneinander unterschiedliche Interessen aufeinander prallten, daran hatten eine Reihe von Konferenzen mit hochrangigen Vertretern aus Politik und Gesellschaft einen wesentlichen Anteil. Ich selbst hatte bei zahlreichen Events teilgenommen und zum Teil auch selbst mitorganisiert. Zu den spannendsten und best besetztesten zählte dabei sicherlich die Europakonferenz der Autonomen Region Trentino-Südtirol zum Thema »Der Konvent für ein neues Europa – Chancen und Risiken in der erweiterten

Richard Theiner

EU«, zu der ich gemeinsam mit dem damaligen Vizepräsidenten der Regionalregierung, Richard Theiner, angeregt hatte und schließlich die in Bozen vom 28. – 29. März 2003 stattfand und an der u.a. Andreas Khol, Österreichischer Nationalratpräsident, Franco Frattini, Italienischer Außenminister, Herwig van Staa, Landeshauptmann von Tirol, Lorenzo Dellai, Landeshauptmann von Trentino, Luis Durnwalder, Landeshauptmann von Südtirol, Carlo Andreotti, Präsident der Regionalregierung, Sergio Mattarella, Abgeordneter zum Italienischen Parlament, Siegfried Brugger, Abgeordneter zum Italienischen Parlament, Antonio Tajani, Mitglied des Europäischen Parlaments und des Konvents sowie späterer Vizepräsident der EU-Kommission, Hans-Peter Martin, Mitglied des Europäischen Parlaments, Raf Chanterie, Mitglied im Kabinett von Viviane Reding, EU-Kommissarin für Bildung und Kultur teilnahmen. Eine ganze Reihe wichtiger Fragen konnte bei derartigen Seminaren und Konferenzen besprochen und teilweise auch einer Lösung zugeführt werden.

Antonio Tajani

Mittlerweile ist der Vertrag von Lissabon, der auf der Grundlage des Verfassungsvertrages ausgearbeitet worden war, unterzeichnet und wartet auf die Ratifizierung aller EU-Mitgliedstaaten. Jeder Europäer, der sich mit ihm auseinandersetzt, wird vermutlich den einen oder anderen Aspekt kritisieren oder auf Bereiche stoßen, die zu wenig oder auch zu umfangreich Beachtung finden. Das Entscheidende ist aber, dass die Europäer dem Text in seiner Gesamtheit zustimmen können. Auch der Vertrag von Lissabon ist letzten Endes ein Kompromiss, wobei eine neuerliche Vertragsreform im sich wandelnden System Europa nur eine Frage der Zeit ist.

Der langersehnte neue vertragliche Grundstein ist jedenfalls gelegt und zurecht kann behauptet werden, dass mit dem Inkrafttreten des Vertrags von Lissabon eine für Europas Minderheiten und ihre Sprachen wichtige Phase erfolgreich abgeschlossen werden konnte.

10 Minderheitenrechte und aktuelle Verfassungsdiskussionen. Gedanken zu Europa und Österreich von Andreas Khol

1. Gesellschaftlicher Grundkonsens und Verfassungsdiskussionen

Das Jahr 2005 war ein besonderes Jubiläumsjahr für Österreich. Wir haben uns an Ereignisse erinnert, die für unser Land von entscheidender Bedeutung sind – das Kriegsende 1945, den Staatsvertrag 1955, der Österreich die Freiheit wiedergegeben hat, schließlich Österreichs Beitritt zur Europäischen Union 1995. Aus der Erinnerung heraus wollen wir auch Perspektiven für die Zukunft unseres Landes, unserer Heimat entwickeln. Für mich stehen dabei drei Fragen im Vordergrund, die auch einen engen Zusammenhang mit dem Thema dieses Buches aufweisen: Woher kommen wir? – Wo stehen wir heute? – Wohin gehen wir?

Wir in Österreich kommen aus den Ruinen des Jahres 1945, den Trümmern unserer Städte und Dörfer, den Trümmern unserer Gesellschaft nach Wirtschaftskrise und Bürgerkrieg, dem Ende der Demokratie und den Verbrechen des Nationalsozialismus. Wir stehen heute in einem Staat, den alle wollen. Die Bürgerinnen und Bürger, alle politischen Kräfte haben diesen Staat gemeinsam erarbeitet. Wir gestalten unseren Staat in einer parlamentarischen Demokratie, die auf dem Grundkonsens aller beruht und im Wertefundament einer blühenden und vielfältigen Bürgergesellschaft verankert ist. Dieses Wertefundament und dieser Grundkonsens ist von entscheidender Bedeutung für die Beantwortung der Frage »Wohin gehen wir?«. Wenn ein Land mit 8 Millionen Menschen in einem Europa der 500 Millionen als Kultur- und Schicksalsgemeinschaft bestehen will, so brauchen sie den Grundkonsens aller Kräfte in einer sie tragenden Bürgergesellschaft. Nur dieser ermöglicht es, dass die Antworten für eine weiter bestehende gesellschaftliche Integration und Kohäsion, auf die wir heute so stolz und gleichzeitig so angewiesen sind, ständig erarbeitet werden können.

Wenn Michl Ebner sich in seinem politischen Wirken so beharrlich um die Anliegen der Minderheiten in einem vereinten Europa bemüht, so spricht er gerade auch diese Fragen an. Er erinnert an die Geschichte und Gegenwart der Vielfalt Europas, die von vielen oft nicht erkannt wird und immer wieder – wie gerade im Fall der Südtiroler – auch eine Geschichte der Unterdrückung erfahren hat. Er fragt, wie es heute in einem Europa, dass sich als immer engere Union der Menschen und Völker verstehen möchte, um das Zusammenleben in Vielfalt steht. Diese Fragen führen zu der entscheidenden Frage, wohin wir gehen wollen: Wie ist es möglich, Vielfalt in Einheit zu verwirklichen? Wie ist es möglich, Sprache, Identität, das Gefühl und die Erfahrung des Beheimatet-sein, zu berücksichtigen, zu fördern und weiterzuentwickeln? Wiederum braucht es für die Gestaltung dieses Zusammenlebens in Vielfalt einen Grundkonsens aller Kräfte in einer sie tragenden Bürgergesellschaft. Dieser ist entscheidend dafür, dass es gelingt, jene Spannungen, Unsicherheiten, Vorurteile und Ängste, die regelmäßig die Auseinandersetzungen über Minderheitenrechte prägen, offen anzusprechen und nach Lösungen zu suchen, die gesellschaftliche Integration und Kohäsion fördern.

Dieser Grundkonsens findet seinen Ausdruck in der Verfassung als rechtlicher Grundordnung der politischen Gestaltung unseres Zusammenlebens. Gegenwärtig erleben wir in der Europäischen Union wie auch in Österreich Verfassungsdiskussionen. Diese beschränken sich nicht auf formale Fragen der Bereinigung und Zusammenfassung von Rechtsnormen, sondern sie sind auch ein wichtiges Element in Hinblick auf die Aktualisierung des demokratischen Grundkonsenses. Die Phase intensiver Beratung über Möglichkeiten und Inhalte der Verfassungsreform in Konventen ist sowohl in Europa, als auch in Österreich abgeschlossen worden. Jetzt geht es darum, über die erzielten Ergebnisse nachzudenken und den politischen Verhandlungen und der gesellschaftlichen Bewusstseinsbildung jene Zeit zu geben, die sie brauchen, um erfolgreich zu sein.

Ich möchte im Folgenden auf den österreichischen Beitrag in der europäischen Diskussion eingehen und die Veränderungen, zu denen sie entscheidend beigetragen haben, rekapitulieren. Anschließend werde ich die neuere österreichische Diskussion, die sich auch auf diese europäischen Entwicklungen bezieht, vorstellen. In diesen Auseinandersetzungen zeichnen sich Entwicklungsmöglichkeiten und Entwicklungswege für ein modernes Minderheitenrecht in Europa, zeichnet sich eine Antwort auf die Frage »Wohin gehen wir *gemeinsam*?« ab. Eine solche Zusammenschau macht aber auch deutlich, dass die Gestaltungsmöglichkeiten des Rechts auf dem Gebiet des Minderheitenschutzes immer nur begrenzt sind. Die Schaffung und Durchsetzung von Rechtsnormen hängt hier mehr als in anderen Bereichen davon ab, wie weit Menschen bereit sind, Normen zu akzeptieren. Denn wie in kaum einem anderen Rechtsgebiet sind Diskussionen über Rechtsprobleme ethnischer Minderheiten von Emotionen, Vorurteilen und Ängsten überlagert. Mit Rechtsnormen allein werden sich keine Lösungen finden lassen. Aber Recht ist in diesen Prozessen ein wichtiges Instrument der Bewusstseinsbildung und der Findung einer ausgewogenen Balance, die Angehörigen einer Minderheit Entfaltung ermöglicht und zugleich die notwendige gesellschaftliche Integration und Kohäsion fördert.

2. Die Diskussion über eine Europäische Verfassung

Die Erweiterung der EU um ehemals sozialistische Staaten Mittel- und Osteuropas sowie die Debatte über einen möglichen Beitritt der Türkei haben dem Thema Minderheitenrechte große Bedeutung und Aktualität verschafft. Ebenso hat die europaweite Entwicklung zu mehr Regionalisierung und Föderalismus die Aufmerksamkeit auf regionale Unterschiede und Minderheiten gelenkt. Je mehr sich die EU auch als politische Gemeinschaft versteht, umso mehr muss sie sich auch Fragen widmen, die bislang auf europäischer Ebene vor allem im Europarat oder in der KSZE behandelt wurden. Gerade mit der Erweiterung um mittel- und osteuropäische Staaten hat die EU Mitglieder aufgenommen (bzw. steht deren Aufnahme bevor), die bedeutende Minderheitengruppen aufweisen. Dazu kommt, dass diese Minderheiten in der Regel in einem weitgehend geschlossenen Gebiet siedeln, und dass ihr Siedlungsgebiet oft direkt an ihre »Schutzmacht« angrenzt. Ich erinnere hier nur an die ungarischen Minderheiten in der Slowakei und in Rumänien.

In den »Kopenhagener-Kriterien«, die die wirtschaftlichen und politischen Bedingungen für einen Beitritt zur EU zusammenfassen, wird die »Achtung« und der »Schutz von Minderheiten« besonders betont. Diese Punkte waren und sind auch zentrale Themen der Beitrittsverhandlungen. Die Kopenhagener Kriterien lassen aber offen, was nach dem Beitritt passiert, und auf welchen rechtlichen Grundlagen Minderheitenfragen innerhalb der EU zur Sprache gebracht werden können. Während einige Kommentatoren davon ausgehen, dass die Erweiterung die Entwicklung des Minderheitenschutzes innerhalb der EU fördern wird, wenden andere ein, dass sich der *status quo* durch die Erweiterung nicht wesentlich verändern wird. Demnach bleiben Angelegenheiten des Minderheitenrechts innere Angelegenheiten der Mitgliedstaaten. Das EU-Recht bietet dann weiterhin nur allgemeine Anknüpfungspunkte wie die Verfassungstraditionen der Mitgliedstaaten oder des europäischen Menschenrechtssystems.

Angesichts dieser Situation haben der Europäische Grundrechtekonvent und der Europäische Konvent eine wichtige Gelegenheit geboten, die Bedeutung des Minderheitenschutzes auf Dauer im Recht der EU zu verankern. Dafür haben sich insbesondere österreichische Parlamentarier als Mitglied im Konvent eingesetzt. Dieses Engagement liegt darin begründet, dass Österreich zu jenem europäischen Staat zählt, die sich als minderheitenfreundlich verstehen. Ebenso ist Österreich mit der grenzüberschreitenden Dimension von Minderheitsfragen vertraut und hat einen wichtigen Beitrag zur Entwicklung des Südtiroler Autonomiestatuts geleistet. Seit dem Jahr 2000, in dem der Grundrechte-Konvent tagte, hat die österreichische Bundesregierung unter der Führung der Österreichischen Volkspartei (ÖVP) auch zahlreiche neue Initiativen im Bereich des Minderheitenschutzes gesetzt: die Verankerung einer Staatszielbestimmung zum Volksgruppenschutz, die Ratifizierung der Europäischen Charta der Regional- und Minderheitensprachen, die Aufstellung zweisprachiger

Ortstafeln im Burgenland und einiger weniger zusätzlicher Tafeln in Kärnten (dort ist noch manche Frage offen) und die Ausweitung der Fördermaßnahmen im Erziehungs- und Bildungswesen der Volksgruppen.

Was nun den Grundrechtekonvent anbelangt, so ist festzuhalten, dass die Rechte der Minderheiten erst sehr spät zu einem Thema der Beratungen geworden sind. In der Sitzung vom 1./2. Feber 2000 wurde im Rahmen einer Grundsatzdebatte festgehalten, dass die vom Präsidium des Konvents entworfene Grundrechtsliste die Rechte der Minderheiten nicht ausreichend berücksichtige.[41] Als die Konventsmitglieder am 11. und 12. Mai 2000 abermals Gelegenheit hatten, sich zu den Vorschlägen des Präsidiums zu äußern, haben sich gerade österreichische Parlamentarier für ein klares Bekenntnis zum Minderheitenschutz stark gemacht. *Reinhart Rack* (ÖVP) wies darauf hin, dass ein allgemeines Diskriminierungsverbot keineswegs ausreiche. *Heinrich Neisser* (ÖVP) und *Harald Ofner* (Freiheitliche Partei) erinnerten an die grundlegende menschenrechtliche Dimension der Minderheitenrechte. *Neisser* betonte weiters die Signalwirkung einer Minderheitenschutzbestimmung im Erweiterungsprozess. Auch in den folgenden Sitzungen haben diese Konventsmitglieder ihre Argumente mit Nachdruck wiederholt und entsprechende Anträge eingebracht. Bekanntermaßen haben sich aber manche Mitgliedstaaten, unter ihnen vor allem Frankreich, gegen die Aufnahme einer Minderheitenschutzbestimmung gewehrt.

Der nunmehrige Artikel 22 der Charta: *»Die Union achtet die Vielfalt der Kulturen, Religionen und Sprachen,«* erfüllt die Forderungen Österreichs daher nur in geringen Ansätzen. Er stellt ein Bekenntnis, ein Achtungsgebot, dar und ist nicht auf die EU und ihre Mitgliedstaaten beschränkt. Er erfasst vielmehr die gesamte Welt. Das kann freilich von Bedeutung sein, wenn die EU in Bezug auf Kultur und Sprache z.B. in Gestalt von Fördermaßen und mit Ausstrahlungswirkungen auf Drittstaaten tätig wird. Um eine Minderheitenschutzbestimmung handelt es sich aber nicht. Ein Ansatz für den Schutz der Minderheiten in der Charta kann aber in Artikel 21 der Charta gefunden werden. Eine Wirkung des Einsatzes auch österreichischer Parlamentarier, der zuvor gewürdigt wurde, war nämlich, dass in dieses zentrale Diskriminierungsverbot auch das Verbot der Diskriminierung wegen Zugehörigkeit zu einer nationalen Minderheit aufgenommen wurde. Erstmals wird damit in einem konstitutiven Text der EU auf nationale Minderheiten verwiesen. Und – betrachtet man die bisherige Entwicklung des Europarechts – es kann nicht ausgeschlossen werden, dass dieser Bestimmung noch einmal große Bedeutung zukommen kann.[42]

In den Beratungen des Europäischen Konvents, die am 28. Feber 2002 aufgenommen wurden, war klar, dass die Ergebnisse des Grundrechtekonvents nicht angetastet würden. Die Charta der Grundrechte wurde in den Text der Verfassung integriert, was zweifelsohne einen großen und wichtigen Schritt für die EU bedeutet. Es war aber nicht mehr möglich, eine Minderheitenschutzbestimmung in den Katalog der Grundrechte einzufügen. Alle Bemühungen hinsichtlich der Würdigung und des Schutzes der Minderheiten mussten sich daher auf die Definition der Ziele und Prinzipien der EU, des institutionellen Aufbaus und der Betonung der Subsidiarität und der Regionen konzentrieren. Dafür habe ich mich etwa gemeinsam mit dem italienischen Außenminister *Franco Frattini* eingesetzt. Gemeinsam haben wir anlässlich einer Tagung am 28. März 2003 in Bozen erklärt, dass sich Italien und Österreich als »minderheiten-freundliche« Staaten der EU für mehr Subsidiarität, Regionalismus und ein Klagerecht zumindest jener Regionen, die wie Südtirol über eigene Gesetzgebungsbefugnisse verfügen, einsetzen werden. Damit wurde ein Bekenntnis zu einer europäischem Minderheitenpolitik ausgesprochen, welche die Anliegen der Minderheiten ernst nimmt, aber die Erwartungen nicht überspannt oder Konflikte provoziert. Anlässlich dieser Tagung habe ich aber auch festgestellt, dass Österreich zu einer Unveränderbarkeit der Südtiroler Autonomie selbst unter einer neuen institutionellen Struktur der EU steht.[43]

Der Vertreter des österreichischen Bundeskanzlers, *Hannes Farnleitner* (ÖVP), hat sich daher im Frühjahr 2003 gemeinsam mit ungarischen Konventsmitgliedern für eine Würdigung der Minderheiten in Artikel I-2 des Verfassungsvertrages, der die »Werte der Union« definiert, eingesetzt. Sein Vorschlag wurde jedoch nicht in den Entwurf, den der Konventspräsident *Giscard d'Estaing* am 18. Juli 2003 präsentierte, aufgenommen. Allerdings hat sich der österreichische Bundeskanzler *Wolfgang Schüssel* in einer gemeinsamen Initiative von Ungarn, Italien und Österreich in der folgenden Regierungskonferenz erfolgreich für eine Aufnahme der Minderheiten in diesen grundlegenden Artikel des Verfassungsvertrages eingesetzt. Artikel I–2 »Die Werte der Union« lautet daher:

> Die Werte, auf die sich die Union gründet, sind die Achtung der Menschenwürde, Freiheit, Demokratie, Gleichheit, Rechtsstaatlichkeit und die Wahrung der Menschenrechte **einschließlich der Rechte der Personen, die Minderheiten angehören**. Diese Werte sind allen Mitgliedstaaten in einer Gesellschaft gemeinsam, die sich durch Pluralismus, Nichtdiskriminierung, Toleranz, Gerechtigkeit, Solidarität und die Gleichheit von Frauen und Männern auszeichnet.

Dieser Wertekatalog bringt allen voran eine Begrenzung der Hoheitsgewalt der Union und der Mitgliedstaaten durch

Menschenwürde und Menschenrechte sowie Demokratie und Rechtsstaatlichkeit zum Ausdruck. Ebenso verweist er auf jene Werte, auf die Union wie Mitgliedstaaten in den Beziehungen zwischen den Bürgern und als Basis des gesellschaftlichen Miteinanders angewiesen sind, und die sie fördern wollen. Dieser Artikel gibt daher eine Leitlinie und einen Maßstab für das Handeln der Union vor. Die Erwähnung der Minderheiten in diesem Artikel stellt einen wichtigen Fortschritt für die EU dar und hebt deren Bedeutung hervor. Meines Erachtens ist damit ein wichtiger Kompromiss verwirklicht worden, der sowohl die Vorbehalte jener, die einer Ausweitung des Minderheitenschutzes skeptisch gegenüber stehen, als auch die Wünsche derer, die für eine starke Ausweitung des Minderheitenschutzes eintreten, berücksichtigt. Gemeinsam mit den Bestimmungen über Subsidiarität und Regionen, die Ausweitung der Rechte der Parlamente und der besonderen Vorschriften hinsichtlich des Verhältnisses von Gemeinsamer Handelspolitik und deren Auswirkungen auf kulturelle und sprachliche Vielfalt werden deutliche Veränderungen in Politik und Grundlagen der EU sichtbar, die einen wichtigen Beitrag zum Entstehen eines »Europas aller Bürgerinnen und Bürger« leisten können.

3. Die österreichische Verfassungsdiskussion

Im Frühjahr 2003 hat auch in Österreich eine breite Diskussion über eine grundlegende Verfassungsreform begonnen. Als integraler Teil der Neufassung von Staatszielen und Grundrechten war eine Reform der Minderheitenrechte in der Verfassung ein Beratungsthema. Zuvor ist deutlich geworden, dass diese Frage einen besonderen Stellenwert in der österreichischen Politik hat, und dass sich Vertreter Österreichs auf europäischer Ebene besonders für Anliegen der Minderheiten einsetzen. Um aber die Diskussion in Österreich besser verstehen zu können, sind einige Vorbemerkungen notwendig.

a) Volksgruppen und Volksgruppenrecht

Wenn in Österreich über Minderheiten und ihre Rechte gesprochen wird, so wird im Allgemeinen der Begriff »Volksgruppen« verwendet. Das meint die autochthonen ethnischen Gruppen in Österreich. In Österreich sind die burgenländischen Kroaten, die Slowenen in Kärnten, die Ungarn im Burgenland und in Wien, die Tschechen und Slowaken in Wien sowie die Roma und Sinti als Volksgruppen anerkannt. Bedeutung kommt den burgenländischen Kroaten und den Slowenen zu, da sie die zahlenmäßig größten Minderheitengruppen bilden und ihre Gemeinschaften bereits seit Jahrhunderten bestehen. Sie haben auch im Staatsvertrag von Wien eine besondere Anerkennung gefunden. Die Situation der österreichischen Minderheiten unterscheidet sich durchaus von anderen Minderheiten in Europa. Auffallend ist, dass keine der Volksgruppen über ein zusammenhängendes Siedlungsgebiet verfügt. Mit Ausnahme jener, die in der Großstadt Wien leben, finden sich Volksgruppenangehörige jeweils verstreut über ein größeres Gebiet Kärntens bzw. des Burgenlandes. Ebenso gibt es keine einsprachigen Gemeinden, sondern regelmäßig gemischtsprachige Gemeinden mit einem mehr oder weniger großen Anteil an Volksgruppenangehörigen. Dazu kommt eine in der späten Habsburgermonarchie wurzelnde Geschichte der Ausbildung eines ethnischen und damit auch politischen Bewusstseins, die sich bis heute in den Unterschieden der Volksgruppen und Volksgruppenpolitik in den verschiedenen Bundesländern zeigt.

Der verfassungsrechtliche Minderheitenschutz in Österreich ist bislang durch einen hohen Grad der Zersplitterung gekennzeichnet. Die Rechtsquellen stammen aus sehr unterschiedlichen historischen Epochen und sind zu einem beträchtlichen Teil völkerrechtlichen Ursprungs. Zudem haben sie verschiedene Geltungsbereiche in persönlicher, örtlicher und sachlicher Hinsicht. Aus der Monarchie stammt etwa der Artikel 19 des Staatsgrundgesetzes, der die Gleichberechtigung aller Volksstämme des Reiches garantierte. Ebenso stehen noch die Minderheitenschutzbestimmungen des Staatsvertrages von St. Germain 1919 in Geltung. Eine wichtige Quelle des Minderheitenrechts stellt Artikel 7 des Staatsvertrages von Wien 1955 dar, dessen Ziffern 2, 3 und 4 in Verfassungsrang stehen und Rechte der slowenischen und kroatischen Volksgruppe garantieren. Dazu kommen Verfassungsbestimmungen in den Minderheitenschulgesetzen für Burgenland und Kärnten sowie einzelne Bestimmungen im Bundes-Verfassungsgesetz. Wenngleich eine Fülle von Gleichbehandlungsgeboten, Diskriminierungsverboten und fördernden Minderheitenrechten garantiert wird, die der besonderen Situation der österreichischen Volksgruppen angepasst ist, so zeichnen sich die verfassungsrechtlichen und einfachgesetzlichen Quellen des Volksgruppenschutzes durch den hier illustrierten hohen Grad an Zersplitterung und zum Teil lückenhafte Regelungen aus. Daher kommt den Rechtsinterpreten und insbesondere dem Verfassungsgerichtshof zwangsläufig eine wichtige Rolle zu, die nicht unumstritten ist.

Allerdings kann man über eines nicht hinwegsehen: der Stammtext der Europäischen Menschenrechtskonvention enthält keine spezifischen Minderheitenschutzbestimmungen! Der Minderheitenschutz in Europa ist immer von einer »unheiligen« Allianz der Franzosen, Briten, Italiener und Spanier verhindert und behindert worden.

b) Der Österreich-Konvent

Die Diskussion über eine grundlegende Verfassungsreform im sogenannten Österreich-Konvent, der von 30. Juni 2004 bis 31. Jänner 2005 tagte, bot daher auch einen Anlass zu einer Neuordnung der Volksgruppenrechte in der Verfassung. In den vergangenen drei Jahrzehnten hat es verschiedene Anläufe zu Bundesstaats-, Grundrechtsreformen sowie einer Bereinigung des Verfassungsrechts in Österreich gegeben. Allerdings war kaum einer dieser Initiativen ein wirklicher Erfolg beschieden. Dazu kam, dass keine dieser Reform eine grundsätzliche Auseinandersetzung mit der Verfassung anstrebte. Das heißt, die Besonderheit konstitutioneller Reformen gerade im Sinn der Erneuerung des demokratischen Grundkonsenses wurde nicht bewusst gemacht. Im Österreich-Konvent, zu dessen Entstehen ich maßgeblich beigetragen und dessen Präsidium ich angehört habe, wurden nun aber Fragen der Verfassungs- und Staatsreform in einer bislang in unserer Republik nicht bekannten Form und Breite diskutiert. Wesentliche Impulse für die Erneuerung der Verfassungsreformdiskussion und die Einsetzung des Österreich-Konvents bildeten die Arbeit und die Erfolge des EU-Grundrechtekonvents und des Europäischen Konvents. Wie diese war auch der Österreich-Konvent ein politisches Vorbereitungsgremium, in dem über Zustand und Reformen des österreichischen Verfassungsrechts ausführlich beraten werden soll. Der Konvent hat in 10 Arbeitsgruppen und im Plenum beraten. In drei Sitzungen konnten Interessensvertreter und gesellschaftliche Organisationen ihre Anliegen für eine Verfassungsreform zum Ausdruck bringen. Ebenso hatten sie die Möglichkeit, Positionspapiere einzubringen. Der Österreich-Konvent hat Ende Jänner 2005 einen ausführlichen Bericht präsentiert, der nunmehr in einem Besonderen Ausschuss des Nationalrates unter meinem Vorsitz weiter beraten wird.[44]

Die Beratung von Fragen des Minderheitenrechts war für den Ausschuss 1 – Staatsaufgaben und Staatsziele sowie für den Ausschuss 4 – Grundrechtskatalog vorgesehen. In den Hearings der Interessensvertreter und gesellschaftlichen Organisationen haben Volksgruppenvertreter und Migrantenorganisationen vor dem Konvent gesprochen. Sie und andere haben ihre Anliegen auch in Positionspapieren zum Ausdruck gebracht, welche den Ausschüssen als eine Beratungsgrundlage dienten. Die Volksgruppenvertreter haben dabei deutlich gemacht, dass ihnen die Verankerung eines klaren Bekenntnisses zu den Volksgruppen sowie eine Bereinigung und Klarstellung der Volksgruppenrechte in der Verfassung ein besonderes Anliegen sind. Bemerkenswert war aber auch, dass in den Hearings – etwa von Seiten des Südtiroler Heimatbundes – ein klares Bekenntnis Österreichs zu seiner historischen Verantwortung für Südtirol eingefordert wurde. Dieses Anliegen wurde von Vertreterinnen und Vertretern der ÖVP und der Freiheitlichen aufgenommen und im weiteren Verlauf des Konvents noch ausführlich diskutiert.

c) Beratungsverlauf und Positionen

Den Ausgangspunkt der Beratungen im Ausschuss 1 stellte Artikel 8 Abs. 2 des Bundes-Verfassungsgesetzes (B-VG) dar, mit dem im Jahr 2000 ein Bekenntnis zur gewachsenen sprachlichen und kulturellen Vielfalt, wie sie in den autochthonen Volksgruppen zum Ausdruck kommt, verankert wurde. Ebenso hält diese Bestimmung fest, dass Sprache, Kultur, Bestand und Erhaltung dieser Volksgruppen zu achten, zu sichern und zu fördern sind. Es wurde erörtert, ob diese Bestimmung auch auf sogenannte »neue Minderheiten«, also Gruppen von Zuwanderern, erweitert werden sollte. Darüber konnte – wie noch später darzulegen ist – aber kein Konsens erzielt werden. Was die Schaffung einer Südtirolartikels bzw. einer Verankerung des Schutzes und der Vertretung der Interessen der deutschsprachigen Altösterreicher betraf, so hat der Ausschuss eine solche zunächst nicht für notwendig erachtet. Nachdem das Präsidium des Konvents diese Frage aber für wichtig befunden hatte, fanden im Herbst 2004 weitere Diskussionen im Ausschuss statt. Eine Einigung wurde aber wiederum nicht erzielt. Schließlich haben die Vertreter der ÖVP und der Freiheitlichen dieses Anliegen zu einem Gegenstand der Schlussberatungen des Präsidiums gemacht. Insbesondere wurde vorgeschlagen, einen Abschnitt einer möglichen Verfassungspräambel diesen Gruppen zu widmen. Und obwohl einzelne Vertreter der Sozialdemokraten eine Südtirolbestimmung für wichtig erachteten, sprachen sich die Vertreter von Sozialdemokraten und Grünen im Präsidium dagegen aus. Der für eine Entscheidung des Präsidiums notwendige Konsens konnte also nicht erzielt werden. Auch im Verfassungsentwurf des Vorsitzenden des Österreich-Konvents unterblieb ein Hinweis darauf. Der Formulierungsvorschlag für die Präambel hätte gelautet:

> »Wir verpflichten uns zur Gestaltung unseres Zusammenlebens in gegenseitiger Rücksichtnahme und Achtung der kulturellen, religiösen, sprachlichen, ethnischen und politischen Vielfalt in der Einheit jener Werte und Rechte, die dieser Bundesverfassung zu Grunde liegen. Das findet seinen besonderen Ausdruck in der Anerkennung der Volksgruppen in Österreich und den Einsatz für Schutz und Förderung der mit Österreich geschichtlich verbundenen deutschsprachigen Minderheiten, insbesondere auch der Südtiroler.«[45]

Den Ausgangspunkt der Beratungen im Ausschuss 4 über einen neuen, einheitlichen Grundrechtskatalog für Österreich bildeten die verschiedenen, in Geltung stehenden Grundrechtsquellen, wie etwa das Staatsgrundgesetz 1867 oder die Europäische Menschenrechtskonvention. Einen wichtigen Orientierungspunkt stellte die Grundrechtecharta der EU und ihre Eingliederung in den Entwurf für eine Europäische Verfassung dar. Sie ist bereits zum Maßstab für jede Grundrechtsreform in Europa geworden und stellen einen Ansporn zur Weiterentwicklung im innerstaatlichen Recht dar. Wie zuvor aber deutlich geworden ist, enthält die Grundrechtecharta zwar ein spezielles Diskriminierungsverbot und ein Bekenntnis zu gesellschaftlicher und kultureller Vielfalt, aber trotz der Bemühungen von Konventsmitgliedern proklamiert sie keine Minderheitenrechte. Österreich weist hingegen ein vergleichbar hohes Schutz- und Förderungsniveau auf, hinter das niemand zurückgehen will.

Im Ausschuss 4, wie auch im Konvent insgesamt, bestand Einigkeit darüber, dass es bei den Volksgruppenrechten neben Verfassungsbekenntnissen und Zielbestimmungen auch Grundrechtsgewährleistungen geben soll, die den derzeitigen Rechtsbestand zusammenfassen und gegebenenfalls erweitern. Umstritten war besonders die Frage, ob der Begriff »Volksgruppe« in der Verfassung definiert und wie das Verfahren der Anerkennung als Volksgruppe ausgestaltet werden sollte. Die Kriterien des Volksgruppenbegriffs sind ja auch entscheidend für die Gestaltungsmöglichkeiten, die der Gesetzgeber in Fragen des Volksgruppenrechts hat. Sie haben besondere Bedeutung gerade dort, wo eine gemischte Bevölkerung besteht und wo die Zahl der Volksgruppenangehörigen offen bleibt. Zugleich zeigt aber die österreichische und internationale Erfahrung, wie schwer es ist, exakte Kriterien zu definieren, ohne in die Grundrechte und insbesondere in die Privatsphäre der betroffenen Staatsbürger einzugreifen. Es besteht gerade auch Konsens darüber, dass das Bekenntnis zu einer Volksgruppe frei sein muss.

Ein weiterer, zentraler Diskussionspunkt war, ob Volksgruppenrechte auf die, zuvor kurz vorgestellten, autochthonen Minderheiten beschränkt bleiben sollten, oder ob es nicht möglich sein sollte, dass auch »neue Volksgruppen« anerkannt werden können. In Verbindung damit steht auch die Frage, ob Volksgruppenrechte als Rechte von Staatsbürgern oder als allgemeine Menschenrechte verstanden werden, die grundsätzlich ein jeder in Österreich – egal ob Staatsbürger oder nicht – in Anspruch nehmen könnte. Insbesondere Vertreter der Sozialdemokraten, der Grünen und der Kirchen haben für eine Erweiterung des Volksgruppenbegriffs argumentiert, während andere Konventsmitglieder das traditionelle und bewährte Minderheitenverständnis des Völkerrechts vertraten, das von einer längeren historischen Stabilität einer Volksgruppe in einem Staat ausgeht. Außerdem ist es von zentraler Bedeutung, die Interessenslage von alteingesessenen Minderheiten und Zuwanderer zu unterscheiden. Den traditionellen Volksgruppen geht es um die Erhaltung ihrer Identität in einer Gesellschaft, in der sie alle individuellen Rechte besitzen und deren integraler Teil sie im Laufe der Geschichte geworden sind. Demgegenüber steht die Interessenslage der Zuwanderer und der sie aufnehmenden Gesellschaft: Ihr Hauptanliegen ist die Integration in die Gesellschaft ohne freilich Zwang zur Assimilation damit zu verbinden.

Die Volksgruppenrechte werden in Österreich traditionell als individuelle Rechte der einzelnen Volksgruppenangehörigen betrachtet. Diese individuellen Rechte weisen freilich einen Gruppenbezug auf: sie sind ja davon abhängig, dass eine Volksgruppe besteht bzw. vorausgesetzt wird. Vorschriften, die auf die Volksgruppe als solche abstellen und insbesondere fördernde Rechte zum Inhalt haben, werden als Verpflichtungen des Staates nach objektivem Recht angesehen, die nicht von der Volksgruppe allein durchgesetzt werden können. Das bedeutet, dass hier auch eine Wertentscheidung zugunsten politischer und nicht gerichtlicher Regelung von Streitfragen und Konflikten getroffen wurde. Diese sollen einen Beitrag zu Lösungen leisten, die sowohl die Interessen der Mehrheits- und Minderheitsbevölkerung berücksichtigen und den Ausgleich der Interessen aller Beteiligten und Betroffenen dienlich sind. Im Ausschuss wurde aber diskutiert, ob nicht – abweichend von der gängigen Praxis – Möglichkeiten kollektiver Rechtsdurchsetzung geschaffen werden sollten. Die Schwierigkeit besteht jedoch darin, Gefahren von Missbräuchen solcher Rechte und organisatorischer Fehlentwicklungen in Schranken zu halten. Der Ausschuss überlegte daher Modelle, die dem entgegenwirken, in dem sie etwa ausgewählten »Vereinigungen« die Vertretung von kollektiven Volksgruppeninteressen zubilligen. Eine Einigung darüber konnte aber nicht erzielt werden.

Der Ausschuss hat dem Präsidium schließlich zwei Textvarianten vorgelegt, welche die hier skizzierte Diskussion und die eingebrachten Vorbehalte wiedergeben. Auch im Präsidium bestand Einigkeit darüber, dass Zielbestimmungen und Grundrechtsgewährleistungen zusammengefasst und einheitlich geregelt werden sollten. Kein Konsens bestand aber über die Ausweitung des verfassungsrechtlichen Volksgruppenschutzes. Es konnte also kein übereinstimmendes Ergebnis erzielt werden. Der Vorsitzende des Österreich-Konvents hat in Eigeninitiative einen Verfassungsentwurf erarbeitet, der einen Versuch darstellt, die Textvorschläge anhand der erreichten und – seiner Ansicht nach – möglichen Konsense zusammenzufassen. Sein Vorschlag enthält daher eine Übernahme der geltenden Staatszielbestimmung über die Förderung der Volksgruppen, die besonderen Rechte des Staatsvertrages und zentrale Fragen des Schulrechts für Slowenen und Kroaten. Er scheint das politisch Nötige und rechtlich sowie politisch Durchsetzbare gut zusammenzufassen:

> **Artikel 39. (1)** Die Republik Österreich bekennt sich zu ihrer gewachsenen sprachlichen und kulturellen Vielfalt, die in den autochthonen Volksgruppen zum Ausdruck kommt. Sprache und Kultur, Bestand und Erhaltung dieser Volksgruppen sind zu achten, zu sichern und zu fördern. Die Rechte der slowenischen und kroatischen Minderheiten nach Art. 7 des Staatsvertrages betreffend die Wiederherstellung eines unabhängigen und demokratischen Österreich bleiben unberührt.
> **(2)** Österreichische Staatsangehörige der slowenischen und kroatischen Volksgruppe in Burgenland, Kärnten und Steiermark haben Anspruch auf Elementarunterricht in slowenischer oder kroatischer Sprache und auf eine verhältnismäßige Anzahl eigener Mittelschulen.
> **(3)** In durch Gesetz festzulegenden Gebieten und Schulen in Burgenland ist österreichischen Staatsangehörigen der kroatischen und ungarischen Volksgruppe das Recht zu gewähren, die kroatische oder ungarische Sprache als Unterrichtssprache zu gebrauchen oder als Pflichtgegenstand zu erlernen.
> **(4)** In durch Gesetz festzulegenden Gebieten und Schulen in Kärnten ist österreichischen Staatsangehörigen der slowenischen Volksgruppe das Recht zu gewähren, die slowenische Sprache als Unterrichtssprache zu gebrauchen oder als Pflichtgegenstand zu erlernen.[46]

4. Ausblick

Im österreichischen Kontext ist im Verfassungsbereich keine substanzielle Änderung des derzeitigen Verfassungsbestandes (Bundes-Verfassungsgesetz und weitere Verfassungsgesetze; Staatsvertrag 1955) zu gewärtigen. Die Schutzrolle Österreichs und sein Eintreten für das Selbstbestimmungsrecht der Südtiroler würde wohl in einer Präambel zu einer neuen, gesamtgeänderten Verfassung Aufnahme finden. Das Volksgruppenrecht im einfachen Gesetzesrang ist allerdings stark ergänzungsbedürftig. Eine Wahl der Volksgruppenvertreter in den Beiräten muss ebenso erwogen werden, wie Gesetzesbegutachtungsrechte und Konsultationsrechte auf Gemeinde-, Landes- und Bundesebene.

Für Österreich ist der europäische Verfassungsvertrag vor allem in Bezug auf seine Minderheit in Südtirol wichtig. Die Streitigkeit über die Volksgruppenerklärung, ausgelöst von Gruppen in Südtirol und (völlig unsensibel) von einem Mitglied der EU-Kommission aufgegriffen, scheint beigelegt, durch kluges Maßhalten der Volksgruppen in Südtirol und der Regierungen Italiens und Österreichs. Dennoch, oder gerade wegen dieses Falls wird alles getan werden müssen, um den Minderheitenschutz in der Europäischen Unionsrechtsordnung zu verankern – denn vor Gericht und auf hoher See ist man in Gottes Hand – das trifft den Europäischen Gerichtshof sehr stark. Daher wird eine alte Tiroler Tugend Platz greifen müssen: »Nicht locker lassen!«

Andreas Kohl

- Langjähriger Vorsitzender des Unterausschusses für Südtirol des Österreichischen Nationalrates
- Präsident des Österreichischen Nationalrates von 2002 bis 2006

11 Minderheiten und Menschenrechte: die Charta der Grundrechte von Elmar Brok, MdEP[47]

„Die Würde des Menschen ist unantastbar".

Dieser unerschütterliche Grundsatz der Humanität, der seinen Ursprung im christlichen Menschenbild findet, wurde im Jahr 2000 als Artikel 1 in der Charta der Grundrechte der Europäischen Union eingegliedert. Nach der Ratifizierung des am 13. Dezember 2007 von allen Staaten- und Regierungschefs der EU unterschriebenen Reformvertrags, den Vertrag von Lissabon, werden die Rechte, die die Charta der Grundrechte enthält, verbindlicher Bestandteil der europäischen Rechtsrahmens.

Gerade für Minderheiten, die es oft besonders schwer haben, selbst elementare Grundrechte zu verteidigen, stellt dies eine bedeutende Verbesserung der rechtlichen Lage dar. Im Folgenden soll aufgezeigt werden, wie die Charta der Grundrechte entstanden ist, welche Bedeutung sie für die Menschenrechte in der EU hat und welche Herausforderungen wir in Zukunft noch überwinden müssen.

Die Entstehung der Charta der Grundrechte

Im Jahr 1948 verabschiedeten die Vereinten Nationen ihre Allgemeine Erklärung der Menschenrechte. Aus Anlass des fünfzigjährigen Jahrestages dieses denkwürdigen Ereignisses wurde in der EU eine Diskussion angeregt, ob nicht auch für Unionsbürger ein Grundrechtskatalog mit wirtschaftlichen und sozialen Rechten geschaffen werden sollte. Als Grundlage wurde dabei die Rechtsprechung des Europäischen Gerichtshofes für Menschenrechte angedacht. Diese Überlegungen wurden konkreter, als sich der Europäische Rat 1999 in Köln dafür aussprach, die auf Ebene der EU geltenden Grundrechte in einer Charta zusammenzufassen und sie somit sichtbarer zu machen. Die Basis dafür sollten gleich mehrere Quellen bilden, unter anderem:

- allgemeine Grundsätze der Konvention des Europarates von 1950
- Grundrechte, die nur Unionsbürgern zustehen
- wirtschaftliche und soziale Rechte, wie sie in der Europäischen Sozialcharta und in der Gemeinschaftscharta der sozialen Grundrechte der Arbeitnehmer festgehalten sind
- Grundsätze, die sich aus der Rechtsprechung des Europäischen Gerichtshofs und Europäischen Gerichtshofs für Menschenrechte ergeben.

Im Laufe des Jahres wurden Zusammensetzung und Arbeitsweise des Gremiums zur Ausarbeitung des Entwurfs einer EU-Charta der Grundrechte festgelegt, so dass es im Dezember 1999 als »Konvent« eingerichtet werden konnte.

Der Konvent bestand aus 62 Mitgliedern – jeweils ein Beauftragter der Staats- und Regierungschefs der damals fünfzehn Mitgliedstaaten, ein Beauftragter des Präsidenten der Europäischen Kommission, sechzehn Mitglieder des Europäischen Parlaments und dreißig Mitglieder der nationalen Parlamente. Der Gerichtshof der Europäischen Gemeinschaften, der Europarat und der Europäische Gerichtshof für Menschenrechte verfügten über einen Beobachterstatus (zwei Vertreter für jede Institution). Der Wirtschafts- und Sozialausschuss, der Ausschuss der Regionen, der Europäische Bürgerbeauftragte, die Bewerberländer sowie einige sonstige Gremien, gesellschaftliche Gruppen oder Sachverständige erhielten das Recht angehört zu werden.

Die Sekretariatsgeschäfte und die verwaltungstechnische Koordination wurden vom Generalsekretariat des Rates wahrgenommen. Roman Herzog wurde vom Konvent zum Vorsitzenden gewählt. Er erstellte einen Arbeitsplan und führte die Vorarbeiten durch. Der Konvent hielt seine Sitzungen in Brüssel ab und ging in Arbeitsgruppen vor. Die Sitzungen und die in diesen Sitzungen unterbreiteten Dokumente waren der Öffentlichkeit grundsätzlich zugänglich. Der aus dem Vorsitzenden, den drei stellvertretenden Vorsitzenden und dem Vertreter der Kommission zusammengesetzte Redaktionsausschuss erstellte in Zusammenarbeit mit den anderen Mitgliedern des Gremiums einen ersten Entwurf der Charta.

Nach der Arbeit eines knappen Jahres nahmen im Herbst des Jahres 2000 sowohl der Europäische Rat als auch das Europäische Parlament den Entwurf des Konvents an. Auch die Kommission erteilte noch vor Jahresfrist ihre Zustimmung. Schließlich wurde die Charta auf dem Gipfel von Nizza im Dezember 2000 feierlich unterzeichnet und proklamiert. Allerdings entschieden die Staats- und Regierungschefs, keinen Verweis auf die Charta in den Vertrag von Nizza aufzunehmen. Damit blieb sie rechtlich unverbindlich – und dass trotz ihrer enormen politischen Bedeutung, schließlich vereinte sie zum ersten Mal in einem Text die klassischen bürgerlichen und politischen mit wirtschaftlichen und sozialen Rechten. Dennoch konnte sie Ihre Wirkung schnell entfalten: Der Europäische Gerichtshof nutzte sie als Rechtserkenntnisquelle und die Kommission orientierte sich in Ihrer Tätigkeit vorbeugend an den Vorgaben der Charta. Ein Memorandum der Kommission vom März 2001 erhebt die Charta zudem zum »Prüfstein« der künftigen Aktivitäten der Union. Alle neuen Rechtsakte und -instrumente, die in irgendeiner Weise die Grundrechte berühren, müssen seitdem folgende formelle Erklärung enthalten: *»Diese Entscheidung steht im Einklang mit den Grundrechten und Grundsätzen, die insbesondere mit der Charta der Grundrechte der Europäischen Union anerkannt wurden.«*

Die Menschenrechte in der EU, zusammengefasst in einem einzigen Dokument

Der große Vorteil der Charta ist, dass sie all jene Rechte, die bisher in verschiedenen Rechtsakten enthalten waren, in einem einzigen Dokument zusammenfasst, so zum Beispiel nationale Rechtsvorschriften, Übereinkommen des Europarates, der Vereinten Nationen und der Internationalen Arbeitsorganisation. Für die Bürger macht die Charta die Grundrechte klarer und besser sichtbar. Die Rechtssicherheit der Menschen in Europa hinsichtlich des Schutzes Ihrer Grundrechte wird gestärkt. Zuvor war sie lediglich durch die Rechtsprechung des Europäischen Gerichtshofes und Artikel 6 des EU-Vertrages gewährleistet.

Die Charta umfasst eine einleitende Präambel und 54 Artikel in 7 Kapiteln. Insbesondere den Kapiteln zwei und drei kommt im Hinblick auf Minderheiten besonderes Gewicht zu.

- Kapitel 1 soll die Würde des Menschen sicherstellen, insbesondere die Rechte auf Leben und auf Unversehrtheit. Es verbietet Folter und unmenschliche oder erniedrigende Strafe oder Behandlung und schiebt Sklaverei und Zwangsarbeit einen Riegel vor.
- Kapitel 2, »Freiheiten«, spielt gerade für Minderheiten eine besondere Rolle. Besonders auf Art. 10, der jeder Person »Gedanken-, Gewissens- und Religionsfreiheit« gewährt, trifft dies zu: *»Dieses Recht umfasst die Freiheit, die Religion oder Weltanschauung zu wechseln, und die Freiheit,*

seine Religion oder Weltanschauung einzeln oder gemeinsam mit anderen öffentlich oder privat durch Gottesdienst, Unterricht, Bräuche und Riten zu bekennen.« Somit werden die rechtlichen Grundlagen dafür gelegt, dass Minderheiten die für sie entscheidenden Anschauungen, Traditionen und Bräuche auch wirklich als Teil der gesamten Gesellschaft leben können. Eine mögliche Unterdrückung oder Benachteiligung von Minderheiten wird auch durch die weiteren Artikel zur Freiheit der Meinungsäußerung und Informationsfreiheit, Versammlungs- und Vereinigungsfreiheit, Freiheit von Kunst und Wissenschaft, Recht auf Bildung, Berufsfreiheit und Recht zu arbeiten sowie unternehmerische Freiheit verhindert.

- Kapitel 3 knüpft daran an und verankert die Gleichheit vor dem Gesetz. Die wichtigsten Merkmale, über die sich Minderheiten definieren lassen, werden EU-weit unter den Schutz des Gesetzes gestellt. Art. 21 soll die Nichtdiskriminierung verschiedenster potentieller Minderheiten gewährleisten und gewinnt damit zentrale Bedeutung für den Schutz derselben: *»Diskriminierungen insbesondere wegen des Geschlechts, der Rasse, der Hautfarbe, der ethnischen oder sozialen Herkunft, der genetischen Merkmale, der Sprache, der Religion oder der Weltanschauung, der politischen oder sonstigen Anschauung, der Zugehörigkeit zu einer nationalen Minderheit, des Vermögens, der Geburt, einer Behinderung, des Alters oder der sexuellen Ausrichtung sind verboten.«* Art. 22 verankert das Motto der EU »In Vielfalt geeint« (»unity in diversity«) und schreibt damit das vielleicht zentralste Prinzip der Union fest: *»Die Union achtet die Vielfalt der Kulturen, Religionen und Sprachen.«* Auch für Menschen, die häufig besonderen Schutz benötigen, sollen Gleichheit und Recht garantiert werden: Die Gleichheit von Männern und Frauen, das Recht von Kindern und älteren

Menschen und die Integration von Menschen mit Behinderungen sind weitere Bestandteile des dritten Kapitels.

- Kapitel 4 legt den Fokus auf wirtschaftliche und soziale Solidarität und betritt damit inhaltliches Neuland. In keinem vergleichbaren Dokument fanden sich vorher neben den klassischen politischen und bürgerlichen Grundrechten auch wirtschaftliche und soziale Grundrechte. Hier wird vor allem auf das Arbeitnehmer-Arbeitgeber-Verhältnis, Verbot von Kinderarbeit und die Arbeitsbedingungen abgestellt. Weiter werden soziale Sicherheit und soziale Unterstützung, Umwelt und Verbraucherschutz festgeschrieben.
- Die Bürgerrechte sind Inhalt des fünften Kapitels; so etwa das Wahlrecht bei den Wahlen zum Europäischen Parlament und bei Kommunalwahlen, Recht auf eine gute Verwaltung, der Bürgerbeauftragte, Petitionsrecht; Freizügigkeit und Aufenthaltsfreiheit sowie diplomatischer und konsularischer Schutz.
- Das sechste Kapitel umfasst justizielle Rechte, wie etwa das Recht auf einen wirksamen Rechtsbehelf und ein unparteiisches Gericht; Unschuldsvermutung und Verteidigungsrechte und Grundsätze der Gesetzmäßigkeit und der Verhältnismäßigkeit im Zusammenhang mit Straftaten und Strafen.
- Kapitel sieben schließt die Charta mit allgemeinen Bestimmungen über ihre Auslegung und Anwendung ab.

Die Charta der Grundrechte als rechtsverbindliches Rechtsrahmen der EU: Der Reformvertrag von Lissabon

Die Frage der Rechtsverbindlichkeit der Charta wurde nach dem Gipfel von Nizza aber nicht gänzlich aus den Augen gelassen. Im Dezember 2001 beschloss der Europäische Rat in Laeken die Einberufung eines weiteren Konvents zur Beratung über die Zukunft Europas. Dieser sollte sich dazu äußern, ob die Charta der Grundrechte in das Europäische Recht aufgenommen werden solle. Unter dem Vorsitz von Valérie Giscard d'Estaing erarbeitete der Konvent bis Juli 2003 einen Entwurf für einen Vertrag über eine Verfassung für Europa. Darin ist die Charta der Grundrechte vollständig übernommen worden. Zunächst war der genaue Bezug zwischen Verfassung und Charta jedoch ein großer Streitpunkt. Mehrere Möglichkeiten waren dabei denkbar: Die Charta könnte zum Beispiel der Verfassung vorangestellt werden, als eigenes Kapitel in der Verfassung aufgehen oder die Verfassung könnte lediglich – auch rechtsunverbindlich – auf sie verweisen. Letzten Endes konnte man sich darauf verständigen, die Charta in den Verfassungsrang zu erheben. Sie wurde mit kleinen Änderungen als Teil II in die Verfassung aufgenommen. Mit der Ablehnung des Verfassungsvertrags in den Niederlanden und Frankreich 2005 wurde jedoch auch die Zukunft der Charta in Frage gestellt.

Eine optimale Lösung wäre natürlich gewesen, dass sie komplett in einem neuen Vertrag übernommen worden wäre. Dies war jedoch wegen des erneuten Widerstands mancher Mitgliedstaaten wie Großbritannien unmöglich gewesen: das Risiko bestand, dass der ganze Reformvertrag noch einmal wegen der Charta abgelehnt wird.

Als Kompromiss, der mit dem Vertrag von Lissabon von allen EU-Staats- und Regierungschef gefunden wurde, hat die Charta lediglich in den Zusatzprotokollen des neuen Reformvertrags Platz gefunden. Einen Querverweis im Artikel 6 des neuen EU-Vertrags wird ihr dennoch die volle Rechtverbindlichkeit geben: *»die Union erkennt die Rechte, Freiheiten und Grundsätze an, die in der Charta der Grundrechte der Europäischen Union vom 7. Dezember 2000 in der am*

12. Dezember 2007 in Straßburg angepassten Fassung niedergelegt sind«.

Juristisch ändert sich damit nichts an der Bedeutung der Charta als Teil des Primärrechts (Art. 6 EUV: *»die Charta der Grundrechte und die Verträge sind rechtlich gleichrangig«)*. Manche Staaten können sich aber mit einer rechtlichen »Pirouette« durch ein Opt-Out aus der territorialen Anwendung der Charta ausschließen. Ursprünglich für Großbritannien vorgesehen, hat sich mittlerweile auch die polnische Regierung auf Druck des Präsidenten Kaczynski zu diesem Schritt entschlossen. Hier gibt es ein echtes Paradoxon: die Charta wird universalistische Werte proklamieren, die leider nicht auf das ganze Territorium der EU Anwendung finden werden. Dies war der Preis des Fortgangs der europäischen Integration. Dies soll dennoch nuanciert werden. Die EU-Institutionen bleiben weiter auch in ihren Beziehungen zu dem Vereinigten Königsreich und Polen an die Prinzipien der Charta juristisch gebunden, nur können diese Staaten nicht wegen einer fehlenden Umsetzung von ihren Bürger verklagt werden.

Über die Charta der Grundrechte hinaus wir aber der Schutz der Minderheiten mit dem Vertrag von Lissabon in den EU-Verträgen verankert.

Von besonderer Bedeutung ist der neue Art. 2 des Vertrags über die Europäische Union in der Fassung von Lissabon. Mit ihm wird festgelegt, auf welche Werte die Union sich gründet: die *»Achtung der Menschenwürde, Freiheit, Demokratie, Gleichheit, Rechtsstaatlichkeit und die Wahrung der Menschenrechte einschließlich der Rechte der Personen, die Minderheiten angehören«*. Damit darf sich das Handeln der EU-Institutionen und ihrer Rechtsakte in keinem Fall im Widerspruch zu den in der Charta verbrieften Grundrechten befinden, weil diese Werte *»allen Mitgliedstaaten in einer Gesellschaft gemeinsam, die sich durch Pluralismus, Nichtdiskriminierung, Toleranz, Gerechtigkeit,*

Solidarität und die Gleichheit von Frauen und Männern auszeichnet« sind (Art 2 EUV). Bei der Umsetzung von Unionsrecht erstreckt sich diese Bindung auch auf die Mitgliedstaaten der EU. Der EU-Vertrag in seiner Lissabon-Fassung geht aber sogar noch über die Charta der Grundrechte hinaus und nennt zwei weitere Quellen von Grundrechten.

Art. 6 (2) sieht vor, dass die Union der Europäischen Konvention zum Schutz der Menschenrechte und Grundfreiheiten (EMRK) beitritt. Durch ein Protokoll im Anhang zur Verfassung wird sichergestellt, dass der Beitritt der Union zur EMRK die besonderen Merkmale der Union und des Unionsrechts wie auch die besondere Situation der Mitgliedstaaten in Bezug auf die EMRK unberührt lassen.

Art. 6 (3) legt fest, dass die Grundrechte der EMRK als *»allgemeine Grundsätze«* bereits mit Inkrafttreten des Vertrags von Lissabon Teil des Unionsrechts werden. Darüber hinaus bestimmt er noch eine dritte Grundrechtsquelle für die EU: Die gemeinsamen Verfassungsüberlieferungen der Mitgliedstaaten. Damit sind all jene Grundrechte, die den jeweiligen Verfassungen aller EU-Mitglieder gemeinsam sind, auch in der gesamten Union rechtsverbindlich. Es bleibt die Aufgabe des Europäischen Gerichtshofes festzustellen, welche Grundrechte dies sind.

Die Charta der Grundrechte ist ein Erfolg – dennoch bleibt viel zu tun

Die besondere Bedeutung der Charta der Grundrechte ist kaum zu überschätzen. Mit dem Inkrafttreten des Vertrags von Lissabon wird sie letztlich Rechtsverbindlichkeit erlangen und somit einen wichtigen Meilenstein in der Entwicklung der Union darstellen. Der Zusammenschluss der europäischen Staaten als Wirtschaftsgemeinschaft hat sich damit endgültig auch zur Wertegemeinschaft weiterentwickelt. Dennoch verbleiben auch Schwachstellen.

Ein Versäumnis ist, dass zusammen mit der Charta nicht auch das Instrument einer Grundrechtsklage geschaffen wurde. Mit diesem wäre es den Bürgern möglich gewesen, die in der Charta garantierten Grundrechte in einem eigenen Verfahren auch vor dem Europäischen Gerichtshof geltend zu machen. Diese Möglichkeit besteht auch bereits in vielen Mitgliedstaaten der EU. In Deutschland hat die Möglichkeit einer Verfassungsbeschwerde nicht zuletzt auch zum hohen Ansehen des Bundesverfassungsgerichtes beigetragen. Minderheiten hätten dann ein noch wehrhafteres Mittel zur Verfügung gestanden, sobald sie sich bedroht sehen. Den Bürgern hätten damit auch die Institutionen der EU näher gebracht werden können. Sie hätten einen zusätzlichen Nutzen für die Menschen und damit höhere Akzeptanz erfahren. Dadurch hätte auch die EU an sich eine höhere Glaubwürdigkeit erlangen können.

Im Zusammenhang mit der Rechtsverbindlichkeit der Charta durch das Inkrafttreten des Vertrags von Lissabon ergeben sich auch andere Schwierigkeiten. Zum einen ist die Platzierung der Charta in den Zusatzprotokollen als Kompromiss zwar akzeptabel, insgesamt jedoch eher unglücklich. Ihrer wahren Bedeutung wäre die Charta eher gerecht geworden, hätte man sie in dem Reformvertrag selbst verankert – wie in der gescheiterten Verfassung, oder sogar diesem Vertrag vorangestellt.

Ein weiteres Problem ergibt sich durch die derzeitige Verzögerung des Ratifikationsprozesses des Vertrags von Lissabon. So wie der Vertrag eine entscheidende Verbesserung des Gemeinschaftsrechts darstellt, beinhaltet auch die Charta der Grundrechte wichtige Gewinne, die in keinem der jetzigen EU-Verträge beinhaltet sind. Würde die Reform der institutionellen Gestaltung der EU trotz dieser klaren Fortschritte wieder abgelehnt werden, wäre dies ein großer Verlust. Denn dann würde der gesamte Wertekanon, welcher nun so stark verankert ist, nicht Bestandteil der Verträge der Union und damit auch nicht rechtlich verbindlich. Auch die bloße weitere Verzögerung ist in diesem Sinne schon problematisch.

Letzteres gewinnt besondere Bedeutung wenn man sich die Erweiterungsprojekte der EU anschaut. Die Beitrittsverhandlungen mit der Türkei und Kroatien wurden bereit im Jahr 2005 aufgenommen. Auch die restlichen Länder des Balkans stehen vor der Tür – der ehemaligen jugoslawischen Republik Mazedonien wurde auch der Kandidatenstatus im Jahr 2005 gegeben, ohne jedoch, dass die formelle Beitrittsverhandlungen seitdem angefangen haben. All diesen Ländern ist gemeinsam, dass dort ethnische und andere Minderheiten leben und gerade im Falle des Balkans und der Türkei entscheidende Fragen des friedlichen Zusammenlebens noch nicht endgültig geklärt werden konnten. Die Verletzung wichtiger Grundrechte gehört dort teilweise immer noch zum traurigen Alltag. Umso wichtiger ist es, in der EU eine eindeutige rechtliche Grundlage zu haben, welche die Durchsetzung von Rechten garantiert und die Basis einer friedlichen Koexistenz in einer noch größeren EU bereitet.

Fazit

Die Ziele der Reform der Europäischen Union, sowie im Mandat des Verfassungskonvents vorgesehen, waren eindeutig: die Europäische Union sollte nicht nur im institutionellen Sinne handlungsfähig sein, um neuen Herausforderungen begegnen zu können. Es sollte auch klar sein, auf welchen Werten die Union aufbaut, wofür sie steht und welche Ziele sie verfolgt. Dieser Anspruch galt für die

Union in ihrer Gesamtheit, aber auch – in besonderem Maße – für die einzelnen Bürger.

Der Charta der Grundrechte kommt diesbezüglich ein entscheidender Stellenwert zu.

Sie enthält nicht nur fundamentale Rechte des Einzelnen, sie spiegelt auch die gemeinsamen Werte des vereinten Europas wieder. Die Europäische Union zeigt damit erneut, dass sie längst keine wirtschaftliche Zweckgemeinschaft mehr ist, sondern ein Raum, der ein gemeinsames Leben ohne Grenzen in Frieden, Freiheit und Wohlstand ermöglicht.

Daher ist eine rechtlich verbindliche Charta der Grundrechte für Europa unverzichtbar. Ein schneller Abschluss der Ratifikation des Vertrags von Lissabon ist deshalb geboten. Europa braucht die Neuerungen des Reformvertrags in vielfacher Hinsicht – was die anstehenden Schwierigkeiten im Zusammenhang mit der fortgesetzten Erweiterung der EU angeht ist aber besondere Eile geboten. Denn trotz der wenigen aufgezeigten Schwachpunkte ist die Charta der Grundrechte doch ein entscheidender Schritt auf dem Weg zur unbedingten Achtung der Menschenrechte und dem Schutz von Minderheiten in der EU. Es wäre wünschenswert, dass sie in Zukunft nicht nur dort gilt, wo Gemeinschaftsrecht zur Anwendung kommt, sondern in jedem Fall für die Mitgliedstaaten verbindlich ist. »In Vielfalt geeint« wäre dann nicht mehr nur das Motto der EU, an das die Menschen einfach glauben müssen. Der Leitspruch würde zu einem einklagbaren Wert in einer vielfältigeren Union.

Elmar Brok

- Langjähriger Vorsitzender des Auspolitischen Ausschusses des EP.
- Vertreter des EP bei den Regierungskonferenzen 1996–1997, 2000, 2004–2005.

12 Anhang

Rahmenübereinkommen zum Schutz nationaler Minderheiten[48] Straßburg/Strasbourg, 1.II.1995 Amtliche Übersetzung Deutschlands

Die Mitgliedstaaten des Europarats und die anderen Staaten, die dieses Rahmenübereinkommen unterzeichnen,

in der Erwägung, daß es das Ziel des Europarats ist, eine engere Verbindung zwischen seinen Mitgliedern herbeizuführen, um die Ideale und Grundsätze, die ihr gemeinsames Erbe bilden, zu wahren und zu fördern;

in der Erwägung, daß eines der Mittel zur Erreichung dieses Zieles in der Wahrung und in der Entwicklung der Menschenrechte und Grundfreiheiten besteht;

in dem Wunsch, die Wiener Erklärung der Staats- und Regierungschefs der Mitgliedstaaten des Europarats vom 9. Oktober 1993 in die Tat umzusetzen;

entschlossen, in ihrem jeweiligen Hoheitsgebiet das Bestehen nationaler Minderheiten zu schützen;

in der Erwägung, daß die geschichtlichen Umwälzungen in Europa gezeigt haben, daß der Schutz nationaler Minderheiten für Stabilität, demokratische Sicherheit und Frieden auf diesem Kontinent wesentlich ist;

in der Erwägung, daß eine pluralistische und wahrhaft demokratische Gesellschaft nicht nur die ethnische, kulturelle, sprachliche und religiöse Identität aller Angehörigen einer nationalen Minderheit achten, sondern auch geeignete Bedingungen schaffen sollte, die es ihnen ermöglichen, diese Identität zum Ausdruck zu bringen, zu bewahren und zu entwickeln;

in der Erwägung, daß es notwendig ist, ein Klima der Toleranz und des Dialogs zu schaffen, damit sich die kulturelle Vielfalt für jede Gesellschaft als Quelle und Faktor nicht der Teilung, sondern der Bereicherung erweisen kann;

in der Erwägung, daß die Entwicklung eines toleranten und blühenden Europas nicht allein von der Zusammenarbeit zwischen den Staaten abhängt, sondern auch der grenzüberschreitenden Zusammenarbeit zwischen lokalen und regionalen Gebietskörperschaften unter Achtung der Verfassung und der territorialen Unversehrtheit eines jeden Staates bedarf;

im Hinblick auf die Konvention zum Schutze der Menschenrechte und Grundfreiheiten und der Protokolle dazu;

im Hinblick auf die den Schutz nationaler Minderheiten betreffenden Verpflichtungen, die in Übereinkommen und Erklärungen der Vereinten Nationen und in den Dokumenten der Konferenz über Sicherheit und Zusammenarbeit in Europa, insbesondere dem Kopenhagener Dokument vom 29. Juni 1990, enthalten sind;

entschlossen, die zu achtenden Grundsätze und die sich aus ihnen ergebenden Verpflichtungen festzulegen, um in den Mitgliedstaaten und in den anderen Staaten, die Vertragsparteien dieser übereinkunft werden, den wirksamen Schutz nationaler Minderheiten sowie der Rechte und Freiheiten der Angehörigen dieser Minderheiten unter Achtung der Rechtsstaatlichkeit, der territorialen Unversehrtheit und der nationalen Souveränität der Staaten zu gewährleisten;

gewillt, die in diesem Rahmenübereinkommen niedergelegten Grundsätze mittels innerstaatlicher Rechtsvorschriften und geeigneter Regierungspolitik zu verwirklichen,

sind wie folgt übereingekommen:

Abschnitt I

Artikel 1

Der Schutz nationaler Minderheiten und der Rechte und Freiheiten von Angehörigen dieser Minderheiten ist Bestandteil des internationalen Schutzes der Menschenrechte und stellt als solcher einen Bereich internationaler Zusammenarbeit dar.

Artikel 2

Dieses Rahmenübereinkommen ist nach Treu und Glauben, im Geist der Verständigung und Toleranz und in übereinstimmung mit den Grundsätzen guter Nachbarschaft, freundschaftlicher Beziehungen und der Zusammenarbeit zwischen den Staaten anzuwenden.

Artikel 3

1. Jede Person, die einer nationalen Minderheit angehört, hat das Recht, frei zu entscheiden, ob sie als solche behandelt werden möchte oder nicht; aus dieser Entscheidung oder der Ausübung der mit dieser Entscheidung verbundenen Rechte dürfen ihr keine Nachteile erwachsen.
2. Angehörige nationaler Minderheiten können die Rechte und Freiheiten, die sich aus den in diesem Rahmenübereinkommen niedergelegten Grundsät-

zen ergeben, einzeln sowie in Gemeinschaft mit anderen ausüben und genießen.

Abschnitt II

Artikel 4

1. Die Vertragsparteien verpflichten sich, jeder Person, die einer nationalen Minderheit angehört, das Recht auf Gleichheit vor dem Gesetz und auf gleichen Schutz durch das Gesetz zu gewährleisten. In dieser Hinsicht ist jede Diskriminierung aus Gründen der Zugehörigkeit zu einer nationalen Minderheit verboten.
2. Die Vertragsparteien verpflichten sich, erforderlichenfalls angemessene Maßnahmen zu ergreifen, um in allen Bereichen des wirtschaftlichen, sozialen, politischen und kulturellen Lebens die vollständige und tatsächliche Gleichheit zwischen den Angehörigen einer nationalen Minderheit und den Angehörigen der Mehrheit zu fördern. In dieser Hinsicht berücksichtigen sie in gebührender Weise die besonderen Bedingungen der Angehörigen nationaler Minderheiten.
3. Die in übereinstimmung mit Absatz 2 ergriffenen Maßnahmen werden nicht als Diskriminierung angesehen.

Artikel 5

1. Die Vertragsparteien verpflichten sich, die Bedingungen zu fördern, die es Angehörigen nationaler Minderheiten ermöglichen, ihre Kultur zu pflegen und weiterzuentwickeln und die wesentlichen Bestandteile ihrer Identität, nämlich ihre Religion, ihre Sprache, ihre Traditionen und ihr kulturelles Erbe, zu bewahren.
2. Unbeschadet der Maßnahmen, die im Rahmen ihrer allgemeinen Integrationspolitik getroffen werden, sehen die Vertragsparteien von Zielsetzungen oder Praktiken ab, die auf die Assimilierung von Angehörigen nationaler Minderheiten gegen deren Willen gerichtet sind, und schützen diese Personen vor jeder auf eine solche Assimilierung gerichteten Maßnahme.

Artikel 6

1. Die Vertragsparteien fördern den Geist der Toleranz und des interkulturellen Dialogs und treffen wirksame Maßnahmen zur Förderung der gegenseitigen Achtung und des gegenseitigen Verständnisses sowie der Zusammenarbeit zwischen allen in ihrem Hoheitsgebiet lebenden Menschen unabhän-

gig von deren ethnischer, kultureller, sprachlicher oder religiöser Identität, und zwar insbesondere in den Bereichen Bildung, Kultur und Medien.

2. Die Vertragsparteien verpflichten sich, geeignete Maßnahmen zu treffen, um Menschen zu schützen, die wegen ihrer ethnischen, kulturellen, sprachlichen oder religiösen Identität diskriminierenden, feindseligen oder gewalttätigen Handlungen oder der Androhung solcher Handlungen ausgesetzt sein können.

Artikel 7

Die Vertragsparteien stellen sicher, daß das Recht aller Angehörigen einer nationalen Minderheit, sich friedlich zu versammeln und sich frei zusammenzuschließen, sowie ihr Anspruch auf freie Meinungsäußerung und auf Gedanken-, Gewissens- und Religionsfreiheit geachtet werden.

Artikel 8

Die Vertragsparteien verpflichten sich anzuerkennen, daß jede Person, die einer nationalen Minderheit angehört, das Recht hat, ihre Religion oder Weltanschauung zu bekunden sowie religiöse Einrichtungen, Organisationen und Vereinigungen zu gründen.

Artikel 9

1. Die Vertragsparteien verpflichten sich anzuerkennen, daß das Recht jeder Person, die einer nationalen Minderheit angehört, auf freie Meinungsäußerung die Freiheit der Meinung und die Freiheit zum Empfang und zur Mitteilung von Nachrichten oder Ideen in der Minderheitensprache ohne Eingriffe öffentlicher Stellen und ohne Rücksicht auf Landesgrenzen einschließt. Die Vertragsparteien stellen im Rahmen ihrer Rechtsordnung sicher, daß Angehörige einer nationalen Minderheit in bezug auf ihren Zugang zu den Medien nicht diskriminiert werden.
2. Absatz 1 schließt nicht aus, daß die Vertragsparteien Hörfunk-, Fernseh- oder Lichtspielunternehmen einem Genehmigungsverfahren ohne Diskriminierung und auf der Grundlage objektiver Kriterien unterwerfen.
3. Die Vertragsparteien hindern Angehörige nationaler Minderheiten nicht daran, Printmedien zu schaffen und zu nutzen. Innerhalb des gesetzlichen Rahmens für Hörfunk und Fernsehen stellen sie soweit wie möglich und unter Berücksichtigung des Absatzes 1 sicher, daß Angehörigen nationaler Minderheiten die Möglichkeit gewährt wird, eigene Medien zu schaffen und zu nutzen.
4. Die Vertragsparteien ergreifen im Rahmen ihrer Rechtsordnung angemessene Maßnahmen, um Angehörigen nationaler Minderheiten den Zugang

zu den Medien zu erleichtern sowie Toleranz zu fördern und kulturellen Pluralismus zu ermöglichen.

Artikel 10

1. Die Vertragsparteien verpflichten sich anzuerkennen, daß jede Person, die einer nationalen Minderheit angehört, das Recht hat, ihre Minderheitensprache privat und in der öffentlichkeit mündlich und schriftlich frei und ungehindert zu gebrauchen.
2. In Gebieten, die von Angehörigen nationaler Minderheiten traditionell oder in beträchtlicher Zahl bewohnt werden, bemühen sich die Vertragsparteien, sofern die Angehörigen dieser Minderheiten dies verlangen und dieses Anliegen einem tatsächlichen Bedarf entspricht, soweit wie möglich die Voraussetzungen dafür sicherzustellen, daß im Verkehr zwischen den Angehörigen dieser Minderheiten und den Verwaltungsbehörden die Minderheitensprache gebraucht werden kann.
3. Die Vertragsparteien verpflichten sich, das Recht jeder Person, die einer nationalen Minderheit angehört, zu gewährleisten, in möglichst kurzer Frist in einer ihr verständlichen Sprache über die Gründe ihrer Festnahme und über die Art und den Grund der gegen sie erhobenen Beschuldigung in Kenntnis gesetzt zu werden sowie sich in dieser Sprache, erforderlichenfalls unter unentgeltlicher Beiziehung eines Dolmetschers, zu verteidigen.

Artikel 11

1. Die Vertragsparteien verpflichten sich anzuerkennen, daß jede Person, die einer nationalen Minderheit angehört, das Recht hat, ihren Familiennamen (Vaternamen) und ihre Vornamen in der Minderheitensprache zu führen, sowie das Recht auf amtliche Anerkennung dieser Namen, wie dies nach der Rechtsordnung der jeweiligen Vertragspartei vorgesehen ist.
2. Die Vertragsparteien verpflichten sich anzuerkennen, daß jede Person, die einer nationalen Minderheit angehört, das Recht hat, für die öffentlichkeit sichtbar Schilder, Aufschriften und Inschriften sowie andere Mitteilungen privater Art in ihrer Minderheitensprache anzubringen.
3. In Gebieten, die traditionell von einer beträchtlichen Zahl von Angehörigen einer nationalen Minderheit bewohnt werden, bemühen sich die Vertragsparteien im Rahmen ihrer Rechtsordnung, einschließlich eventueller übereinkünfte mit anderen Staaten, und unter Berücksichtigung ihrer besonderen Gegebenheiten, traditionelle Ortsnamen, Straßennamen und andere für die öffentlichkeit bestimmte topographische Hinweise auch in der Minderheitensprache anzubringen, wenn dafür ausreichende Nachfrage besteht.

Artikel 12

1. Die Vertragsparteien treffen erforderlichenfalls Maßnahmen auf dem Gebiet der Bildung und der Forschung, um die Kenntnis der Kultur, Geschichte, Sprache und Religion ihrer nationalen Minderheiten wie auch der Mehrheit zu fördern.
2. In diesem Zusammenhang stellen die Vertragsparteien unter anderem angemessene Möglichkeiten für die Lehrerausbildung und den Zugang zu Lehrbüchern bereit und erleichtern Kontakte unter Schülern und Lehrern aus unterschiedlichen Bevölkerungsgruppen.
3. Die Vertragsparteien verpflichten sich, die Chancengleichheit von Angehörigen nationaler Minderheiten beim Zugang zu allen Bildungsstufen zu fördern.

Artikel 13

1. Im Rahmen ihres jeweiligen Bildungssystems erkennen die Vertragsparteien an, daß Angehörige einer nationalen Minderheit das Recht haben, eigene private Bildungs- und Ausbildungseinrichtungen zu gründen und zu betreiben.
2. Die Ausübung dieses Rechts bringt für die Vertragsparteien keine finanziellen Verpflichtungen mit sich.

Artikel 14

1. Die Vertragsparteien verpflichten sich anzuerkennen, daß jede Person, die einer nationalen Minderheit angehört, das Recht hat, ihre Minderheitensprache zu erlernen.
2. In Gebieten, die von Angehörigen nationaler Minderheiten traditionell oder in beträchtlicher Zahl bewohnt werden, bemühen sich die Vertragsparteien, wenn ausreichende Nachfrage besteht, soweit wie möglich und im Rahmen ihres Bildungssystems sicherzustellen, daß Angehörige dieser Minderheiten angemessene Möglichkeiten haben, die Minderheitensprache zu erlernen oder in dieser Sprache unterrichtet zu werden.
3. Absatz 2 wird angewendet, ohne daß dadurch das Erlernen der Amtssprache oder der Unterricht in dieser Sprache berührt wird.

Artikel 15

Die Vertragsparteien schaffen die notwendigen Voraussetzungen für die wirksame Teilnahme von Angehörigen nationaler Minderheiten am kulturellen, sozialen und wirtschaftlichen Leben und an öffentlichen Angelegenheiten, insbesondere denjenigen, die sie betreffen.

Artikel 16

Die Vertragsparteien sehen von Maßnahmen ab, die das Bevölkerungsverhältnis in von Angehörigen nationaler Minderheiten bewohnten Gebieten verändern und darauf gerichtet sind, die Rechte und Freiheiten einzuschränken, die sich aus den in diesem Rahmenübereinkommen niedergelegten Grundsätzen ergeben.

Artikel 17

1. Die Vertragsparteien verpflichten sich, nicht in das Recht von Angehörigen nationaler Minderheiten einzugreifen, ungehindert und friedlich Kontakte über Grenzen hinweg zu Personen herzustellen und zu pflegen, die sich rechtmäßig in anderen Staaten aufhalten, insbesondere zu Personen mit derselben ethnischen, kulturellen, sprachlichen oder religiösen Identität oder mit demselben kulturellen Erbe.
2. Die Vertragsparteien verpflichten sich, nicht in das Recht von Angehörigen nationaler Minderheiten auf Teilnahme an der Tätigkeit nichtstaatlicher Organisationen sowohl auf nationaler als auch auf internationaler Ebene einzugreifen.

Artikel 18

1. Die Vertragsparteien bemühen sich, erforderlichenfalls zwei- und mehrseitige übereinkünfte mit anderen Staaten, insbesondere Nachbarstaaten, zu schließen, um den Schutz von Angehörigen der betroffenen nationalen Minderheiten sicherzustellen.
2. Gegebenenfalls treffen die Vertragsparteien Maßnahmen zur Förderung der grenzüberschreitenden Zusammenarbeit.

Artikel 19

Die Vertragsparteien verpflichten sich, die in diesem Rahmenübereinkommen niedergelegten Grundsätze zu achten und zu verwirklichen und dabei Beschränkungen, Einschränkungen oder Abweichungen, soweit solche erforderlich sind, nur insoweit vorzunehmen, als sie in völkerrechtlichen übereinkünften, insbesondere der Konvention zum Schutze der Menschenrechte und Grundfreiheiten und den Protokollen dazu, vorgesehen und für die sich aus den genannten Grundsätzen ergebenden Rechte und Freiheiten von Belang sind.

Abschnitt III

Artikel 20
Bei der Ausübung der Rechte und Freiheiten, die sich aus den in diesem Rahmenübereinkommen niedergelegten Grundsätzen ergeben, haben Angehörige einer nationalen Minderheit die innerstaatlichen Rechtsvorschriften und die Rechte anderer, insbesondere diejenigen von Angehörigen der Mehrheit oder anderer nationaler Minderheiten, zu achten.

Artikel 21
Die Bestimmungen dieses Rahmenübereinkommens sind nicht so auszulegen, als gewährten sie das Recht, irgendeine Tätigkeit auszuüben oder irgendeine Handlung vorzunehmen, die den wesentlichen Grundsätzen des Völkerrechts, insbesondere der souveränen Gleichheit, der territorialen Unversehrtheit und der politischen Unabhängigkeit der Staaten, zuwiderläuft.

Artikel 22
Die Bestimmungen dieses Rahmenübereinkommens sind nicht als Beschränkung oder Minderung der Menschenrechte und Grundfreiheiten auszulegen, die nach den Gesetzen einer Vertragspartei oder nach einer anderen übereinkunft, deren Vertragspartei sie ist, gewährleistet sind.

Artikel 23
Die Rechte und Freiheiten, die sich aus den in diesem Rahmenübereinkommen niedergelegten Grundsätzen ergeben, sind, soweit sie Gegenstand einer entsprechenden Bestimmung in der Konvention zum Schutze der Menschenrechte und Grundfreiheiten oder den Protokollen dazu sind, in übereinstimmung mit diesen zu verstehen.

Abschnitt IV

Artikel 24
1. Das Ministerkomitee des Europarats überwacht die Durchführung dieses Rahmenübereinkommens durch die Vertragsparteien.
2. Vertragsparteien, die nicht Mitglieder des Europarats sind, nehmen am Durchführungsmechanismus in einer noch zu bestimmenden Art und Weise teil.

Artikel 25

1. Innerhalb eines Jahres nach Inkrafttreten dieses Rahmenübereinkommens für eine Vertragspartei übermittelt diese dem Generalsekretär des Europarats vollständige Informationen über die Gesetzgebungsmaßnahmen und andere Maßnahmen, die sie zur Verwirklichung der in diesem Rahmenübereinkommen niedergelegten Grundsätze getroffen hat.
2. Danach übermittelt jede Vertragspartei dem Generalsekretär regelmäßig und sooft das Ministerkomitee dies verlangt jede weitere Information, die für die Durchführung dieses Rahmenübereinkommens von Belang ist.
3. Der Generalsekretär leitet die nach diesem Artikel übermittelten Informationen an das Ministerkomitee weiter.

Artikel 26

1. Bei der Beurteilung der Angemessenheit der Maßnahmen, die von den Vertragsparteien zur Verwirklichung der in diesem Rahmenübereinkommen niedergelegten Grundsätze getroffen wurden, wird das Ministerkomitee von einem beratenden Ausschuß unterstützt, dessen Mitglieder anerkanntes Fachwissen auf dem Gebiet des Schutzes nationaler Minderheiten besitzen.
2. Die Zusammensetzung dieses beratenden Ausschusses und sein Verfahren werden vom Ministerkomitee innerhalb eines Jahres nach Inkrafttreten dieses Rahmenübereinkommens festgelegt.

Abschnitt V

Artikel 27

Dieses Rahmenübereinkommen liegt für die Mitgliedstaaten des Europarats zur Unterzeichnung auf. Bis zum Tag des Inkrafttretens liegt das Übereinkommen auch für jeden anderen vom Ministerkomitee dazu eingeladenen Staat zur Unterzeichnung auf. Es bedarf der Ratifikation, Annahme oder Genehmigung. Die Ratifikations-, Annahme- oder Genehmigungsurkunden werden beim Generalsekretär des Europarats hinterlegt.

Artikel 28

1. Dieses Rahmenübereinkommen tritt am ersten Tag des Monats in Kraft, der auf einen Zeitabschnitt von drei Monaten nach dem Tag folgt, an dem zwölf Mitgliedstaaten des Europarats nach Artikel 27 ihre Zustimmung ausgedrückt haben, durch das Übereinkommen gebunden zu sein.

2. Für jeden Mitgliedstaat, der später seine Zustimmung ausdrückt, durch das Rahmenübereinkommen gebunden zu sein, tritt es am ersten Tag des Monats in Kraft, der auf einen Zeitabschnitt von drei Monaten nach Hinterlegung der Ratifikations-, Annahme- oder Genehmigungsurkunde folgt.

Artikel 29

1. Nach Inkrafttreten dieses Rahmenübereinkommens und nach Konsultation der Vertragsstaaten kann das Ministerkomitee des Europarats durch einen mit der in Artikel 20 Buchstabe d der Satzung des Europarats vorgesehenen Mehrheit gefaßten Beschluß jeden Nichtmitgliedstaat des Europarats, der nach Artikel 27 eingeladen wurde, zu unterzeichnen, dies aber noch nicht getan hat, und jeden anderen Nichtmitgliedstaat einladen, dem Übereinkommen beizutreten.
2. Für jeden beitretenden Staat tritt das Rahmenübereinkommen am ersten Tag des Monats in Kraft, der auf einen Zeitabschnitt von drei Monaten nach Hinterlegung der Beitrittsurkunde beim Generalsekretär des Europarats folgt.

Artikel 30

1. Jeder Staat kann bei der Unterzeichnung oder bei der Hinterlegung seiner Ratifikations-, Annahme-, Genehmigungs- oder Beitrittsurkunde einzelne oder mehrere Hoheitsgebiete, deren internationale Beziehungen er wahrnimmt, bezeichnen, auf die dieses Rahmenübereinkommen Anwendung findet.
2. Jeder Staat kann jederzeit danach durch eine an den Generalsekretär des Europarats gerichtete Erklärung die Anwendung dieses Rahmenübereinkommens auf jedes weitere in der Erklärung bezeichnete Hoheitsgebiet erstrecken. Das Rahmenübereinkommen tritt für dieses Hoheitsgebiet am ersten Tag des Monats in Kraft, der auf einen Zeitabschnitt von drei Monaten nach Eingang der Erklärung beim Generalsekretär folgt.
3. Jede nach den Absätzen 1 und 2 abgegebene Erklärung kann in bezug auf jedes darin bezeichnete Hoheitsgebiet durch eine an den Generalsekretär gerichtete Notifikation zurückgenommen werden. Die Rücknahme wird am ersten Tag des Monats wirksam, der auf einen Zeitabschnitt von drei Monaten nach Eingang der Notifikation beim Generalsekretär folgt.

Artikel 31

1. Jede Vertragspartei kann dieses Rahmenübereinkommen jederzeit durch eine an den Generalsekretär des Europarats gerichtete Notifikation kündigen.

2. Die Kündigung wird am ersten Tag des Monats wirksam, der auf einen Zeitabschnitt von sechs Monaten nach Eingang der Notifikation beim Generalsekretär folgt.

Artikel 32

Der Generalsekretär des Europarats notifiziert den Mitgliedstaaten des Rates, anderen Unterzeichnerstaaten und jedem Staat, der diesem Rahmenübereinkommen beigetreten ist:

a. jede Unterzeichnung;
b. jede Hinterlegung einer Ratifikations-, Annahme-, Genehmigungs- oder Beitrittsurkunde;
c. jeden Zeitpunkt des Inkrafttretens dieses Rahmenübereinkommens nach den Artikeln 28, 29 und 30;
d. jede andere Handlung, Notifikation oder Mitteilung im Zusammenhang mit diesem Rahmenübereinkommen.

Zu Urkund dessen haben die hierzu gehörig befugten Unterzeichneten dieses Rahmenübereinkommen unterschrieben.

Geschehen zu Straßburg am 1. Februar 1995 in englischer und französischer Sprache, wobei jeder Wortlaut gleichermaßen verbindlich ist, in einer Urschrift, die im Archiv des Europarats hinterlegt wird. Der Generalsekretär des Europarats übermittelt allen Mitgliedstaaten des Europarats und allen zur Unterzeichnung dieses Rahmenübereinkommens oder zum Beitritt dazu eingeladenen Staaten beglaubigte Abschriften.

Europäische Charta der Regional- oder Minderheitensprachen[49] Straßburg/Strasbourg, 5.XI.1992

Präambel

Die Mitgliedstaaten des Europarats, die diese Charta unterzeichnen,

in der Erwägung, daß es das Ziel des Europarats ist, eine engere Verbindung zwischen seinen Mitgliedern herbeizuführen, um insbesondere die Ideale und Grundsätze, die ihr gemeinsames Erbe bilden, zu wahren und zu fördern;

in der Erwägung, daß der Schutz der geschichtlich gewachsenen Regional- oder Minderheitensprachen Europas, von denen einige allmählich zu verschwinden drohen, zur Erhaltung und Entwicklung der Traditionen und des kulturellen Reichtums Europas beiträgt;

in der Erwägung, daß das Recht, im privaten Bereich und im öffentlichen Leben eine Regional- oder Minderheitensprache zu gebrauchen, ein unveräußerliches Recht in Übereinstimmung mit den im Internationalen Pakt der Vereinten Nationen über bürgerliche und politische Rechte enthaltenen Grundsätzen darstellt und dem Geist der Konvention des Europarats zum Schutze der Menschenrechte und Grundfreiheiten entspricht;

eingedenk der im Rahmen der KSZE geleisteten Arbeit und insbesondere der Schlußakte von Helsinki von 1975 und des Dokuments des Kopenhagener Treffens von 1990;

unter Betonung des Wertes der interkulturellen Beziehungen und der Mehrsprachigkeit sowie in der Erwägung, daß der Schutz und die Förderung der Regional- oder Minderheitensprachen sich nicht nachteilig auf die Amtssprachen und die Notwendigkeit, sie zu erlernen, auswirken sollte;

in dem Bewußtsein, daß der Schutz und die Stärkung der Regional- oder Minderheitensprachen in den verschiedenen Ländern und Regionen Europas einen wichtigen Beitrag zum Aufbau eines Europas darstellen, das auf den Grundsätzen der Demokratie und der kulturellen Vielfalt im Rahmen der nationalen Souveränität und der territorialen Unversehrtheit beruht;

unter Berücksichtigung der besonderen Verhältnisse und der geschichtlich gewachsenen Traditionen in den verschiedenen Regionen der Staaten Europas,

sind wie folgt übereingekommen:

Teil I – Allgemeine Bestimmungen

Artikel 1 – Begriffsbestimmungen

Im Sinne dieser Charta:

a. bezeichnet der Ausdruck »Regional- oder Minderheitensprachen« Sprachen,
   i. die herkömmlicherweise in einem bestimmten Gebiet eines Staates von Angehörigen dieses Staates gebraucht werden, die eine Gruppe bilden, deren Zahl kleiner ist als die der übrigen Bevölkerung des Staates, und
   ii. die sich von der (den) Amtssprache(n) dieses Staates unterscheiden;
   iii. er umfaßt weder Dialekte der Amtssprache(n) des Staates noch die Sprachen von Zuwanderern;

b. bezeichnet der Ausdruck »Gebiet, in dem die Regional- oder Minderheitensprache gebraucht wird«, das geographische Gebiet, in dem die betreffende Sprache das Ausdrucksmittel einer Zahl von Menschen ist, welche die Übernahme der in dieser Charta vorgesehenen verschiedenen Schutz- und Förderungsmaßnahmen rechtfertigt;

c. bezeichnet der Ausdruck »nicht territorial gebundene Sprachen« von Angehörigen des Staates gebrauchte Sprachen, die sich von der (den) von der übrigen Bevölkerung des Staates gebrauchten Sprache(n) unterscheiden, jedoch keinem bestimmten Gebiet innerhalb des betreffenden Staates zugeordnet werden können, obwohl sie herkömmlicherweise im Hoheitsgebiet dieses Staates gebraucht werden.

Artikel 2 – Verpflichtungen

1. Jede Vertragspartei verpflichtet sich, Teil II auf alle in ihrem Hoheitsgebiet gebrauchten Regional- oder Minderheitensprachen anzuwenden, die der Begriffsbestimmung in Artikel 1 entsprechen.
2. In bezug auf jede nach Artikel 3 im Zeitpunkt der Ratifikation, Annahme oder Genehmigung bezeichnete Sprache verpflichtet sich jede Vertragspartei, mindestens fünfunddreißig aus Teil III ausgewählte Absätze oder Buchstaben anzuwenden, darunter mindestens je drei aus den Artikeln 8 und 12 und je einen aus den Artikeln 9, 10, 11 und 13.

Artikel 3 – Einzelheiten der Durchführung

1. Jeder Vertragsstaat bezeichnet in seiner Ratifikations-, Annahme- oder Genehmigungsurkunde jede Regional- oder Minderheitensprache oder in seinem gesamten Hoheitsgebiet oder einem Teil desselben weniger verbreitete Amtssprache, auf welche die nach Artikel 2 Absatz 2 ausgewählten Bestimmungen angewendet werden.

2. Jede Vertragspartei kann jederzeit danach dem Generalsekretär notifizieren, daß sie die Verpflichtungen übernimmt, die sich aus anderen Bestimmungen der Charta ergeben, die sie nicht bereits in ihrer Ratifikations-, Annahme- oder Genehmigungsurkunde bezeichnet hat, oder daß sie Absatz 1 auf andere Regional- oder Minderheitensprachen oder in ihrem gesamten Hoheitsgebiet oder einem Teil desselben weniger verbreitete andere Amtssprachen anwenden wird.
3. Die nach Absatz 2 eingegangenen Verpflichtungen gelten als untrennbarer Teil der Ratifikation, Annahme oder Genehmigung und haben vom Tag ihrer Notifikation an dieselbe Wirkung.

Artikel 4 – Bestehende Schutzregelungen

1. Die Bestimmungen dieser Charta sind nicht als Beschränkung oder Beeinträchtigung von Rechten auszulegen, die durch die Europäische Menschenrechtskonvention gewährleistet sind.
2. Diese Charta läßt in einer Vertragspartei bereits bestehende oder in einschlägigen zwei- oder mehrseitigen Übereinkünften vorgesehene günstigere Bestimmungen über den Status der Regional- oder Minderheitensprachen oder die Rechtsstellung der Personen, die Minderheiten angehören, unberührt.

Artikel 5 – Bestehende Verpflichtungen

Die Bestimmungen dieser Charta sind nicht so auszulegen, als gewährten sie das Recht, irgendeine Tätigkeit auszuüben oder irgendeine Handlung vorzunehmen, die gegen die Ziele der Charta der Vereinten Nationen oder sonstige völkerrechtliche Verpflichtungen einschließlich des Grundsatzes der Souveränität und territorialen Unversehrtheit der Staaten verstößt.

Artikel 6 – Information

Die Vertragsparteien verpflichten sich, dafür zu sorgen, daß die betroffenen Behörden, Organisationen und Personen über die in dieser Charta festgelegten Rechte und Pflichten informiert werden.

Teil II – Ziele und Grundsätze in Übereinstimmung mit Artikel 2 Absatz 1

Artikel 7 – Ziele und Grundsätze

1. Hinsichtlich der Regional- oder Minderheitensprachen legen die Vertragsparteien in den Gebieten, in denen solche Sprachen gebraucht werden,

unter Berücksichtigung der Situation jeder Sprache ihrer Politik, Gesetzgebung und Praxis folgende Ziele und Grundsätze zugrunde:

a. die Anerkennung der Regional- oder Minderheitensprachen als Ausdruck des kulturellen Reichtums;
b. die Achtung des geographischen Gebiets jeder Regional- oder Minderheitensprache, um sicherzustellen, daß bestehende oder neue Verwaltungsgliederungen die Förderung der betreffenden Regional- oder Minderheitensprache nicht behindern;
c. die Notwendigkeit entschlossenen Vorgehens zur Förderung von Regional- oder Minderheitensprachen, um diese zu schützen;
d. die Erleichterung des Gebrauchs von Regional- oder Minderheitensprachen in Wort und Schrift im öffentlichen Leben und im privaten Bereich und/oder die Ermutigung zu einem solchen Gebrauch;
e. die Erhaltung und Entwicklung von Verbindungen in den von dieser Charta erfaßten Bereichen zwischen Gruppen, die eine Regional- oder Minderheitensprache gebrauchen, und anderen Gruppen in diesem Staat mit einer in derselben oder ähnlicher Form gebrauchten Sprache sowie das Herstellen kultureller Beziehungen zu anderen Gruppen in dem Staat, die andere Sprachen gebrauchen;
f. die Bereitstellung geeigneter Formen und Mittel für das Lehren und Lernen von Regional- oder Minderheitensprachen auf allen geeigneten Stufen;
g. die Bereitstellung von Einrichtungen, die es Personen, die eine Regional- oder Minderheitensprache nicht sprechen, aber in dem Gebiet leben, in dem sie gebraucht wird, ermöglichen, sie zu erlernen, wenn sie dies wünschen;
h. die Förderung des Studiums und der Forschung im Bereich der Regional- oder Minderheitensprachen an Universitäten oder in gleichwertigen Einrichtungen;
i. die Förderung geeigneter Formen des grenzüberschreitenden Austausches in den von dieser Charta erfaßten Bereichen für Regional- oder Minderheitensprachen, die in zwei oder mehr Staaten in derselben oder ähnlicher Form gebraucht werden.

2. Die Vertragsparteien verpflichten sich, sofern dies noch nicht geschehen ist, jede ungerechtfertigte Unterscheidung, Ausschließung, Einschränkung oder Bevorzugung zu beseitigen, die den Gebrauch einer Regional- oder Minderheitensprache betrifft und darauf ausgerichtet ist, die Erhaltung oder Entwicklung einer Regional- oder Minderheitensprache zu beeinträchtigen oder zu gefährden. Das Ergreifen besonderer Maßnahmen zugunsten der Regional- oder Minderheitensprachen, welche die Gleichstellung zwi-

schen den Sprechern dieser Sprachen und der übrigen Bevölkerung fördern sollen oder welche ihre besondere Lage gebührend berücksichtigen, gilt nicht als diskriminierende Handlung gegenüber den Sprechern weiter verbreiteter Sprachen.

3. Die Vertragsparteien verpflichten sich, durch geeignete Maßnahmen das gegenseitige Verständnis zwischen allen Sprachgruppen des Landes zu fördern, indem sie insbesondere Achtung, Verständnis und Toleranz gegenüber den Regional- oder Minderheitensprachen in die Ziele der in ihren Ländern vermittelten Bildung und Ausbildung einbeziehen und indem sie die Massenmedien ermutigen, dasselbe Ziel zu verfolgen.
4. Bei der Festlegung ihrer Politik in bezug auf Regional- oder Minderheitensprachen berücksichtigen die Vertragsparteien die von den Gruppen, die solche Sprachen gebrauchen, geäußerten Bedürfnisse und Wünsche. Sie werden ermutigt, erforderlichenfalls Gremien zur Beratung der Behörden in allen Angelegenheiten der Regional- oder Minderheitensprachen einzusetzen.
5. Die Vertragsparteien verpflichten sich, die in den Absätzen 1 bis 4 genannten Grundsätze sinngemäß auf nicht territorial gebundene Sprachen anzuwenden. Jedoch werden hinsichtlich dieser Sprachen Art und Umfang der Maßnahmen, die getroffen werden, um dieser Charta Wirksamkeit zu verleihen, flexibel festgelegt, wobei die Bedürfnisse und Wünsche der Gruppen, die diese Sprachen gebrauchen, berücksichtigt und ihre Traditionen und Eigenarten geachtet werden.

Teil III – Maßnahmen zur Förderung des Gebrauchs von Regional- oder Minderheitensprachen im öffentlichen Leben im Einklang mit den nach Artikel 2 Absatz 2 eingegangenen Verpflichtungen

Artikel 8 – Bildung

1. Im Bereich der Bildung verpflichten sich die Vertragsparteien, in dem Gebiet, in dem solche Sprachen gebraucht werden, unter Berücksichtigung der Situation jeder dieser Sprachen und unbeschadet des Unterrichts der Amtssprache(n) des Staates:
   a. i. die vorschulische Erziehung in den betreffenden Regional- oder Minderheitensprachen anzubieten oder
      ii. einen erheblichen Teil der vorschulischen Erziehung in den betreffenden Regional- oder Minderheitensprachen anzubieten oder

iii. eine der unter den Ziffern i und ii vorgesehenen Maßnahmen zumindest auf diejenigen Schüler anzuwenden, deren Familien dies verlangen, wenn die Zahl der Schüler als genügend groß angesehen wird, oder

iv. falls die staatlichen Stellen keine unmittelbare Zuständigkeit im Bereich der vorschulischen Erziehung haben, die Anwendung der unter den Ziffern i bis iii vorgesehenen Maßnahmen zu begünstigen und/oder dazu zu ermutigen;

b. i. den Grundschulunterricht in den betreffenden Regional- oder Minderheitensprachen anzubieten oder

ii. einen erheblichen Teil des Grundschulunterrichts in den betreffenden Regional- oder Minderheitensprachen anzubieten oder

iii. innerhalb des Grundschulunterrichts den Unterricht der betreffenden Regional- oder Minderheitensprachen als integrierenden Teil des Lehrplans vorzusehen oder

iv. eine der unter den Ziffern i bis iii vorgesehenen Maßnahmen zumindest auf diejenigen Schüler anzuwenden, deren Familien dies verlangen, wenn die Zahl der Schüler als genügend groß angesehen wird;

c. i. den Unterricht im Sekundarbereich in den betreffenden Regional- oder Minderheitensprachen anzubieten oder

ii. einen erheblichen Teil des Unterrichts im Sekundarbereich in den betreffenden Regional- oder Minderheitensprachen anzubieten oder

iii. innerhalb des Unterrichts im Sekundarbereich den Unterricht der betreffenden Regional- oder Minderheitensprachen als integrierenden Teil des Lehrplans vorzusehen oder

iv. eine der unter den Ziffern i bis iii vorgesehenen Maßnahmen zumindest auf diejenigen Schüler anzuwenden, die oder – wo dies in Betracht kommt – deren Familien dies wünschen, wenn deren Zahl als genügend groß angesehen wird;

d. i. die berufliche Bildung in den betreffenden Regional- oder Minderheitensprachen anzubieten oder

ii. einen erheblichen Teil der beruflichen Bildung in den betreffenden Regional- oder Minderheitensprachen anzubieten oder

iii. innerhalb der beruflichen Bildung den Unterricht der betreffenden Regional- oder Minderheitensprachen als integrierenden Teil des Lehrplans vorzusehen oder

iv. eine der unter den Ziffern i bis iii vorgesehenen Maßnahmen zumindest auf diejenigen Schüler anzuwenden, die oder – wo dies in Betracht kommt – deren Familien dies wünschen, wenn deren Zahl als genügend groß angesehen wird;

e. i. an Universitäten und anderen Hochschulen Unterricht in den Regional- oder Minderheitensprachen anzubieten oder
ii. Möglichkeiten für das Studium dieser Sprachen als Studienfächer an Universitäten und anderen Hochschulen anzubieten oder
iii. falls wegen der Rolle des Staates in bezug auf Hochschuleinrichtungen die Ziffern i und ii nicht angewendet werden können, dazu zu ermutigen und/oder zuzulassen, daß an Universitäten und anderen Hochschulen Unterricht in den Regional- oder Minderheitensprachen oder Möglichkeiten zum Studium dieser Sprachen als Studienfächer angeboten werden;

f. i. dafür zu sorgen, daß in der Erwachsenen- und Weiterbildung Kurse angeboten werden, die überwiegend oder ganz in den Regional- oder Minderheitensprachen durchgeführt werden, oder
ii. solche Sprachen als Fächer der Erwachsenen- und Weiterbildung anzubieten oder
iii. falls die staatlichen Stellen keine unmittelbare Zuständigkeit im Bereich der Erwachsenenbildung haben, das Angebot solcher Sprachen als Fächer der Erwachsenen- und Weiterbildung zu begünstigen und/oder dazu zu ermutigen;

g. für den Unterricht der Geschichte und Kultur, die in der Regional- oder Minderheitensprache ihren Ausdruck finden, zu sorgen;

h. für die Aus- und Weiterbildung der Lehrer zu sorgen, die zur Durchführung derjenigen Bestimmungen der Buchstaben a bis g erforderlich sind, welche die Vertragspartei angenommen hat;

i ein oder mehrere Aufsichtsorgane einzusetzen, welche die zur Einführung oder zum Ausbau des Unterrichts der Regional- oder Minderheitensprachen getroffenen Maßnahmen und die dabei erzielten Fortschritte überwachen und darüber regelmäßig Berichte verfassen, die veröffentlicht werden.

2. Im Bereich der Bildung verpflichten sich die Vertragsparteien in bezug auf andere Gebiete als diejenigen, in denen die Regional- oder Minderheitensprachen herkömmlicherweise gebraucht werden, Unterricht der Regional- oder Minderheitensprache oder Unterricht in dieser Sprache auf allen geeigneten Bildungsstufen zuzulassen, zu diesem Unterricht zu ermutigen oder ihn anzubieten, wenn die Zahl der Sprecher einer Regional- oder Minderheitensprache dies rechtfertigt.

Artikel 9 – Justizbehörden

1. Die Vertragsparteien verpflichten sich, in bezug auf diejenigen Gerichtsbezirke, in denen die Zahl der Einwohner, welche die Regional- oder Min-

derheitensprachen gebrauchen, die nachstehenden Maßnahmen rechtfertigt, unter Berücksichtigung der Situation jeder dieser Sprachen und unter der Bedingung, daß die Inanspruchnahme der durch diesen Absatz gebotenen Möglichkeiten nach Auffassung des Richters eine ordentliche Rechtspflege nicht behindert:

a. in Strafverfahren:
i. dafür zu sorgen, daß die Gerichte auf Antrag einer der Parteien das Verfahren in den Regional- oder Minderheitensprachen durchführen, und/oder
ii. sicherzustellen, daß der Angeklagte das Recht hat, seine Regional- oder Minderheitensprache zu gebrauchen, und/oder
iii. dafür zur sorgen, daß Anträge und Beweismittel, gleichviel ob schriftlich oder mündlich, nicht allein aus dem Grund als unzulässig angesehen werden, weil sie in einer Regional- oder Minderheitensprache abgefaßt sind, und/oder
iv. auf Verlangen Schriftstücke, die mit Gerichtsverfahren zusammenhängen, in der betreffenden Regional- oder Minderheitensprache abzufassen,
wenn nötig durch Inanspruchnahme von Dolmetschern und Übersetzungen, wodurch den Betroffenen keine zusätzlichen Kosten entstehen dürfen;

b. in zivilrechtlichen Verfahren:
i. dafür zu sorgen, daß die Gerichte auf Antrag einer der Parteien das Verfahren in den Regional- oder Minderheitensprachen durchführen, und/oder
ii. zuzulassen, daß eine Prozeßpartei, wenn sie persönlich vor Gericht erscheinen muß, ihre Regional- oder Minderheitensprache gebrauchen kann, ohne daß ihr dadurch zusätzliche Kosten entstehen, und/oder
iii. zuzulassen, daß Urkunden und Beweismittel in den Regional- oder Minderheitensprachen vorgelegt werden,
wenn nötig durch Inanspruchnahme von Dolmetschern und Übersetzungen;

c. in Verfahren vor Gerichten für Verwaltungssachen:
i. dafür zu sorgen, daß die Gerichte auf Antrag einer der Parteien das Verfahren in den Regional- oder Minderheitensprachen durchführen, und/oder

ii. zuzulassen, daß eine Prozeßpartei, wenn sie persönlich vor Gericht erscheinen muß, ihre Regional- oder Minderheitensprache gebrauchen kann, ohne daß ihr dadurch zusätzliche Kosten entstehen, und/oder
iii. zuzulassen, daß Urkunden und Beweismittel in den Regional- oder Minderheitensprachen vorgelegt werden,
wenn nötig durch Inanspruchnahme von Dolmetschern und Übersetzungen;

d. dafür zu sorgen, daß den Betroffenen durch die Anwendung des Buchstabens b Ziffern i und iii und des Buchstabens c Ziffern i und iii sowie durch eine notwendige Inanspruchnahme von Dolmetschern und Übersetzungen keine zusätzlichen Kosten entstehen.

2. Die Vertragsparteien verpflichten sich:
a. die Rechtsgültigkeit von im Inland abgefaßten Rechtsurkunden nicht allein aus dem Grund zu verneinen, weil sie in einer Regional- oder Minderheitensprache abgefaßt sind, oder
b. die Rechtsgültigkeit von im Inland abgefaßten Rechtsurkunden im Verhältnis zwischen den Parteien nicht allein aus dem Grund zu verneinen, weil die Urkunden in einer Regional- oder Minderheitensprache abgefaßt sind, und vorzusehen, daß sie gegen beteiligte Dritte, die diese Sprachen nicht gebrauchen, unter der Bedingung verwendet werden können, daß ihnen der Inhalt der Urkunden von der (den) Person(en), welche die Urkunden verwendet (verwenden), zur Kenntnis gebracht worden ist, oder
c. die Rechtsgültigkeit von im Inland abgefaßten Rechtsurkunden im Verhältnis zwischen den Parteien nicht allein aus dem Grund zu verneinen, weil die Urkunden in einer Regional- oder Minderheitensprache abgefaßt sind.

3. Die Vertragsparteien verpflichten sich, die wichtigsten Gesetzestexte des Staates sowie diejenigen, welche sich besonders auf Personen beziehen, die diese Sprachen gebrauchen, in den Regional- oder Minderheitensprachen zur Verfügung zu stellen, sofern sie nicht anderweitig verfügbar sind.

Artikel 10 – Verwaltungsbehörden und öffentliche Dienstleistungsbetriebe

1. Innerhalb der Verwaltungsbezirke des Staates, in denen die Zahl der Einwohner, die Regional- oder Minderheitensprachen gebrauchen, die nachstehenden Maßnahmen rechtfertigt, und unter Berücksichtigung der Situ-

ation jeder Sprache verpflichten sich die Vertragsparteien, im Rahmen des Zumutbaren:

a.
i. sicherzustellen, daß die Verwaltungsbehörden die Regional- oder Minderheitensprachen gebrauchen, oder
ii. sicherzustellen, daß diejenigen ihrer Bediensteten, die unmittelbaren Kontakt zur Bevölkerung haben, die Regional- oder Minderheitensprachen in ihrem Umgang mit Personen gebrauchen, die sich in diesen Sprachen an sie wenden, oder
iii. sicherzustellen, daß Personen, die Regional- oder Minderheitensprachen gebrauchen, in diesen Sprachen mündliche oder schriftliche Anträge stellen und eine Antwort erhalten können, oder
iv. sicherzustellen, daß Personen, die Regional- oder Minderheitensprachen gebrauchen, in diesen Sprachen mündliche oder schriftliche Anträge stellen können, oder
v. sicherzustellen, daß Personen, die Regional- oder Minderheitensprachen gebrauchen, in diesen Sprachen abgefaßte Urkunden rechtsgültig vorlegen können;

b. allgemein verwendete Verwaltungsbestimmungen und -formulare für die Bevölkerung in den Regional- oder Minderheitensprachen oder zweisprachig zur Verfügung zu stellen;

c. zuzulassen, daß die Verwaltungsbehörden Schriftstücke in einer Regional- oder Minderheitensprache abfassen.

2. In bezug auf die örtlichen und regionalen Behörden, in deren örtlichem Zuständigkeitsbereich die Zahl der Einwohner, welche die Regional- oder Minderheitensprachen gebrauchen, die nachstehenden Maßnahmen rechtfertigt, verpflichten sich die Vertragsparteien, folgendes zuzulassen und/ oder dazu zu ermutigen:
a. den Gebrauch von Regional- oder Minderheitensprachen innerhalb der regionalen oder örtlichen Behörde;
b. die Möglichkeit, daß Personen, die Regional- oder Minderheitensprachen gebrauchen, mündliche oder schriftliche Anträge in diesen Sprachen stellen;
c. die Veröffentlichung der amtlichen Schriftstücke der regionalen Behörden durch diese auch in den betreffenden Regional- oder Minderheitensprachen;

d. die Veröffentlichung der amtlichen Schriftstücke der örtlichen Behörden durch diese auch in den betreffenden Regional- oder Minderheitensprachen;
e. den Gebrauch von Regional- oder Minderheitensprachen durch die regionalen Behörden in deren Ratsversammlungen, ohne jedoch den Gebrauch der Amtssprache(n) des Staates auszuschließen;
f. den Gebrauch von Regional- oder Minderheitensprachen durch die örtlichen Behörden in deren Ratsversammlungen, ohne jedoch den Gebrauch der Amtssprache(n) des Staates auszuschließen;
g. den Gebrauch oder die Annahme der herkömmlichen und korrekten Formen von Ortsnamen in Regional- oder Minderheitensprachen, wenn nötig in Verbindung mit dem Namen in der (den) Amtssprache(n).

3. In bezug auf die öffentlichen Dienstleistungen, die von den Verwaltungsbehörden selbst oder in deren Auftrag erbracht werden, verpflichten sich die Vertragsparteien, in dem Gebiet, in dem Regional- oder Minderheitensprachen gebraucht werden, unter Berücksichtigung der Situation jeder Sprache und im Rahmen des Zumutbaren:
   a. sicherzustellen, daß die Regional- oder Minderheitensprachen bei der Erbringung der Dienstleistung gebraucht werden, oder
   b. zuzulassen, daß Personen, die Regional- oder Minderheitensprachen gebrauchen, in diesen Sprachen einen Antrag stellen und eine Antwort erhalten, oder
   c. zuzulassen, daß Personen, die Regional- oder Minderheitensprachen gebrauchen, in diesen Sprachen einen Antrag stellen.

4. Die Vertragsparteien verpflichten sich, eine oder mehrere der folgenden Maßnahmen zu treffen, um die von ihnen angenommenen Bestimmungen der Absätze 1, 2 und 3 in Kraft zu setzen:
   a. übersetzen oder Dolmetschen je nach Bedarf;
   b. Einstellung und, soweit erforderlich, Ausbildung der benötigten Beamten und sonstigen Angehörigen des öffentlichen Dienstes;
   c. nach Möglichkeit Erfüllung der Wünsche von Angehörigen des öffentlichen Dienstes, die über Kenntnisse in einer Regional- oder Minderheitensprache verfügen, in dem Gebiet eingesetzt zu werden, in dem diese Sprache gebraucht wird.

5. Die Vertragsparteien verpflichten sich, den Gebrauch oder die Annahme von Familiennamen in den Regional- oder Minderheitensprachen auf Antrag der Betroffenen zuzulassen.

Artikel 11 – Medien

1. Die Vertragsparteien verpflichten sich, für die Sprecher von Regional- oder Minderheitensprachen in den Gebieten, in denen diese Sprachen gebraucht werden, unter Berücksichtigung der Situation jeder Sprache und in dem Ausmaß, in dem die staatlichen Stellen in diesem Bereich unmittelbar oder mittelbar Zuständigkeit, Befugnisse oder Einfluß haben, unter Achtung des Grundsatzes der Unabhängigkeit und Autonomie der Medien folgende Maßnahmen zu treffen:

   a. soweit Hörfunk und Fernsehen eine öffentliche Aufgabe erfüllen:
   i. die Einrichtung mindestens eines Hörfunksenders und eines Fernsehkanals in den Regional- oder Minderheitensprachen sicherzustellen oder
   ii. zur Einrichtung mindestens eines Hörfunksenders und eines Fernsehkanals in den Regional- oder Minderheitensprachen zu ermutigen und/oder sie zu erleichtern oder
   iii. angemessene Vorkehrungen dafür zu treffen, daß Rundfunkveranstalter Sendungen in den Regional- oder Minderheitensprachen anbieten;

   b.
   i. zur Einrichtung mindestens eines Hörfunksenders in den Regional- oder Minderheitensprachen zu ermutigen und/oder sie zu erleichtern oder
   ii. zur regelmäßigen Ausstrahlung von Hörfunksendungen in den Regional- oder Minderheitensprachen zu ermutigen und/oder sie zu erleichtern;

   c.
   i. zur Einrichtung mindestens eines Fernsehkanals in den Regional- oder Minderheitensprachen zu ermutigen und/oder sie zu erleichtern oder
   ii. zur regelmäßigen Ausstrahlung von Fernsehsendungen in den Regional- oder Minderheitensprachen zu ermutigen und/oder sie zu erleichtern;

   d. zur Produktion und Verbreitung von Audio- und audiovisuellen Werken in den Regional- oder Minderheitensprachen zu ermutigen und/oder sie zu erleichtern;

   e.
   i. zur Schaffung und/oder Erhaltung mindestens einer Zeitung in den Regional- oder Minderheitensprachen zu ermutigen und/oder sie zu erleichtern oder

ii. zur regelmäßigen Veröffentlichung von Zeitungsartikeln in den Regional- oder Minderheitensprachen zu ermutigen und/oder sie zu erleichtern;

f.

i. die zusätzlichen Kosten derjenigen Medien zu decken, die Regional- oder Minderheitensprachen gebrauchen, wenn das Recht eine finanzielle Hilfe für die Medien allgemein vorsieht, oder

ii. die bestehenden Maßnahmen finanzieller Hilfe auf audiovisuelle Produktionen in Regional- oder Minderheitensprachen zu erstrecken;

g. die Ausbildung von Journalisten und anderem Personal für Medien zu unterstützen, die Regional- oder Minderheitensprachen gebrauchen.

2. Die Vertragsparteien verpflichten sich, den freien direkten Empfang von Hörfunk- und Fernsehsendungen aus Nachbarländern in einer Sprache zu gewährleisten, die in derselben oder ähnlicher Form wie die Regional- oder Minderheitensprache gebraucht wird, und die Weiterverbreitung von Hörfunk- und Fernsehsendungen aus Nachbarländern in einer solchen Sprache nicht zu behindern. Sie verpflichten sich ferner, sicherzustellen, daß die Freiheit der Meinungsäußerung und die freie Verbreitung von Informationen in den Printmedien in einer Sprache, die in derselben oder ähnlicher Form wie die Regional- oder Minderheitensprache gebraucht wird, keiner Einschränkung unterworfen werden. Da die Ausübung der erwähnten Freiheiten Pflichten und Verantwortung mit sich bringt, kann sie bestimmten, vom Gesetz vorgesehenen Formvorschriften, Bedingungen, Einschränkungen oder Strafdrohungen unterworfen werden, wie sie in einer demokratischen Gesellschaft im Interesse der nationalen Sicherheit, der territorialen Unversehrtheit oder der öffentlichen Sicherheit, der Aufrechterhaltung der Ordnung und der Verbrechensverhütung, des Schutzes der Gesundheit und der Moral, des Schutzes des guten Rufes oder der Rechte anderer unentbehrlich sind, um die Verbreitung von vertraulichen Nachrichten zu verhindern oder das Ansehen und die Unparteilichkeit der Rechtsprechung zu gewährleisten.
3. Die Vertragsparteien verpflichten sich, sicherzustellen, daß die Interessen der Sprecher von Regional- oder Minderheitensprachen innerhalb etwaiger im Einklang mit dem Gesetz geschaffener Gremien, die für die Gewährleistung von Freiheit und Pluralismus der Medien verantwortlich sind, vertreten oder berücksichtigt werden.

Artikel 12 – Kulturelle Tätigkeiten und Einrichtungen

1. In bezug auf kulturelle Einrichtungen und Tätigkeiten – insbesondere Bibliotheken, Videotheken, Kulturzentren, Museen, Archive, Akademien, Theater und Kinos sowie literarische Werke und Filmproduktionen, volkstümliche Formen des kulturellen Ausdrucks, Festspiele und die Kulturindustrien, einschließlich unter anderem des Einsatzes neuer Technologien – verpflichten sich die Vertragsparteien, in dem Gebiet, in dem solche Sprachen gebraucht werden, in dem Ausmaß, in dem die staatlichen Stellen in diesem Bereich Zuständigkeit, Befugnisse oder Einfluß haben:
   a. zu den Regional- oder Minderheitensprachen eigenen Formen des Ausdrucks und der Initiative zu ermutigen sowie die verschiedenen Zugangsmöglichkeiten zu den in diesen Sprachen geschaffenen Werken zu fördern;
   b. die verschiedenen Zugangsmöglichkeiten zu den in Regional- oder Minderheitensprachen geschaffenen Werken in anderen Sprachen zu fördern, indem sie Tätigkeiten auf dem Gebiet der Übersetzung, Synchronisation, Nachsynchronisation und Untertitelung unterstützen und ausbauen;
   c. in Regional- oder Minderheitensprachen den Zugang zu Werken zu fördern, die in anderen Sprachen geschaffen worden sind, indem sie Tätigkeiten auf dem Gebiet der Übersetzung, Synchronisation, Nachsynchronisation und Untertitelung unterstützen und ausbauen;
   d. sicherzustellen, daß die für die Veranstaltung oder Unterstützung kultureller Tätigkeiten verschiedener Art verantwortlichen Gremien bei den Unternehmungen, die sie ins Leben rufen oder unterstützen, in angemessener Weise dafür sorgen, daß die Kenntnis und der Gebrauch von Regional- oder Minderheitensprachen sowie Regional- oder Minderheitenkulturen berücksichtigt werden;
   e. Maßnahmen zu fördern, um sicherzustellen, daß die für die Veranstaltung oder Unterstützung kultureller Tätigkeiten verantwortlichen Gremien über Personal verfügen, das die betreffende Regional- oder Minderheitensprache sowie die Sprache(n) der übrigen Bevölkerung beherrscht;
   f. zur unmittelbaren Mitwirkung von Vertretern der Sprecher einer bestimmten Regional- oder Minderheitensprache bei der Bereitstellung von Einrichtungen und der Planung kultureller Tätigkeiten zu ermutigen;
   g. zur Schaffung eines oder mehrerer Gremien, die für die Sammlung, Aufbewahrung und Aufführung oder Veröffentlichung von in den Regional-

oder Minderheitensprachen geschaffenen Werken verantwortlich sind, zu ermutigen und/oder sie zu erleichtern;
h. wenn nötig Übersetzungs- und Terminologieforschungsdienste zu schaffen und/oder zu fördern und zu finanzieren, insbesondere im Hinblick auf die Erhaltung und Entwicklung geeigneter Terminologie in jeder Regional- oder Minderheitensprache für die Bereiche Verwaltung, Handel, Wirtschaft, Gesellschaft, Technik oder Recht.

2. In bezug auf andere Gebiete als diejenigen, in denen die Regional- oder Minderheitensprachen herkömmlicherweise gebraucht werden, verpflichten sich die Vertragsparteien, wenn die Zahl der Sprecher einer Regional- oder Minderheitensprache dies rechtfertigt, geeignete kulturelle Tätigkeiten und Einrichtungen in Übereinstimmung mit Absatz 1 zuzulassen, dazu zu ermutigen und/oder sie vorzusehen.

3. Die Vertragsparteien verpflichten sich, bei der Verfolgung ihrer Kulturpolitik im Ausland Regional- oder Minderheitensprachen und die in ihnen zum Ausdruck kommenden Kulturen angemessen zu berücksichtigen.

Artikel 13 – Wirtschaftliches und soziales Leben

1. In bezug auf wirtschaftliche und soziale Tätigkeiten verpflichten sich die Vertragsparteien, im ganzen Land:
   a. aus ihrem Recht jede Bestimmung zu entfernen, die den Gebrauch von Regional- oder Minderheitensprachen in Urkunden betreffend das wirtschaftliche oder soziale Leben, insbesondere Arbeitsverträge, sowie in technischen Schriftstücken wie Gebrauchsanweisungen für Erzeugnisse oder Anlagen ungerechtfertigt verbietet oder einschränkt;
   b. die Aufnahme von Klauseln, die den Gebrauch von Regional- oder Minderheitensprachen ausschließen oder einschränken, in innerbetriebliche Vorschriften und Privaturkunden zumindest zwischen Personen, die dieselbe Sprache gebrauchen, zu verbieten;
   c. Praktiken entgegenzutreten, die den Gebrauch von Regional- oder Minderheitensprachen im Zusammenhang mit wirtschaftlichen oder sozialen Tätigkeiten behindern sollen;
   d. den Gebrauch von Regional- oder Minderheitensprachen durch andere als die unter den Buchstaben a bis c genannten Mittel zu erleichtern und/oder dazu zu ermutigen.

2. In bezug auf wirtschaftliche und soziale Tätigkeiten verpflichten sich die Vertragsparteien, insoweit die staatlichen Stellen zuständig sind, in dem

Gebiet, in dem die Regional- oder Minderheitensprachen gebraucht werden, im Rahmen des Zumutbaren:

a. in ihre Finanz- und Bankvorschriften Bestimmungen aufzunehmen, die im Wege von Verfahren, welche mit den Handelsbräuchen vereinbar sind, den Gebrauch von Regional- oder Minderheitensprachen beim Ausstellen von Zahlungsanweisungen (Schecks, Wechseln usw.) oder sonstigen Finanzdokumenten ermöglichen, oder, wo dies in Betracht kommt, die Durchführung solcher Bestimmungen sicherzustellen;
b. in den ihrer unmittelbaren Kontrolle unterstehenden Wirtschafts- und Sozialbereichen (öffentlicher Sektor) Maßnahmen zur Förderung des Gebrauchs von Regional- oder Minderheitensprachen zu ergreifen;
c. sicherzustellen, daß soziale Einrichtungen wie Krankenhäuser, Altersheime und Heime die Möglichkeit bieten, Sprecher einer Regional- oder Minderheitensprache, die aufgrund von Krankheit, Alter oder aus anderen Gründen der Betreuung bedürfen, in deren eigener Sprache aufzunehmen und zu behandeln;
d. durch geeignete Mittel sicherzustellen, daß Sicherheitsvorschriften auch in Regional- oder Minderheitensprachen zugänglich sind;
e. dafür zu sorgen, daß Informationen der zuständigen staatlichen Stellen über die Rechte der Verbraucher in Regional- oder Minderheitensprachen erhältlich sind.

Artikel 14 – Grenzüberschreitender Austausch

Die Vertragsparteien verpflichten sich:

a. bestehende zwei- und mehrseitige Übereinkünfte anzuwenden, die sie mit den Staaten verbinden, in denen dieselbe Sprache in derselben oder ähnlicher Form gebraucht wird, oder sich, wenn nötig, um den Abschluß solcher Übereinkünfte zu bemühen, um dadurch Kontakte zwischen den Sprechern derselben Sprache in den betreffenden Staaten in den Bereichen Kultur, Bildung, Information, berufliche Bildung und Weiterbildung zu fördern;
b. zugunsten von Regional- oder Minderheitensprachen die grenzüberschreitende Zusammenarbeit, insbesondere zwischen regionalen oder örtlichen Behörden, zu erleichtern und zu fördern, in deren örtlichem Zuständigkeitsbereich dieselbe Sprache in derselben oder ähnlichen Form gebraucht wird.

Teil IV – Anwendung der Charta

Artikel 15 – Regelmäßige Berichte

1. Die Vertragsparteien legen dem Generalsekretär des Europarats in einer vom Ministerkomitee zu bestimmenden Form in regelmäßigen Abständen einen Bericht über ihre in Übereinstimmung mit Teil II dieser Charta verfolgte Politik und über die in Anwendung der von ihnen angenommenen Bestimmungen des Teiles III getroffenen Maßnahmen vor. Der erste Bericht wird innerhalb des Jahres vorgelegt, das auf das Inkrafttreten der Charta für die betreffende Vertragspartei folgt, die weiteren Berichte in Abständen von drei Jahren nach Vorlage des ersten Berichts.
2. Die Vertragsparteien veröffentlichen ihre Berichte.

Artikel 16 – Prüfung der Berichte

1. Die dem Generalsekretär des Europarats nach Artikel 15 vorgelegten Berichte werden von einem nach Artikel 17 eingesetzten Sachverständigenausschuß geprüft.
2. In einer Vertragspartei rechtmäßig gegründete Organisationen oder Vereinigungen können den Sachverständigenausschuß auf Fragen aufmerksam machen, die sich auf die von der betreffenden Vertragspartei nach Teil III dieser Charta eingegangenen Verpflichtungen beziehen. Nach Konsultation der betroffenen Vertragspartei kann der Sachverständigenausschuß diese Informationen bei der Ausarbeitung des in Absatz 3 genannten Berichts berücksichtigen. Diese Organisationen oder Vereinigungen können außerdem Erklärungen zu der von einer Vertragspartei in Übereinstimmung mit Teil II verfolgten Politik vorlegen.
3. Auf der Grundlage der in Absatz 1 genannten Berichte und der in Absatz 2 erwähnten Informationen arbeitet der Sachverständigenausschuß einen Bericht für das Ministerkomitee aus. Diesem Bericht werden die Stellungnahmen, um welche die Vertragsparteien ersucht wurden, beigefügt; er kann vom Ministerkomitee veröffentlicht werden.
4. Der in Absatz 3 genannte Bericht enthält insbesondere die Vorschläge des Sachverständigenausschusses an das Ministerkomitee für die Ausarbeitung von etwa erforderlichen Empfehlungen des Ministerkomitees an eine oder mehrere Vertragsparteien.
5. Der Generalsekretär des Europarats erstattet der Parlamentarischen Versammlung alle zwei Jahre ausführlich Bericht über die Anwendung der Charta.

Artikel 17 – Sachverständigenausschuß

1. Der Sachverständigenausschuß besteht aus einem Mitglied je Vertragspartei, das vom Ministerkomitee aus einer Liste von durch die betreffende Vertragspartei vorgeschlagenen Persönlichkeiten von höchster Integrität und anerkannter Sachkenntnis in den durch die Charta erfaßten Angelegenheiten ausgewählt wird.
2. Die Mitglieder des Ausschusses werden für die Dauer von sechs Jahren ernannt; Wiederernennung ist zulässig. Kann ein Mitglied seine Amtszeit nicht beenden, so wird es nach dem in Absatz 1 festgelegten Verfahren ersetzt; das an seine Stelle tretende Mitglied vollendet die Amtszeit seines Vorgängers.
3. Der Sachverständigenausschuß gibt sich eine Geschäftsordnung. Sein Sekretariat wird durch den Generalsekretär des Europarats versehen.

Teil V – Schlußbestimmungen

Artikel 18

Diese Charta liegt für die Mitgliedstaaten des Europarats zur Unterzeichnung auf. Sie bedarf der Ratifikation, Annahme oder Genehmigung. Die Ratifikations-, Annahme- oder Genehmigungsurkunden werden beim Generalseleretär des Europarats hinterlegt.

Artikel 19

1. Diese Charta tritt am ersten Tag des Monats in Kraft, der auf einen Zeitabschnitt von drei Monaten nach dem Tag folgt, an dem fünf Mitgliedstaaten des Europarats nach Artikel 18 ihre Zustimmung ausgedrückt haben, durch die Charta gebunden zu sein.
2. Für jeden Mitgliedstaat, der später seine Zustimmung ausdrückt, durch die Charta gebunden zu sein, tritt sie am ersten Tag des Monats in Kraft, der auf einen Zeitabschnitt von drei Monaten nach Hinterlegung der Ratifikations-, Annahme- oder Genehmigungsurkunde fogt.

Artikel 20

1. Nach Inkrafttreten dieser Charta kann das Ministerkomitee des Europarats jeden Nichtmitgliedstaat des Europarats einladen, der Charta beizutreten.
2. Für jeden beitretenden Staat tritt die Charta am ersten Tag des Monats in Kraft, der auf einen Zeitabschnitt von drei Monaten nach Hinterlegung der Beitrittsurkunde beim Generalsekretär des Europarats folgt.

Artikel 21

1. Jeder Staat kann bei der Unterzeichnung oder bei der Hinterlegung seiner Ratifikations-, Annahme-, Genehmigungs- oder Beitrittsurkunde einen oder mehrere Vorbehalte zu Artikel 7 Absätze 2 bis 5 anbringen. Weitere Vorbehalte sind nicht zulässig.
2. Jeder Vertragsstaat, der einen Vorbehalt nach Absatz 1 angebracht hat, kann ihn durch eine an den Generalsekretär des Europarats gerichtete Notifikation ganz oder teilweise zurücknehmen. Die Rücknahme wird mit dem Eingang der Notifikation beim Generalsekretär wirksam.

Artikel 22

1. Jede Vertragspartei kann diese Charta jederzeit durch eine an den Generalsekretär des Europarats gerichtete Notifikation kündigen.
2. Die Kündigung wird am ersten Tag des Monats wirksam, der auf einen Zeitabschnitt von sechs Monaten nach Eingang der Notifikation beim Generalsekretär folgt.

Artikel 23

Der Generalsekretär des Europarats notifiziert den Mitgliedstaaten des Rates und jedem Staat, der dieser Charta beigetreten ist:

a. jede Unterzeichnung;
b. jede Hinterlegung einer Ratifikations-, Annahme-, Genehmigungs- oder Beitrittsurkunde;
c. jeden Zeitpunkt des Inkrafttretens dieser Charta nach den Artikeln 19 und 20;
d. jede nach Artikel 3 Absatz 2 eingegangene Notifikation;
e. jede andere Handlung, Notifikation oder Mitteilung im Zusammenhang mit dieser Charta.

Zu Urkund dessen haben die hierzu gehörig befugten Unterzeichneten diese Charta unterschrieben.

Geschehen zu Straßburg am 5. November 1992 in englischer und französischer Sprache, wobei jeder Wortlaut gleichermaßen verbindlich ist, in einer Urschrift, die im Archiv des Europarats hinterlegt wird. Der Generalsekretär des Europarats übermittelt allen Mitgliedstaaten des Europarats und allen zum Beitritt zu dieser Charta eingeladenen Staaten beglaubigte Abschriften.

Die Lund-Empfehlungen über die wirksame Beteiligung nationaler Minderheiten am öffentlichen Leben[50]

I. ALLGEMEINE GRUNDSÄTZE

1. Die wirksame Beteiligung nationaler Minderheiten am öffentlichen Leben ist ein wesentlicher Bestandteil einer friedlichen und demokratischen Gesellschaft. Erfahrungen in Europa und andernorts haben gezeigt, dass häufig besondere Vorkehrungen der Regierungen für nationale Minderheiten notwendig sind, um diese Beteiligung zu fördern. Diese Empfehlungen sollen die Einbindung von Minderheiten in das Staatsgefüge erleichtern und ihnen die Wahrung ihrer eigenen Identität und ihrer Besonderheiten ermöglichen und dadurch eine gute Regierungsführung und die Integrität des Staates fördern.
2. Diese Empfehlungen bauen auf den Grundprinzipien und -regeln des Völkerrechts auf, wie Achtung der Menschenwürde, Gleichberechtigung und Nichtdiskriminierung, die die Rechte nationaler Minderheiten auf die Teilnahme am öffentlichen Leben und die Ausübung anderer politischer Rechte berühren. Staaten haben die Pflicht, international anerkannte Menschenrechte und die Rechtsstaatlichkeit zu achten, durch die die vollständige Entwicklung der Bürgergesellschaft unter der Voraussetzung von Toleranz, Frieden und Wohlstand erst ermöglicht wird.
3. Wenn eigene Institutionen eingerichtet werden, um die wirksame Beteiligung von Minderheiten am öffentlichen Leben sicherzustellen – wozu auch die Ausübung Hoheitsgewalt oder Verantwortung durch diese Institutionen gehören kann –, müssen sie die Menschenrechte aller Betroffenen achten.
4. Individuen definieren ihre Identität auf vielerlei Art und Weise, nicht nur durch ihre Zugehörigkeit zu einer nationalen Minderheit. Ob ein Individuum sich für die Zugehörigkeit zu einer Minderheit, der Mehrheit oder keiner von beiden entscheidet, liegt ausschließlich bei ihm selbst und darf ihm nicht vorgeschrieben werden. Darüber hinaus darf niemandem aus seiner Entscheidung oder Nicht-Entscheidung irgendein Nachteil erwachsen.
5. Werden Institutionen und Verfahren im Einklang mit diesen Empfehlungen geschaffen, sind sowohl Inhalt als auch Vorgehen wichtig. Um ein Vertrauensklima beizubehalten, sollten Regierungsbehörden und Minderheiten einen integrativen, transparenten und rechenschaftspflichtigen Konsultationsprozess einhalten. Der Staat sollte die öffentlichen Medien dazu ermuti-

gen, vermittelnd für eine Verständigung zwischen den Kulturen einzutreten und die Anliegen von Minderheiten aufzugreifen.

II. TEILNAHME AM ENTSCHEIDUNGSPROZESS

(A) Maßnahmen auf der Ebene der Zentralregierung

6. Die Staaten sollten sicherstellen, dass Minderheiten die Möglichkeit einer wirksamen Mitsprache auf der Ebene der Zentralregierung erhalten, einschließlich besonderer Maßnahmen, falls dies notwendig ist. Diese Mitsprachemöglichkeiten können, je nach den Gegebenheiten, folgendes umfassen:
   - durch eine eigene Vertretung nationaler Minderheiten, zum Beispiel durch eine ihnen vorbehaltende Anzahl von Sitzen in einer oder beiden Kammern des Parlaments oder in Parlamentsausschüssen, und andere Formen garantierter Teilnahme am Gesetzgebungsprozess;
   - durch formelle oder informelle Absprachen über die Vergabe von Regierungspositionen, Mitgliedschaften im Obersten Gerichtshof oder im Verfassungsgerichtshof oder in Gerichten unterer Instanzen sowie von Positionen in ernannten Beratungsgremien oder anderen hochrangigen Organen an Angehörige nationaler Minderheiten;
   - durch Mechanismen, die sicherstellen sollen, dass die Interessen von Minderheiten in den maßgeblichen Ministerien berücksichtigt werden, zum Beispiel durch eigene Referenten für Minderheitenfragen oder den Erlass feststehender Richtlinien; und
   - durch besondere Maßnahmen für die Aufnahme von Angehörigen einer Minderheit in den öffentlichen Dienst sowie die Verfügbarkeit von öffentlichen Dienstleistungen in der Sprache der nationalen Minderheit bei.

(B) Wahlen

7. Erfahrungen in Europa und andernorts zeigen, wie wichtig der Wahlprozess für die Teilnahme von Minderheiten am politischen Geschehen ist. Die Staaten sollen gewährleisten, dass Angehörige nationaler Minderheiten ihr Recht auf Mitwirkung an der Führung der Staatsgeschäfte ausüben können, unter anderem durch die Ausübung des aktiven und passiven Wahlrechts ohne Diskriminierung.
8. Die Vorschriften für die Gründung und die Tätigkeit politischer Parteien sollen das Völkerrechtsprinzip der Vereinigungsfreiheit befolgen. Dieses Prinzip beinhaltet das Recht, politische Parteien zu gründen, die auf der Identität einer Gemeinschaft beruhen, ebenso wie Parteien, die sich nicht

ausschließlich mit den Interessen einer bestimmten Gemeinschaft identifizieren.

9. Das Wahlsystem sollte die Vertretung und den Einfluss von Minderheiten erleichtern.
   - Wo Minderheiten räumlich konzentriert sind, können Einerwahlkreise eine ausreichende Vertretung von Minderheiten ermöglichen.
   - Verhältniswahlsysteme, in denen der Anteil einer politischen Partei an den Sitzen in der gesetzgebenden Versammlung ihrem landesweiten Stimmenanteil entspricht, können der Vertretung von Minderheiten zugute kommen.
   - Manche Formen der Präferenzwahl, bei denen die Wähler eine Reihung der Kandidaten nach ihren Wünschen vornehmen, können die Vertretung von Minderheiten erleichtern und der Zusammenarbeit zwischen den Gemeinschaften förderlich sein.
   - Niedrigere Sperrklauseln für eine Vertretung in der gesetzgebenden Versammlung können dafür sorgen, dass nationale Minderheiten stärker in die Regierungsführung eingebunden sind.
10. Die geographischen Grenzen der Wahlkreise sollten einer angemessenen Vertretung der nationalen Minderheiten entgegenkommen.

(C) Maßnahmen auf regionaler und lokaler Ebene

11. Die Staaten sollten zur Förderung der Beteiligung nationaler Minderheiten auf regionaler und lokaler Ebene dieselben Maßnahmen ergreifen, wie die für die Ebene der Zentralregierung erwähnten (Absätze 6 – 10). Die Strukturen und Entscheidungsprozesse regionaler und lokaler Gebietskörperschaften sollten transparent und zugänglich gestaltet sein, damit sie der Beteiligung von Minderheiten förderlich sind.

(D) Beratende Gremien und Beiräte

12. Die Staaten sollten in einem geeigneten institutionellen Rahmen beratende Gremien und Beiräte einrichten, die als Forum für den Dialog zwischen Regierungsbehörden und nationalen Minderheiten dienen. Dazu können auch eigene Ausschüsse für Themen wie Unterkunft, Grund und Boden, Bildung, Sprache und Kultur gehören. Die Zusammensetzung dieser Gremien sollte ihrem Zweck Rechnung tragen und dazu beitragen, dass Minderheiteninteressen wirksamer artikuliert und gefördert werden können.
13. Diese Gremien sollten die Möglichkeit haben, Entscheidungsträger mit Fragestellungen zu befassen, Empfehlungen auszuarbeiten, Gesetzesinitiativen und sonstige Vorschläge zu verfassen, Entwicklungen zu überwachen und zu vorgeschlagenen Regierungsbeschlüssen, die sich direkt oder

indirekt auf Minderheiten auswirken könnten, Stellung zu nehmen. Die Regierungsbehörden sollten diese Gremien regelmäßig bei gesetzlichen und administrativen Maßnahmen, die Minderheiten betreffen, konsultieren, um zur Berücksichtigung von Minderheitenanliegen und zur Vertrauensbildung beizutragen. Damit diese Gremien wirksam arbeiten können, werden sie über entsprechende Ressourcen verfügen müssen.

III. SELBSTVERWALTUNG

14. Für eine wirksame Beteiligung von Minderheiten am öffentlichen Leben können nichtterritoriale oder territoriale Maßnahmen zur Selbstverwaltung oder eine Kombination von beiden erforderlich sein. Die Staaten sollten für derartige Maßnahmen entsprechende Mittel bereitstellen.
15. Damit diese Maßnahmen Erfolg haben, müssen sich Regierungsbehörden und Minderheiten über die Notwendigkeit im klaren sein, dass in einigen Bereichen der Regierungsführung zentrale und einheitliche Beschlüsse erforderlich sind, in anderen Bereichen jedoch Verschiedenheit von Vorteil ist.
    - Zu den Funktionen, die im Allgemeinen von den Zentralbehörden wahrgenommen werden, gehören Verteidigung, auswärtige Angelegenheiten, Einwanderung und Zölle, volkswirtschaftliche Entscheidungen und Währungsfragen.
    - Andere Funktionen, wie etwa die unten angeführten, können von Minderheiten oder territorialen Verwaltungsbehörden allein oder gemeinsam mit den Zentralbehörden ausgeübt werden.
    - Die Funktionen können asymmetrisch aufgeteilt werden, um unterschiedlichen Situationen von Minderheiten in ein und demselben Staat gerecht zu werden.
16. Institutionen zur Selbstverwaltung nichtterritorialer oder territorialer Art müssen auf demokratischen Grundsätzen beruhen, um sicherzustellen, dass sie die Ansichten der betroffenen Bevölkerungsteile unverfälscht berücksichtigen.

(A) Nichtterritoriale Maßnahmen

17. Nichtterritoriale Formen der Regierung sind für die Wahrung und Weiterentwicklung der Identität und Kultur nationaler Minderheiten sinnvoll.
18. Am ehesten kommen für solche Maßnahmen die Bildung, Kultur, der Gebrauch der Minderheitensprache, die Religion und andere Angelegenhei-

ten in Frage, die für die Identität und Lebensweise nationaler Minderheiten unverzichtbar sind.

- Einzelpersonen und Gruppen haben das Recht, zu entscheiden, ob sie ihre Namen in der Minderheitensprache führen wollen, und ihre Namen amtlich anerkennen zu lassen.
- Unter Berücksichtigung der Vorgabe bildungspolitischer Richtlinien durch die Regierungsbehörden können Institutionen der Minderheiten die Lehrpläne für den Unterricht in ihren Minderheitensprachen, Kulturen oder beidem festlegen.
- Minderheiten können ihre eigenen Symbole und andere Ausdrucksformen ihrer Kultur bestimmen und gebrauchen.

(B) Territoriale Maßnahmen

19. In allen Demokratien gibt es Vorkehrungen für die Regierungsführung auf verschiedenen territorialen Ebenen. Die Erfahrungen in Europa und andernorts zeigen, dass es sinnvoll ist, bestimmte legislative und exekutive Funktionen von der zentralen auf die regionale Ebene zu verlagern, wobei es um mehr geht als eine Dezentralisierung der zentralen staatlichen Verwaltung von der Hauptstadt in regionale oder lokale Dienststellen. In Anwendung des Subsidiaritätsprinzips sollten die Staaten eine solche Delegierung von Befugnissen nach territorialen Gesichtspunkten, einschließlich spezifischer Selbstverwaltungsfunktionen insbesondere dann in Erwägung ziehen, wenn dadurch die Chancen von Minderheiten verbessert werden, in sie selbst betreffenden Angelegenheiten Regierungsgewalt auszuüben.
20. Geeignete lokale, regionale oder autonome Verwaltungsbehörden, die den spezifischen historischen und territorialen Verhältnissen nationaler Minderheiten entsprechen, können eine Reihe von Funktionen übernehmen, um den Anliegen dieser Minderheiten wirksamer Rechnung zu tragen.
    - Zu den Funktionen, für die solche Verwaltungsbehörden primär oder zu einem überwiegenden Teil verantwortlich sind, gehören die Bildung, Kultur, der Gebrauch der Minderheitensprache, die Umwelt, lokale Planung, die natürlichen Ressourcen, Wirtschaftsentwicklung, das örtliche Polizeiwesen, und Unterkunft, Gesundheit sowie andere Sozialdienste.
    - Zu den Funktionen, die von zentralen und regionalen Behörden gemeinsam wahrgenommen werden, gehören Steuern, Justizverwaltung, Fremdenverkehr und Verkehr.
21. Die lokalen, regionalen und autonomen Behörden müssen die Menschenrechte aller, einschließlich der Rechte aller ihrer Herrschaftsgewalt unterstehenden Minderheiten, achten und gewährleisten.

IV. GARANTIEN

(A) Verfassungsmäßige und rechtliche Absicherungen

22. Maßnahmen zur Selbstverwaltung sollten rechtlich verankert sein und Änderungen sollten ganz allgemein nicht denselben Verfahren unterliegen wie einfache Gesetze. Maßnahmen zur Förderung der Teilnahme von Minderheiten an Entscheidungen können per Gesetz oder durch andere geeignete Mittel gesetzt werden.
    - Maßnahmen in Form von Gesetzen im Verfassungsrang brauchen in der Regel zu ihrer Verabschiedung und Novellierung eine größere Mehrheit im Parlament oder die öffentliche Zustimmung.
    - Änderungen von Selbstverwaltungs-Maßnahmen im Gesetzesrang bedürfen oft einer qualifizierten Mehrheit im Gesetzgebungsorgan, in autonomen Gremien oder Vertretungsgremien nationaler Minderheiten beziehungsweise in beiden.
    - Regelmäßige Überprüfungen der die Selbstverwaltung und Teilnahme von Minderheiten an Entscheidungen betreffenden Maßnahmen können eine sinnvolle Gelegenheit sein, um festzustellen, ob sie in Anbetracht der Erfahrungen oder geänderter Verhältnisse abgeändert werden sollten.
23. Es können auch vorläufige oder schrittweise einzuführende Maßnahmen erwogen werden, durch die neue Formen der Mitsprache erprobt und entwickelt werden können. Diese Maßnahmen können auf dem Gesetzesweg oder auf informelle Weise für eine bestimmte Zeit geschaffen und – je nach ihrem Erfolg
    - erweitert, abgeändert oder aufgehoben werden.

(B) Beschwerden

24. Die wirksame Teilnahme nationaler Minderheiten am öffentlichen Leben bedarf ständiger Konsultationsmechanismen zur Verhütung von Konflikten und zur Beilegung von Streitigkeiten, erforderlichenfalls ergänzt durch zweckgebundene oder alternative Mechanismen. Derartige Methoden sind unter anderem:
    - die gerichtliche Konfliktregelung, zum Beispiel die gerichtliche Überprüfung von Rechtsvorschriften oder Verwaltungsmaßnahmen, was voraussetzt, dass der Staat über eine unabhängige, für jedermann zugängliche und unparteiische Rechtssprechung verfügt, deren Entscheidungen Folge geleistet wird, und
    - zusätzliche Streitbeilegungsmechanismen wie Verhandlung, Feststellung des Sachverhalts, Vermittlung, Schiedsspruch, ein Ombudsmann für na-

tionale Minderheiten und eigene Kommissionen, die als Ansprechstelle und Mechanismen für die Behandlung von Beschwerden über Fragen der Regierungsführung dienen können.

Anmerkungen

1 Eurpäische Kommission (Hrsg.): Ein neues Konzept für Europa – Die Erklärung von Robert Schuman – 1950–2000 von Pascal Fontaine, Luxemburg 2000.

2 Alle Zitate aus der Debatte sind dem Sitzungsprotokoll des Parlamentssekretariats von Dr. Michl Ebner entnommen.

3 Amtsblatt der EU, abrufbar im Internet unter: http://www2.europarl.ep.ec/omk/sipade2?L=DE&PUBREF=-//EP//TEXT+CRE+20030904+ITEMS+DOC+XML+V0//DE&LEVEL=3&NAV=X

4 P5_TA(2003)0009.

5 ABl. L 232 vom 14.09.2000, S. 1.

6 ABl. C 50 vom 23.02.2002, S. 1.

7 Entschließung des Europäischen Parlaments vom 16. Oktober 1981 zu einer Gemeinschaftscharta der Regionalsprachen und -kulturen und einer Charta der Rechte der ethnischen Minderheiten (ABl. C 287 vom 9.11.1981, S. 106).
Entschließung des Europäischen Parlaments vom 11. Februar 1983 zu Maßnahmen zugunsten sprachlicher und kultureller Minderheiten (ABl. C 68 vom 14.03.1983, S. 103).
Entschließung des Europäischen Parlaments vom 30. Oktober 1987 zu den Sprachen und Kulturen der regionalen und ethnischen Minderheiten in der Europäischen Gemeinschaft (ABl. C 318 vom 30.11.1987, S. 160).
Entschließung des Europäischen Parlaments vom 11. Dezember 1990 zur Sprachensituation in der Europäischen Gemeinschaft und zur Stellung des Katalanischen (ABl. C 19 vom 28.01.1991, S. 42).
Entschließung des Europäischen Parlaments vom 9. Februar 1994 zu den sprachlichen und kulturellen Minderheiten in der Europäischen Gemeinschaft (ABl. C 61 vom 28.02.1994, S. 110).
Entschließung des Europäischen Parlaments vom 13. Dezember 2001 zu den regionalen und weniger verbreiteten europäischen Sprachen (ABl. C 177 E vom 25.07.2002, S. 334).
Stellungnahme des Ausschusses der Regionen vom 13. Juni 2001 zum Thema Förderung und Schutz von Regional- und Minderheitensprachen (ABl. C 357 vom 14.12.2001, S. 33).

8 Europäisches Parlament, Geschäftsordung, Brüssel, Juli 2004.

9 Siehe Buch »Minderheiten in Europa vereint Euch!« von Csaba Sádor Tabajdi, Printing: Silber Nyomda Ltd. 2009, Publisher: Dr. Kecskés István, ISBN-978-963-88204-0-2

10 Europäische Gemeinschaften (Hrsg.): Amtsblatt der Europäischen Gemeinschaften vom 9.11.1981, Nr. C 287/107, Brüssel, 1981.

11 Europäische Gemeinschaften (Hrsg.): Amtsblatt der Europäischen Gemeinschaften vom 14.03.1982, Nr. C 68/104, Brüssel, 1983.

12 Europäische Gemeinschaften (Hrsg.): Amtsblatt der Europäischen Gemeinschaften vom 30.11.1987, Nr. C 318/161, Brüssel, 1987.

13 Europäische Gemeinschaften (Hrsg.): Amtsblatt der Europäischen Gemeinschaften vom 30.11.1987, Nr. C 061, Brüssel, 28.02.1994

14 Webseite des Europäischen Parlaments: http://www2.europarl.eu.int/omk/sipade2?PUBREF=-//EP//TEXT+MOTION+B5-2001-0815+0+DOC+XML+V0//DE&L=DE&LEVEL=2&NAV=S&LSTDOC=Y

15 Europäisches Parlament (Hrsg.): The European Union and Lesser-Used Languages, EDUC 108 N, Brüssel, 2002.

16 Eurpäische Kommission (Hrsg.): Stärkung der politischen Union und Vorbereitung der Erweiterung. Brüssel 1996.

17 Charta der Grundrechte der Europäischen Union

18 Zu den MOEL zählen die drei nordosteuropäischen Staaten Estland, Lettland und Litauen, die fünf mitteleuropäischen Staaten Polen, die Tschechische Republik, die Sowakei, Ungarn und Slowenien, sowie die beiden südosteuropäischen Staaten Rumänien und Bulgarien.

19 Europäische Kommission (Hrsg.): Agenda 2000 – Band 1: Eine stärkere und erweiterte Union. Brüssel 1997, Seite 45.

20 Webseite des Europäischen Parlaments: http://www.europarl.eu.int/enlargement/positionep/resolutions/041297a_de.htm

21 Siehe Homepage des Europäischen Parlaments: http://www2.europarl.eu.int/omk/OM-Europarl?PROG=WQ&L=DE&PUBREF=-//EP//TEXT+WQ+E-2002-0664+0+DOC+SGML+V0//DE&LEVEL=3&NAV=S

22 KOM(2001) 700 endg.

23 Pan, Christoph: Die Minderheitenfrage in der Europäischen Union. Europäisches Journal für Minderheitenfragen 1-2009, S. 29 f.

24 Stand: März 2009

25 KOM(2005) 596 endg.

26 http://ec.europa.eu/education/policies/lang/languages/langmin/conference_de.html

27 http://ec.europa.eu/education/policies/lang/policy/report_en.html (KOM(2007) 554 endg)

28 Amtsblatt der Europäischen Union, 51. Jahrgang, Nr. C 115, 9. Mai 2008;

29 Amtsblatt der Europäischen Union, 47. Jahrgang, Nr. C 310, 16. Dezember 2004, Seite 46;

30 Artikel 10: Bei der Festlegung und Durchführung der Politik und der Maßnahmen in den in diesem Teil genannten Bereichen zielt die Union darauf ab, Diskriminierungen aus Gründen des Geschlechts, der Rasse, der ethnischen Herkunft, der Religion oder der Weltanschauung, einer Behinderung, des Alters oder der sexuellen Ausrichtung zu bekämpfen.
Artikel 19: Unbeschadet der sonstigen Bestimmungen der Verträge kann der Rat im Rahmen der durch die Verträge auf die Union übertragenen Zuständigkeiten gemäß einem besonderen Gesetzgebungsverfahren und nach Zustimmung des Europäischen Parlaments einstimmig geeignete Vorkehrungen treffen, um Diskriminierungen aus Gründen des Geschlechts, der Rasse, der ethnischen Herkunft, der Religion oder der Weltanschauung, einer Behinderung, des Alters oder der sexuellen Ausrichtung zu bekämpfen.

31 Homepage des Rates der EU: http://europa.eu.int/constitution/futurum/documents/offtext/doc151201_de.htm

32 Homepage des Europäischen Parlaments:
http://www2.europarl.ep.ec/omk/sipade2?PUBREF=-//EP//TEXT+WQ+E-2001-3479+0+DOC+XML+V0//DE&L=DE&LEVEL=3&NAV=S&LSTDOC=Y

33 Richtlinie des Rates vom 29. Juni 2000 zur Anwendung des Gleichbehandlungsgrundsatzes ohne Unterschied der Rasse oder der ethnischen Herkunft (ABl. L 180 vom 19.07.2000).

34 In der Allgemeinen Erklärung der Menschenrechte der Vereinten Nationen, auf die der Herr Abgeordnete in seiner Frage Bezug nimmt, und in der Europäischen Konvention zum Schutze der Menschenrechte und Grundfreiheiten werden nicht nur Diskriminierungen aufgrund der Rasse, sondern ausdrücklich auch Diskriminierungen aufgrund der Sprache für unzulässig erklärt. Ebenso wird in Artikel 21 (»Nichtdiskriminierung«) der Charta der Grundrechte der Europäischen Union neben anderen Diskriminierungsgründen – wie der ethnischen Herkunft – auch der Aspekt der Sprache explizit erwähnt.

35 Homepage des Europäischen Parlaments:
http://www2.europarl.ep.ec/omk/sipade2?L=DE&OBJID=50408&LEVEL=4&SAME_LEVEL=1&NAV=S&LSTDOC=Y

36 Homepage des Europäischen Parlaments:
http://www2.europarl.ep.ec/omk/sipade2?PUBREF=-//EP//TEXT+WQ+E-2003-0159+0+DOC+XML+V0//DE&L=DE&LEVEL=3&NAV=S&LSTDOC=Y

37 »Umsetzung der Charta der Grundrechte der Europäischen Union«, Mitteilung der Europäischen Kommission vom 13. März 2001, SEK (2001) 380/3.

38 Korrespondenz Parlamentssekretariat Michl Ebner; deutsche Übersetzung: »Ich möchte betonen, dass Artikel 21 der Charta das grundsätzliches Prinzip der Nicht-Diskriminierung etabliert, während Artikel 13 des EG-Vertrages eine Handlungskompetenz schafft. Ihr Vorschlag – Artikel 13 auf Artikel 21 abzustimmen – hätte eine Kompetenzerweiterung der Europäischen Gemeinschaft auf der Grundlage von Artikel 13 des Vertrags zur Folge.«

39 Korrespondenz Parlamentssekretariat Michl Ebner; deutsche Übersetzung: »In der Tag erfüllen Artikel 21 der Charta und Artikel 13 des EG-Vertrags teilweise die gleiche Funktion. Wie Sie wissen, empfiehlt die Kommission, die Charta in den Verfassungsvertrag einzugliedern. Damit wäre sicherlich eine Anpassung von Artikel 13 gerechtfertigt. [...] In diesem Zusammenhang nehme ich mit Interesse Ihren Textvorschlag zur Kenntnis, der einen dafür geeigneten Lösungsvorschlag bietet.«

40 Korrespondenz Parlamentssekretariat Michl Ebner

41 Siehe dazu das Sitzungsprotokoll in Bernsdorff/Borowsky: Die Charta der Grundrechte der Europäischen Union. Handreichungen und Sitzungsprotokolle, Baden-Baden: Nomos 2002, S. 129 f.

42 Siehe dazu de Witte: The Constitutional Resources for an EU Minority Protection Policy, in: Toggenburg (Hg.): Minority Protection and the enlarged European Union: the way forward, Budapest: LGI Books 2004, 107.

43 Siehe »Kurier«, 31.03.2003, S. 11 sowie »Die Presse«, 23.04.2003, S. 8.

44 Alle Unterlagen und Materialien des Österreich-Konvents können auf der website des Österreich-Konvents (www.konvent.gv.at) abgerufen werden. Dort findet sich auch eine ausführliche Dokumentation zur Verfassungsre-

form in Österreich. Siehe zur Weiterarbeit an der Verfassungsreform: Khol: Österreich-Konvent und Verfassungsreform. Eine Zwischenbilanz, in: Journal für Rechtspolitik 2005, S. 95–104.

45 Als Alternative haben die Freiheitlichen auch eine Formulierung für eine Staatszielbestimmung eingebracht, die aber nicht mehr beraten wurde: »Österreich ist ein gleichberechtigtes Mitglied der Staatengemeinschaft. Es gewährt seinen Bürgern umfassende Sicherheit gegen alle inneren und äußeren Bedrohungen und tritt ein für den Schutz der mit ihm geschichtlich verbundenen deutschsprachigen Volksgruppen.«

46 Der vollständige Entwurf ist im Endbericht des Österreich-Konvents enthalten und kann unter www.konvent.gv.at abgerufen werden.

47 Mitglied des Außenausschusses des Europäischen Parlaments und Mitglied im Bundesvorstand der CDU

48 http://conventions.coe.int/Treaty/ger/Treaties/Html/157.htm

49 http://conventions.coe.int/treaty/ger/Treaties/Html/148.htm

50 http://www.osce.org/documents/hcnm/1999/09/2698_de.pdf

Personenregister

Fette Seitenangaben verweisen auf die Abbildungen.

Bildnachweis

Archiv Prodi: S. 6, 8
Archiv Ebner: S. 11
www.europarl.europa.eu/mepphoto/2171.jpg: S. 17
www.hu-berlin.de: S. 18
www.epp-ed.eu: S. 18, 59, 111, 173
www.europarl.europa.eu: S. 20, 28, 30, 37, 39, 40, 50, 52, 53, 54, 55, 56, 57, 58, 97, 143
www.laquadrature.net: S. 27, S. 33
www.alu.ua.es: S. 29, 46
www.socialistgroup.eu: S. 42
www.socialistgroup.eu: S. 49
www.europarl.ie: S. 51
www.alba.org.uk: S. 58
www.robertamsterdam.com: S. 82
www.panoramio.com: S. 84
www.grijalvo.com: S. 96
interne Quelle: S. 114, 115, 119, 125, 146
www.stiftung-jugendfussball.de: S. 116
www.kanzler4kids.at: S. 112, 118
www.dieeuros.eu: S. 154
www.webmanagercenter.com: S. 158
www.rmc.fr S. 159
www.comdays.wordpress.com/2007/10/25/: S. 169
www.redpandanews.com: S. 173
www.teleitaliausa.com: S. 188
www.ec.europa.eu: S. 196
www.europeanelection2009.blog.lemonde.fr: S. 197
Foto Dolomiten, Erika Gamper: S. 199
Foto Dolomiten, Franco Ferrari: S. 199
APA: S. 201
Foto Dolomiten, mw: S. 221